독자의 1초를
아껴주는 정성을
만나보세요!

세상이 아무리 바쁘게 돌아가더라도 책까지 아무렇게나 빨리 만들 수는 없습니다.

인스턴트 식품 같은 책보다 오래 익힌 술이나 장맛이 밴 책을 만들고 싶습니다.

땀 흘리며 일하는 당신을 위해 한 권 한 권 마음을 다해 만들겠습니다.

마지막 페이지에서 만날 새로운 당신을 위해 더 나은 길을 준비하겠습니다.

누구나 쉽게 배우는
프로그래밍 기초

즐 거 운
프로그래밍
경   험

모두의
파이썬 × 알고리즘

합본호

이승찬 지음

길벗

모두의 파이썬&알고리즘(합본호)

Python & Algorithms for everyone

초판 발행 · 2018년 12월 10일
초판 5쇄 발행 · 2021년 12월 20일

지은이 · 이승찬
발행인 · 이종원
발행처 · (주)도서출판 길벗
출판사 등록일 · 1990년 12월 24일
주소 · 서울시 마포구 월드컵로 10길 56(서교동)
대표전화 · 02)332-0931 | **팩스** · 02)323-0586
홈페이지 · www.gilbut.co.kr | **이메일** · gilbut@gilbut.co.kr

기획 및 책임편집 · 김윤지(yunjikim@gilbut.co.kr) | **디자인** · 배진웅 | **제작** · 이준호, 손일순, 이진혁
영업마케팅 · 임태호, 전선하, 지운집, 박성용 | **영업관리** · 김명자 | **독자지원** · 송혜란, 정은주

교정교열 · 김희정 | **전산편집** · 도설아 | **출력 및 인쇄** · 예림인쇄 | **제본** · 예림바인딩

ISBN 979-11-6050-663-1 93000
(길벗 도서번호 007027)

정가 26,000원

독자의 1초를 아껴주는 정성 길벗출판사

(주)도서출판 길벗 | IT실용, IT전문서, IT/일반수험서, 경제경영, 취미실용, 인문교양(더퀘스트) **www.gilbut.co.kr**
길벗이지톡 | 어학단행본, 어학수험서 **www.eztok.co.kr**
길벗스쿨 | 국어학습, 수학학습, 어린이교양, 주니어 어학학습, 교과서 **www.gilbutschool.co.kr**

페이스북 · www.facebook.com/gbitbook

《모두의 파이썬》이 출간된지 2년 반이 흘렀습니다. 제가 처음 생각했던 것보다 훨씬 더 많은 독자분들이 《모두의 파이썬》을 통해 컴퓨터 프로그래밍을 경험하였습니다. 컴퓨터와 관련된 일을 하는 사람들의 전문 분야로만 여겼던 컴퓨터 프로그래밍에 정말 많은 사람들이 관심을 가지고 있다는 사실을 새삼 확인할 수 있었습니다.

그러던 중 독자분들과 지인에게서 "이제 컴퓨터 프로그래밍이 뭔지는 알겠는데 조금 더 해 보고 싶으면 어떻게 해야 좋은가?"라는 질문을 받았고, 여러 가지 생각이 떠올랐습니다. 자바스크립트나 C 언어처럼 다양한 프로그래밍 언어를 배워 보는 것도 좋겠지만, "Hello?"나 "How are you?"를 배웠다고 영어 책을 덮고 바로 독일어 책을 사서 독일어 공부를 시작하는 것 같은 느낌이 들었습니다.

"그러면 파이썬으로 게임을 만들어 보는 것은 어떨까?"하는 생각도 했습니다. 직접 게임을 만든다는 것이 흥미롭긴 하지만, 솔직히 기초 프로그래밍 수준으로 만들 수 있는 게임은 매우 단순할 수밖에 없어서, 최신 게임에 비하면 너무 초라해 보일 것 같습니다. 웹 페이지 제작에 필요한 프로그래밍도 가능하지만, 요즘엔 이미 만들어진 블로그나 사진 관리 사이트가 많아서 굳이 컴퓨터 프로그래밍을 하지 않아도 훨씬 더 좋은 웹 페이지를 제작할 수 있습니다. 이런 저런 고민을 한 끝에 파이썬을 배운 김에 파이썬 언어를 통해 알고리즘 기초를 배워 보면 좋겠다는 생각에 이르렀습니다.

'어떤 문제를 풀기 위한 구체적인 절차'를 일컫는 말인 알고리즘은 다소 어려운 주제이긴 합니다. 하지만 알고리즘으로 문제를 해결하는 과정을 경험해 보는 것은 컴퓨터 프로그래밍에서 가장 본질적인 과제이기도 합니다. 특히 학생들에게는 수학적이고 논리적인 사고방식을 기르는 데 큰 도움이 될 것입니다. 그래서 나온 것이 《모두의 알고리즘 with 파이썬》이라는 알고리즘 입문서입니다.

이번에 출간하는 《모두의 파이썬&알고리즘》은 《모두의 파이썬》과 《모두의 알고리즘 with 파이썬》의 내용을 한 권으로 묶은 합본호입니다. 부담 없이 가볍게 프로그래밍을 경험해 보고 싶은 사람은 《모두의 파이썬》으로도 충분합니다. 다만, 프로그래밍에 호기심이 많은 사람 또는 이공 계열 진로에 관심이 있는 학생들이라면 조금 더 욕심을 내어 합본호를 통해 알고리즘까지 이어서 공부해도 좋을 것입니다.

그동안 저의 부족한 책을 구매하여 직접 키보드로 프로그램을 입력하면서 컴퓨터와 친해지려 노력해 주신 많은 독자분들께 진심으로 감사하다는 말씀을 전합니다.

SPECIAL ★
Thanks To

이선복, 류인선, 이상원, 구현서, 권주현 그리고 가족들

2018년 11월 이승찬

미국에서 중학교를 다니는 큰아들이 방과 후 수업으로 '파이썬' 프로그래밍 언어를 배우기 시작했습니다. 얼마 후 컴퓨터 앞에서 뭔가가 풀리지 않는지 답답한 표정을 짓고 있는 아들을 보았습니다. 무엇을 하느냐고 묻자, 아들은 학교에서 배운 '벽돌 깨기' 게임을 만들고 있는데 문제가 생겨 한 시간째 씨름 중이라고 했습니다. 키보드를 넘겨받아 문제를 해결해 주고 나니 슬슬 궁금해지기 시작했습니다. "뭘 배우는지 좀 보자. 책 좀 가져다 줄래?"라고 말하자 아들은 방과 후 수업 교재와 교육과정 안내서를 가져왔습니다.

수업 교재와 교육과정을 보자니 입이 떡 벌어졌습니다. 그저 취미로 하는 수업이니 가볍게만 보았는데, IT교육과정이 매우 다양할 뿐만 아니라 학년별로 체계적으로 잘 정리되어 있었습니다. 학생들이 Tech 선택 과목과 IT 관련 방과 후 수업을 많이 듣는다는 아들의 설명을 듣고는 더 놀랐습니다.

이때부터 한국 학생에게도 도움이 될 만한 쉬운 프로그래밍 입문서를 쓰고 싶다는 욕심이 생겼습니다. 학과 공부와 입시 교육으로 바쁜 한국 학생을 위해 복잡한 용어나 이론 설명 없이 짧은 프로그램을 직접 입력하고 고쳐 보면서 프로그래밍을 접할 수 있는 책을 쓰고 싶다는 의욕이 생겼습니다.

막연히 생각만 하고 있었는데 어느 날엔가 초등학교를 다니던 둘째가 스크래치 기초 과정을 마쳤다며 "이제 형처럼 파이썬을 배우고 싶어요!"라고 말했습니다. 그렇게 파이썬 공부를 시작한 둘째와 함께 간단한 프로그램을 한두 개씩 만들었고, 그렇게 만든 예제 프로그램을 모아 책으로 내보겠다는 용기가 생겼고, 결국 이렇게 책이 나왔습니다.

이 책은 컴퓨터 경진대회를 준비하거나 컴퓨터 과학을 전공하려는 사람을 위한 책이 아닙니다. 그보다는 컴퓨터로 게임이나 웹 서핑만 하는 것이 아니라 새로운 경험을 해 보고 싶은 학생이나 성인을 위한 안내서가 되었으면 좋겠습니다. 물론 이 책을 읽고 컴퓨터 프로그래밍에 흥미가 생겨 더 깊게 공부할 수 있다면 더할 나위 없이 기쁠 것입니다. 하지만 그보다는 이 책이 계기가 되어 아이부터 어른까지 누구나 컴퓨터 앞에 앉아 무언가를 만들고 배우는 색다른 경험을 해 보는 것을 가장 바랍니다. 저 역시 아이들과 함께 예제 프로그램을 만들고 테스트하면서 굉장히 즐거운 시간을 보냈으니까요.

말 그대로 '알고리즘(algorithm)'의 시대입니다.

우리는 매일 뉴스나 신문을 통해 인터넷 검색 알고리즘, SNS 친구 추천 알고리즘, 홍채 인식 알고리즘, 자율 주행 알고리즘, 주식 투자 알고리즘 같은 수많은 종류의 알고리즘에 대한 소식을 접하면서 살고 있습니다.

실제로 우리는 아침에 일어나 뉴스 추천 알고리즘이 고른 신문 기사를 보고, 경로 탐색 알고리즘을 이용하는 내비게이션의 도움을 받아 출근하며, 지문 인식 알고리즘이 들어간 도어록으로 사무실 출입문을 엽니다. 친구에게 전화하려고 연락처를 찾을 때는 탐색 알고리즘이 이용됩니다. 우리의 일상은 이미 알고리즘 없이는 잠시도 돌아가지 않을 정도입니다.

이렇게 알고리즘이란 용어를 매일 듣다 보면 도대체 알고리즘이 무엇인지 궁금해지기까지 합니다. 하지만 알고리즘은 어려운 발음 만큼이나 섣불리 다가가기 어려운 주제입니다.

큰맘 먹고 알고리즘 책을 펼쳐도 첫 장부터 나오는 어려운 용어 정의와 복잡한 수학 기호 탓에 모처럼 생긴 알고리즘에 대한 호기심은 사라지고 좌절에 빠지기 일쑤입니다. 알고리즘은 소설이나 에세이를 읽듯 술술 읽어 내려갈 수 있는 주제가 절대 아니기 때문입니다.

이 책은 중요하지만 어려운 주제인 알고리즘을 어떻게 하면 쉽게 설명할 수 있을까 하는 고민에서 시작되었습니다. 많은 사람이 어려워하는 전문 용어와 복잡한 수학을 최대한 줄이고, 간단한 문제 중심으로 책을 구성하였습니다. 알고리즘 교과서에 자주 등장하는 내용이라도 설명하거나 이해시키기 어려운 부분은 과감히 빼고, 문제 풀이 과정에서 흔하게 일어나지 않는 예외 상황은 없다고 가정하여 예제 프로그램을 최대한 간결하게 만들었습니다.

또한, 문제를 사람의 언어와 생각으로 먼저 이해하고 풀 수 있도록 신경 썼으며, 초보자에게 어려울 수 있는 '알고리즘 분석'은 꼭 필요한 개념만 설명하고 넘어가는 식으로 구성하였습니다. 부족하지만 모쪼록 이 책을 통해 더 많은 분이 알고리즘의 기초를 접할 수 있길 바랍니다.

프로그래밍을 배우고 싶었는데 컴퓨터를 전공하지 않았고 해 본 적도 없어서 어디서 어떻게 배워야 하나 고민하고 있었어요. 독학하려고 프로그래밍 책을 보면 중간에 막혀 앞으로 나아가지 못했는데, 《모두의 파이썬》은 완독했어요. 누구나 따라하기 쉽고 하나하나 자세히 알려 줘서 파이썬 프로그램을 막힘없이 사용할 수 있었어요. 컴퓨터로는 인터넷 검색과 SNS만 사용하던 제가 프로그램 언어로 그림을 그리고, 게임을 만들고, 수학 문제를 만들 줄은 상상도 못했는데 《모두의 파이썬》 덕분에 새로운 세상을 만난 것 같아요! **배혜연 | 25세, 트레이너**

쉽고 재밌고 신기해요! 프로그래밍이 이렇게 쉽고 재밌는지 몰랐어요. 하나하나 따라하다 보면 어렵지 않아요. 완성된 것을 보는 재미가 정말 쏠쏠했어요. 특히 게임을 만들 수 있다는 것이 굉장히 흥미로웠고, 만든 게임을 직접 플레이해 보니 더 신기했어요. **이소희 | 27세, 취업준비생**

컴퓨터는 문외한인 사람도 쉽고 재미있게 파이썬을 배울 수 있는 책이에요. 예제를 하나둘씩 따라하다 보면, 어느새 혼자서 그럴듯한 프로그램을 만들 수 있어요. 혼자서 하다 보니 에러가 나기도 하지만, 에러를 해결하는 방법을 친절하게 설명해 줘서 좋았어요. 남녀노소 누구나 쉽게 배울 수 있게 독자를 배려한 책이에요. **홍성진 | 21세, 대학생**

파이썬을 접해 본 적이 없었지만, 책의 내용을 하나씩 따라가며 실습해 보니 혼자서도 이해하기 쉬웠어요. 실습하며 에러가 났을 때도 어떻게 해결해야 하는지 친절히 설명해 주어 크게 어렵지 않았어요. 저처럼 파이썬을 처음부터 차근차근 공부하고 싶은 사람에게 추천하고 싶어요. **권수민 | 25세, 대학생**

거북이 그래픽을 실행하면서 자연스럽게 파이썬 용어를 배울 수 있어 좋았어요. 특히 예제가 기본적이면서도 실행 결과가 예뻤어요. 가끔 에러가 나도 조금 더 읽어 보면 어디서 에러가 나는지 알려 줘서 쉽게 해결할 수 있었어요. 무엇보다 프로그래밍을 쉽게 체험할 수 있어서 좋았어요. **김가영 | 33세, 학원 교사**

어렵게만 생각한 알고리즘을 쉽게 다가갈 수 있도록 만들어 준 책입니다. 알고리즘은 굉장히 어려운 내용이라고 생각했는데, 설명도 재미있고 이해하기 쉬웠습니다. 어렵고 복잡한 내용을 최소화하고 기본으로 알아야 할 것을 배운 느낌입니다. 알고리즘을 처음 접하는 사람들에게 추천합니다.

홍성진 | 22세, 대학생

책에 나오는 수학 문제가 생각보다 어렵지 않아서 알고리즘을 이해하는 데 큰 도움이 되었어요. 중 · 고등학생은 물론 저처럼 파이썬에 관심 있는 사람들에게 좋을 것 같아요. 무턱대고 '이렇게 하면 되지 않을까?'가 아니라 논리적인 흐름에 따라 더 효율적인 방법을 찾아가는 과정이라 평소 생각을 정리하는 데도 도움이 될 것 같습니다.

박정현 | 36세, 웹 마케터

수학을 가르치는 일을 하고 있는데, 알고리즘을 사용해서 시에르핀스키의 삼각형이 그려지는 게 신기했어요. 고등학교 수학 내용과 겹쳐져 더 흥미로웠고 응용문제까지 있어 기본 알고리즘을 익히기 좋았습니다.

김가영 | 34세, 수학 교사

시중에 나와 있는 알고리즘 서적은 대부분 개발자, 대학생, 전문가가 대상이라 보기가 어려웠는데, 이 책은 어렵고 복잡한 알고리즘을 파이썬을 사용해서 쉽고 간단하게 알려주네요. '모두의 알고리즘'이라는 제목처럼 누구나 책을 보면서 따라 할 수 있도록 친절하고 상세하게 설명해 줍니다. 무엇보다 '어렵지 않게' 설명한다는 점이 인상 깊었습니다.

류성현 | 18세, 고등학생

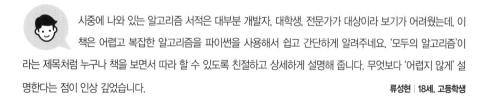

소위 '문과형 인간'으로 살다가 코딩 열풍에 휩쓸려 알고리즘을 한번 공부해 보고 싶단 생각이 들었습니다. 알고리즘과 코딩의 기초 원리를 쉽게 알 수 있어서 정말 유익했습니다. 지금까지 감정이나 주관을 섞어 문제를 해결해 왔던 제게 《모두의 알고리즘 with 파이썬》은 신선한 문화 충격이었습니다. 이 책 덕분에 다른 책도 읽어 보고 싶단 생각이 들었습니다.

허윤정 | 39세, 편집자

 누구를 위한 책인가요?

 이 책은 컴퓨터 프로그래밍을 처음 배우고 싶은 사람을 위한 책입니다. 파이썬을 공부하고 바로 알고리즘 기초를 공부할 수 있도록《모두의 파이썬》과《모두의 알고리즘 with 파이썬》두 책의 내용을 한 권으로 합친 '합본호'이므로, 두 책 중 한 권이라도 갖고 있는 사람은 이 책을 사지 않아도 됩니다.

이 책은 컴퓨터를 전공하지 않았지만 IT 관련 업계에서 일하고 있는 사람은 물론, 최소한의 수학 지식을 갖춘 중·고등학생, 그 외에 프로그래밍에 호기심이 있는 사람이라면 누구라도 읽을 수 있습니다. 다만, 컴퓨터 과학·공학을 전공하거나 자료 구조·알고리즘을 이용한 프로그래밍을 이미 경험한 사람이라면 좀 더 전문적이고 깊이 있는 파이썬 또는 알고리즘 책을 보길 권합니다.

파이썬이 뭐예요?

파이썬은 영어로 '비단뱀'이라는 뜻입니다. 다른 파이썬 책 표지에서 무시무시해 보이는 뱀 그림을 보았다면 다 파이썬이라는 이름 때문입니다.

파이썬은 전 세계적으로 가장 많이 사용되는 컴퓨터 프로그래밍 언어 중 하나이며, 네덜란드에서 태어난 컴퓨터 과학자 귀도 반 로섬(Guido van Rossum)이 1989년에 처음 만들었습니다. 귀도 반 로섬은 최근까지 검색 엔진으로 유명한 구글에서 근무했지만, 지금은 클라우드 파일 공유 서비스 회사인 드롭박스에서 일하고 있습니다.

현재 파이썬은 귀도 반 로섬 외에도 전 세계의 수많은 사람의 노력으로 끊임없이 연구, 개발, 발전되고 있습니다.

왜 파이썬으로 공부하나요?

컴퓨터 프로그래밍을 처음 배우기 위한 입문용 언어에는 파이썬만 있는 것이 아닙니다. 미국 MIT대학에서 만든 스크래치(Scratch), 역사가 깊은 초보자용 언어인 베이직(BASIC), 웹 브라우저에서 많이 사용되는 언어인 자바스크립트(JavaScript) 등 여러 가지가 있습니다.

파이썬은 배우기 쉬울 뿐 아니라 기능이 다양하고, 수많은 컴퓨터와 스마트폰에 설치해서 사용할 수 있습니다. 또한, 기술이 공개되어 있어 누구나 무료로 사용할 수 있다는 점도 파이썬 사용자가 늘어난 중요한 이유입니다.

파이썬은 이렇게 장점이 많지만, 그중에서 가장 중요한 장점은 확장성이 뛰어나다는 점입니다. 이 말은 단순히 교육 목적만이 아닌 실제 업무에도 파이썬을 직접 응용할 수 있다는 뜻입니다. 배우기 쉽고 실용성도 뛰어난 전문 컴퓨터 프로그래밍 언어가 바로 파이썬입니다.

물론 파이썬으로 컴퓨터 프로그래밍을 시작한 다음 자바(Java)나 C, C++과 같은 새로운 언어를 공부하는 것도 좋습니다. 하지만 굳이 새로운 언어를 다시 공부하지 않아도 다양하고 실용적인 프로그램을 직접 만들 수 있다는 점이 파이썬을 입문용 언어로 추천하는 이유이죠.

파이썬 3에서 '3'은 무슨 의미예요?

현재 사용되는 파이썬의 버전은 크게 2와 3 두 가지입니다. 물론 숫자가 큰 3이 더 새 버전이죠. 하지만 아직 파이썬2를 사용하는 사람이 많으므로 파이썬 공식 사이트에서는 두 버전의 다운로드와 업데이트를 모두 제공하고 있습니다. 두 버전은 문법과 사용법이 대부분 비슷하지만, 일부 문법이 다른 부분도 있습니다. 따라서 원활한 학습을 위해 공통 버전을 사용하는 것이 좋습니다.

이 책은 파이썬3 버전을 기준으로 작성했습니다. 이 글을 쓰는 2018년 겨울 현재 파이썬3의 최신 버전은 3.7.0입니다. 이는 파이썬3의 7번째 업데이트 판이라고 이해하면 됩니다.

복잡하다고요? 버전 번호의 앞자리만 3이면 모두 파이썬 3이므로 뒷자리는 달라도 상관없답니다.

이 책은 크게 '파이썬'과 '알고리즘'으로 구성하였습니다.

VOL 01 파이썬	UNIT 01~13	파이썬을 설치하고 직접 예제 프로그램을 만들면서 파이썬의 기본 문법과 프로그램 작성 방법을 익힙니다.
	UNIT 14~18	프로젝트를 실습하는 부분입니다. 앞에서 학습한 파이썬 기능을 이용하여 게임을 만들어 봅니다.
	UNIT 19~20	중학교 수학 교과과정에 나오는 수학 문제를 파이썬 프로그램으로 만들어서 해결해 봅니다.
VOL 02 알고리즘	UNIT 01~03	간단한 문제를 풀어 보면서 알고리즘의 입력과 출력이 의미하는 것이 무엇인지 알아보고, 알고리즘 분석에 대해 간단히 살펴봅니다.
	UNIT 04~05	알고리즘을 공부하는 데 꼭 필요한 개념인 재귀 호출을 알아봅니다.
	UNIT 06~10	여러 개의 자료 중에서 원하는 것을 찾아내는 '탐색'과 주어진 자료를 순서에 맞춰 나열하는 '정렬'에 대해 알아 봅니다.
	UNIT 11~13	알고리즘을 이해하는 데 꼭 필요한 기본인 자료 구조인 큐, 스택, 딕셔너리, 그래프에 대해 알아봅니다.
	UNIT 14~15	그동안 배운 알고리즘 기초를 이용해 응용 문제를 풀어 봅니다.

VOL 01 파이썬에서는 가급적 컴퓨터 과학 전문 용어나 복잡한 이론을 배제하고, 최대한 단순하고 쉽게 설명하려고 노력했습니다. 하지만 컴퓨터 프로그래밍은 사람과 생각하는 방식이 전혀 다른 기계에게, 기계가 이해할 수 있는 방법으로 명령을 내리는 과정이기 때문에, 처음 접하는 사람에게는 낯설 수밖에 없습니다.

하지만 처음부터 모든 것을 다 이해할 필요는 없습니다. 프로그래밍 언어도 기계의 언어이긴 하지만, '언어'의 한 종류이기 때문입니다. 어린 아이가 모국어를 배울 때를 생각해 볼까요? 부모가 하는 말을 다 이해하진 못해도 듣고 따라 하고 변형하면서 문법이나 단어를 익힙니다. 프로그래밍 언어도 마찬가지입니다. 다른 사람이 작성한 예제 프로그램을 따라 입력하고, 실행하고, 고치는 과정을 차근차근 반복하면 프로그래밍에 대한 감이 생길 겁니다.

VOL 02 알고리즘에서는 어려운 내용은 빼고 최대한 쉽게 설명하려고 노력했지만, 알고리즘은 가벼운 마음으로 훑어봐서는 제대로 이해하기 어려운 주제입니다. 수학 문제를 눈으로만 풀면 실제로는 풀 수 없는 것과 같은 이치입니다. 따라서 알고리즘을 공부할 때는 마음가짐을 어느 정도 다잡아야 합니다.

첫째, 내용을 읽고만 넘어가지 말고, 알고리즘이 문제를 해결하는 과정을 머릿속으로 따라가면서 이해하려고 노력해야 합니다.

둘째, 문제를 이해하기 어려울 때는 종이와 연필을 꺼내 책에서 설명한 내용을 손으로 쓰면서 알고리즘이 답을 찾는 과정을 따라 해 봅니다.

셋째, 예제 프로그램을 직접 입력해 보길 권합니다. 모든 프로그램을 다 입력하기가 어렵다면 최소한 예제 프로그램을 내려받아 실행해 보고 입력 값을 바꾸면서 출력 값의 변화를 살펴보기 바랍니다.

넷째, 예제 프로그램에 주석으로 적힌 설명을 자세히 읽어 봅니다. 프로그램과 설명을 함께 보면 더 좋은 내용은 주석으로 직접 설명을 달아 두었습니다.

다섯째, 연습 문제는 일단 혼자 해결해 보려고 노력한 다음 풀이를 찾아봅니다. 본문에서 설명하지 못한 중요 개념을 연습 문제에서 설명하기도 했으니 그냥 넘기지 말고 반드시 풀어 보기 바랍니다.

이 책에 나오는 알고리즘 문제는 알고리즘이 무엇인지 맛보기 위한 것입니다. 이 책을 읽고 알고리즘에 관심이 생긴다면 더 자세한 알고리즘 교과서나 참고서로 공부를 이어 나가기 바랍니다.

예제 소스 내려받기 & 활용법

이 책에 나오는 모든 예제 프로그램은 완성된 파일 형태로 내려받을 수 있습니다. 학습을 위해 예제를 직접 입력하여 결과를 얻을 것을 권장하지만, 해결하기 어려운 문제를 만나면 완성된 예제 파일과 비교하면서 문제를 해결해 보세요.

① 길벗출판사 홈페이지(www.gilbut.co.kr)에 접속합니다.

② [독자지원/자료실] → [자료/문의/요청]에서 도서명으로 검색하여 예제 파일을 내려받습니다.

③ 원하는 폴더에 내려받은 파일의 압축을 풉니다.

④ Unit 1을 보면서 파이썬을 설치하고, 메뉴에서 File → Open을 누릅니다.

⑤ 예제 파일이 있는 폴더를 선택하고 원하는 파일을 선택합니다. 열기 버튼을 누르면 예제 소스를 확인할 수 있습니다.

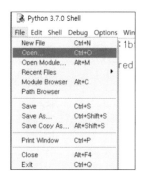

목 차

VOL 01 **파이썬**

VOL 02 알고리즘 207

VOL 01 파이썬

UNIT 01

파이썬 설치하고 실행하기

PYTHON & ALGORITHMS FOR EVERYONE

이번 시간에는 파이썬을 처음 배워 보겠습니다. 처음이므로 프로그래밍을 본격적으로 배우기보다는 파이썬을 설치하고 실행할 준비를 하겠습니다. 책에서 설명하는 대로 한 단계씩 차근차근 따라하기만 하면 됩니다. 자, 그럼 준비 운동을 시작해 볼까요?

1 파이썬 설치하기

파이썬을 배우려면 컴퓨터에 파이썬 프로그래밍 언어를 설치해야 합니다. 파이썬은 누구나 무료로 쓸 수 있고 내려받아 설치하기도 쉽습니다.

이 책을 쓰고 있는 현재 파이썬의 최신 버전은 3.7.0입니다. 국내에서 많이 사용하는 최신 운영체제인 윈도 10(Windows 10)에 파이썬 3.7.0을 내려받아 설치해 보겠습니다.

여러분의 컴퓨터에 이미 파이썬이 설치되어 있다면 Python IDLE을 실행하여 파이썬 버전을 확인해 보세요. 설치된 파이썬의 버전이 3.x.x라면(파이썬 3) Unit 2로 넘어가도 됩니다.

① 인터넷 브라우저를 열고 주소 창에 http://python.org/download를 입력합니다. 파이썬 내려받기 페이지가 열리면 화면 가운데에 있는 Download Python 3.7.0 버튼을 누릅니다.

그림 1-1
파이썬 내려받기 페이지

> **TIP** 파이썬은 계속 발전하고 있으므로 페이지에 표시되는 버전의 숫자가 다를 수 있습니다. Download Python 3.x.x와 같이 버전 숫자가 3으로 시작되는 파이썬 3을 설치하기 바랍니다.

② 다른 이름으로 저장 창이 뜨면 파이썬 설치 파일을 저장할 위치를 지정해 줍니다. 여기서는 바탕화면으로 지정하고 저장 버튼을 누릅니다.

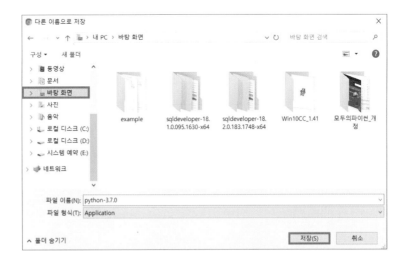

그림 1-2
파이썬 설치 파일
저장 위치 지정

③ 인터넷 브라우저 아래에 python - 3.7.0.exe 파일이 보이면 이를 누릅니다.

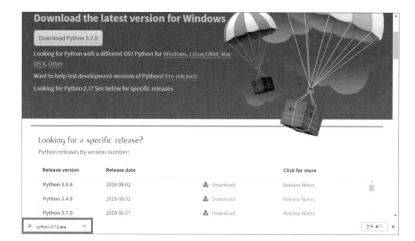

그림 1-3
파이썬 설치 파일 실행

④ 파이썬 설치 마법사가 실행되면 Install Now를 눌러 설치를 시작합니다.

그림 1-4
파이썬 설치 마법사

⑤ 사용자 계정 컨트롤 창에 보안 경고가 뜨면 예(Y) 버튼을 누릅니다.

그림 1-5
보안 경고

⑥ 프로그램이 모두 설치되면 설치 마법사 창에 Setup was successful이 나타납니다. Close 버튼을 눌러 마법사 창을 닫습니다.

그림 1-6
파이썬 설치 성공

⑦ 앞으로 주로 사용할 프로그램인 IDLE을 실행해 보겠습니다. IDLE 프로그램은 흔히 '아이들'이라고 부르는데, 정확한 이름은 IDLE (Python- 3.7 GUI - 32-bit)입니다. 사용하는 컴퓨터의 운영체제가 윈도 10이라면 작업 표시줄 왼쪽에 있는 돋보기(🔍)를 눌러 'Windows 검색' 부분에 idle을 입력합니다. 검색 결과에 IDLE (Python 3.7 32-bit)가 표시되면 클릭하거나 Enter 를 눌러 IDLE 프로그램을 실행합니다.

그림 1-7
윈도 10에서 IDLE
실행하기

> **TIP**
> 이 책은 최신 운영체제인 윈도 10을 기준으로 설명합니다. 윈도 7이나 윈도 8 등 버전이 다른 운영체제에서도 설치 과정은 크게 다르지 않습니다. 다만, 컴퓨터에 설치된 파이썬 버전과 시스템 환경에 따라 IDLE 프로그램의 이름이 조금 다를 수 있습니다.

8 IDLE 프로그램이 화면에 나타납니다.

그림 1-8

IDLE 프로그램

 잠깐만요

IDLE 화면에 보이는 글자 크기를 키울 수 있나요?

IDLE 화면에 보이는 글자 크기가 너무 작다고요? 걱정 마세요. IDLE에서는 글자 크기를 줄이거나 늘릴 수 있습니다. 프로그램 위쪽에 나타나는 메뉴에서 Options을 선택하고 Configure IDLE을 선택하면 Settings(설정) 창이 나타납니다. 화면 왼쪽 중간에 있는 Size(크기) 값을 바꿔 글자 크기를 조정할 수 있습니다. 숫자를 적당히 키워 보기 좋게 조정합니다(화면 크기와 해상도에 따라 다르지만, 보통 11~14 정도가 적당합니다).

 2 **대화형 셸이 뭔가요?**

IDLE 프로그램을 실행하면 Python 3.7.0 Shell 창이 뜨면서 다음과 같은 메시지가 보입니다.

```
Python 3.7.0 (v3.7.0:1bf9cc5093, Jun 27 2018, 04:06:47) [MSC
v.1914 32 bit (Intel)] on win32
Type "copyright", "credits" or "license( )" for more information.
>>>
```

여기서 >>> 기호는 파이썬이 사용자가 입력하기를 기다리고 있다는 뜻입니다.
사용자가 입력을 하면 바로 결과를 보여 주는데 이것을 대화형 셸(Interactive
shell) 혹은 셸(shell)이라고 부릅니다. 대화형 셸을 이용하면 파이썬과 대화하듯이
명령을 내리고 그 결과를 바로 볼 수 있습니다.

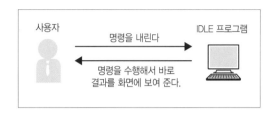

그림 1-9
대화형 셸

지금부터 설치한 파이썬 프로그램이 제대로 동작하는지 실행해 보고 파이썬 프
로그램도 만들어 보겠습니다.

최초로 만드는 파이썬 프로그램
무작정 따라하기 1-1

① IDLE 프로그램을 실행합니다. IDLE 프로그램은 앞으로 자주 사용할 것이므
로 찾기 쉽게 작업 표시줄에 고정해 둡니다. 화면 맨 아래 작업 표시줄에 보
이는 IDLE 프로그램 아이콘을 마우스 오른쪽 버튼으로 누르고 '작업 표시줄
에 고정'을 선택합니다.

그림 1-10
IDLE 프로그램을
작업 표시줄에
고정해 두세요.

❷ >>> 기호 뒤에 13+2-5를 입력하고 Enter 를 누릅니다.

>>> 13+2-5

❸ 파이썬이 13+2-5를 계산한 후 결과를 10으로 보여 줍니다. 한 줄짜리 간단한 명령이지만 여러분은 최초로 파이썬 프로그램을 작성한 것입니다.

그림 1-11
파이썬이 13+2-5를
계산하여 결과를
보여 줍니다.

TIP 혹시 실수로 식을 잘못 입력해서 책과 다른 결과가 나오더라도 놀라지 마세요. 다음 줄에 자동으로 표시되는 >>> 기호 뒤에 다시 입력하면 됩니다.

에러
해결하기

실수로 등호(=)를 포함하여 13+2-5=으로 입력하면 SyntaxError: invalid syntax라는 에러 메시지가 나타납니다.

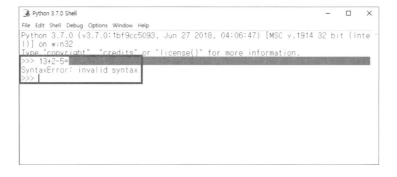

그림 1-12
등호를 입력하면
에러가 발생합니다.

Unit 8에서 다시 설명하겠지만, 파이썬에서 쓰는 등호(=)는 수학에서 쓰는 등호(=)와 의미가 다릅니다. 따라서 13+2-5를 계산할 때는 등호(=)를 빼고 입력해야 합니다.

에러가 뭐예요?

컴퓨터 프로그램을 만들다 보면 프로그램이 제대로 작동하지 않을 때가 있습니다. 컴퓨터에서는 이런 문제를 '에러(Error)'라고 부릅니다. 파이썬 프로그램에서 에러가 발생하면 에러가 왜 났는지, 어느 부분에서 났는지 등의 정보를 화면에 표시해 주는데 이것을 '에러 메시지'라고 부릅니다. 우리는 에러 메시지를 보고 적합한 방법으로 손쉽게 에러를 해결할 수 있습니다.

이 책에서는 예제를 실행한 다음에는 '에러 해결하기'를 두어 사용자가 자주 하는 실수와 해결 방법을 알려 줍니다. 또한 '부록 A 에러 해결 모음'에도 예제 프로그램을 실행하면 만날 수 있는 다양한 에러를 정리해 두었습니다.

Unit 1에서는 대화형 셸에 간단한 명령을 한 줄만 입력하면 되기 때문에 에러가 발생할 가능성이 매우 낮습니다. 앞으로 이 책을 실습하다가 예상하지 못한 에러 메시지를 만났을 때는 당황하지 말고 다음과 같은 순서로 에러가 발생한 이유를 찾고 해결 방법을 천천히 고민해 보세요.

> ① 입력한 프로그램 확인하기
>
> ⬇
>
> ② 에러 메시지 확인하기
>
> ⬇
>
> ③ '에러 해결하기' 내용 읽기
>
> ⬇
>
> ④ '부록 A 에러 해결 모음' 확인하기

이 예제를 실행하기 전에 한 가지 알아야 할 것이 있습니다. 바로 '파이썬은 영어의 대문자와 소문자를 구분한다'는 것입니다. 따라서 명령을 입력할 때는 같은 알파벳이라도 대문자인지 소문자인지 꼭 확인해야 합니다. 그럼 이 점을 잊지 말고 다음 예제를 따라해 봅시다.

인사말을 출력하는 프로그램

① IDLE 프로그램을 열고 >>> 기호 뒤에 print("Hello?")를 입력한 다음 Enter 를 누릅니다.

```
>>> print("Hello?")
```

> **TIP** IDLE 프로그램을 새로 실행하지 않고, 앞에서 입력하던 창에 이어서 입력해도 괜찮습니다.

② Hello?가 화면에 표시됩니다.

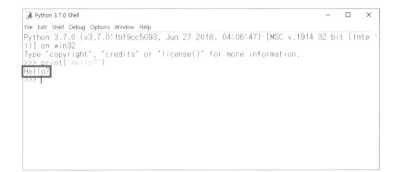

그림 1-13
파이썬이 Hello?를
화면에 보여 줍니다.

**에러
해결하기**

Hello?라는 인사말 대신 빨간색 에러 메시지가 나왔다면 다음을 참고해서 수정해 보세요.

- **이름 에러 : NameError: name '…' is not defined**
  명령어, 함수 이름, 변수 이름을 잘못 입력했을 때 발생하는 매우 흔한 에러입니다. 파이썬은 영어의 대문자와 소문자를 구분하므로 같은 알파벳이라도 대문자와 소문자를 구분해서 입력해야 합니다. print를 소문자로 입력했는지 확인하세요.

- **구문 에러 : SyntaxError: EOL while scanning string literal**

  문자열을 표현하는 따옴표를 잘못 사용했을 때 발생하는 에러입니다. 괄호 안에 "Hello?"를 입력할 때 따옴표를 제대로 열고 닫았는지 확인하세요.

3 거북이 그래픽 모듈 사용하기

이번에는 화면에 그림을 그려 보겠습니다. 파이썬은 초보자들이 쉽고 재미있게 프로그래밍을 배울 수 있도록 '거북이 그래픽'이라는 모듈을 제공합니다. 모듈이란 파이썬에서 사용하는 프로그램의 단위를 말합니다. 아직 배우지 않았으므로 그냥 '거북이 그래픽을 사용한다' 정도로만 이해하고 넘어가도 괜찮습니다. 거북이 그래픽의 동작 방식은 다음과 같습니다.

1│ 거북이 그래픽을 시작하면 하얀 종이(거북이 그래픽 창) 가운데에 거북이가 등장합니다.

2│ 거북이에게 명령을 내리면 거북이는 명령에 따라 종이(거북이 그래픽 창) 위를 움직입니다. "앞으로 이동! 왼쪽으로 꺾어! 오른쪽으로 열 걸음 이동!"과 같은 명령을 떠올리면 이해하기 쉽습니다.

3│ 거북이가 움직이는 대로 그림이 그려집니다.

글로만 읽어서는 실감이 나지 않겠지만, 간단한 예제를 직접 실행해 보면 바로 감이 올 것입니다.

지금부터 예제를 입력할 텐데 그 내용이 다 이해가 되지 않아도 우선 따라서 입력해 보세요.

① IDLE 프로그램을 열고 다음과 같이 입력한 후 **Enter**를 누르세요.

```
>>> import turtle as t
>>> t.shape("turtle")
```

> **TIP**
> 앞에서 설명한 것처럼 >>> 기호는 파이썬 대화형 셀이 사용자가 입력하길 기다린다는 뜻이므로, 따로 입력하지
> 않아도 자동으로 화면에 표시됩니다. 대화형 셀에서 명령을 내리면 그 결과를 바로 확인할 수 있습니다.

② 거북이 그래픽(Python Turtle Graphics) 창이 뜨고, 창 한가운데에 오른쪽을
바라보는 거북이가 나타납니다.

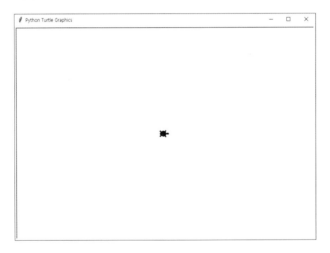

그림 1-14
거북이 그래픽 창에
거북이가 표시됩니다.

③ t.forward(50)을 입력하고 **Enter**를 누릅니다. 거북이가 50픽셀만큼 앞으로
이동합니다(픽셀은 모니터 화면을 표시하는 점의 개수를 의미합니다).

```
>>> t.forward(50)
```

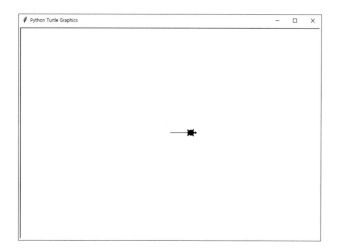

그림 1-15
거북이가 50픽셀만큼
앞으로 이동합니다.

④ t.right(90)을 입력하고 Enter 를 누르면 거북이가 오른쪽으로 90°(직각) 회전합니다. 다시 t.forward(50)을 입력하고 Enter 를 누르면 거북이가 앞으로 50픽셀만큼 이동하면서 기역(ㄱ)자를 그립니다.

```
>>> t.right(90)
>>> t.forward(50)
```

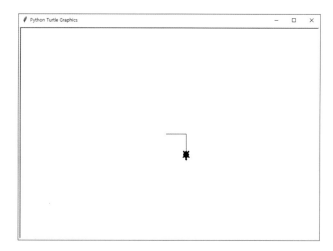

그림 1-16
거북이 그래픽 실행 결과

여러분도 컴퓨터 화면에 기역 자 모양의 선이 그려졌나요? 혹시 거북이 그래픽 창이 보이지 않으면 Alt 와 Tab 을 동시에 여러 번 눌러 창이 다른 창 밑에 숨겨져 있지 않은지 확인해 보세요.

에러 해결하기

에러 메시지가 뜨지 않은 사람은 이 부분을 건너뛰어도 됩니다. 하지만 명령을 입력했더니 빨간색 에러 메시지가 떴다면 다음 내용을 읽어 보세요.

- **임포트 에러 : ImportError: No module named**
  import 명령으로 가져오려는 외부 모듈의 이름이 잘못 쓰였을 때 발생합니다. 거북이 그래픽 모듈의 이름인 turtle의 철자가 맞는지 확인하세요.

- **거북이 모양 에러 : TurtleGraphicError: There is no shape named …**
  거북이 모양(Shape)을 지정하다 생긴 에러입니다. 두 번째 줄에 입력한 t.shape("turtle")에서 turtle의 철자가 맞는지 확인하세요.

- **속성 에러 : AttributeError: 'module' object has no attribute …**
  모듈의 함수나 변수 이름이 잘못 쓰였을 때 발생하는 에러입니다. 아직 함수나 변수를 배우지 않았으므로 여기서는 t.shape와 t.forward와 t.right의 철자가 맞는지만 확인하고 넘어가세요.

마무리

이번 시간에는 파이썬을 직접 컴퓨터에 설치해 보았습니다. 그리고 IDLE 프로그램의 대화형 셸에서 직접 계산 예제와 출력 예제를 입력해 보고 거북이 그래픽이 무엇인지도 살짝 맛보았습니다. 이것으로 준비 운동은 마친 셈입니다. Unit 2부터는 본격적으로 파이썬 프로그래밍을 시작해 보겠습니다.

UNIT 02

간단한 프로그램 만들기

PYTHON & ALGORITHMS FOR EVERYONE

Unit 1에서는 파이썬 프로그램을 설치하고 대화형 셸에서 간단한 예제 프로그램을 입력해 보았습니다. 이제 정식으로 파이썬 프로그램을 만들어 볼 차례입니다.

Unit 1에서는 대화형 셸에서 프로그램을 실행했습니다. 파이썬의 대화형 셸은 >>> 기호 뒤에 명령을 한 줄씩 입력하면 결과를 바로 볼 수 있기 때문에 간단한 테스트를 할 때 편리합니다. 하지만 입력한 프로그램을 저장하고 보관했다 다시 실행하기가 어렵습니다. 또한 에러를 수정하기도 번거로워 제대로 된 프로그램을 작성하기에 적합하지 않습니다.

이번에는 별도의 입력 창에 코드를 입력해서 '파이썬 파일'로 저장한 후 실행해 보겠습니다. 파일을 새로 만들어 저장하고, 실행하고, 다시 수정한 다음 다른 파일로 저장하는 과정은 앞으로 이 책을 학습할 때 꼭 필요한 내용이므로 직접 따라하면서 잘 익혀 두기 바랍니다.

Hello!를 두 번 출력하는 프로그램
무작정 따라하기 2-1

● **예제 소스** 02A-hello.py

```
print("Hello!")          # print는 소문자로 입력합니다.
print("Hello!")          # Hello!를 두 번 표시합니다.
```

TIP
02A-hello.py와 같이 파이썬 파일 이름은 .py로 끝납니다. 이 책에 나오는 예제 소스는 모두 부록으로 제공하며 길벗 출판사 홈페이지에서 내려받을 수 있습니다. 자세한 사용법은 11쪽에 있습니다.

1 IDLE을 실행하고 메뉴에서 File → New File을 선택합니다. 새 파일 창이 열리면 앞의 예제 소스와 같이 코드를 입력합니다. 단, #으로 시작하는 문장은 주석이므로 입력하지 않아도 됩니다.

그림 2-1
File → New File을
선택하고 코드를
입력합니다.

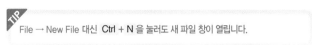

File → New File 대신 **Ctrl + N** 을 눌러도 새 파일 창이 열립니다.

2 Run → Run Module을 선택하거나 **F5** 를 누릅니다.

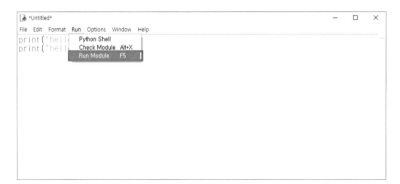

그림 2-2
Run → Run Module
을 선택합니다.

3 파일을 저장할 것인지 묻는 창이 뜨면 확인 버튼을 누릅니다.

그림 2-3
확인 버튼을
누릅니다.

④ 저장 위치를 바탕 화면으로 선택합니다. 창 안쪽을 마우스 오른쪽 버튼으로 누르고 '새 폴더'를 선택합니다. 새 폴더가 만들어지면 폴더 이름을 myPy로 입력합니다. myPy 폴더를 선택한 상태에서 열기 버튼을 누릅니다.

그림 2-4
myPy 폴더를 만들고
선택합니다.

⑤ myPy 폴더가 열리면 파일 이름을 02A-hello로 입력하고 저장 버튼을 누릅니다. 이 책의 예제는 모두 02A-hello.py와 같이 [날짜][알파벳] - [간단한 설명].py 형태로 이름을 붙여 저장하겠습니다.

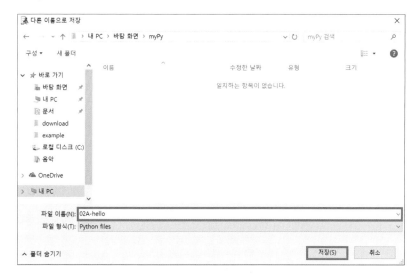

그림 2-5
02A-hello를
입력하고 저장 버튼을
누릅니다.

6 프로그램이 실행되고 IDLE 대화형 셀에 실행 결과가 출력됩니다.

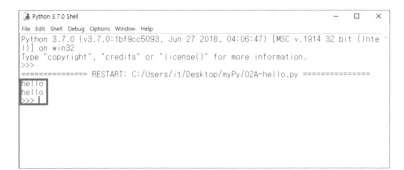

그림 2-6

대화형 셀에 Hello!가
두 번 출력됩니다.

에러
해결하기

■ **구문 에러 : SyntaxError: EOL while scanning string literal**

"Hello!"에 있는 따옴표를 제대로 열고 닫았는지 확인하세요.

■ **구문 에러 : SyntaxError: unexpected EOF while parsing 또는 SyntaxError: invalid syntax**

프로그램의 구문이 맞지 않을 때 발생하는 에러입니다. 철자법, 따옴표 여닫기, 괄호 여닫기 등을 확인하세요. ("Hello!"처럼 닫는 괄호를 빠트리지 않았는지 확인하세요.

 잠깐만요

주석이 무엇인가요?
예제 프로그램을 보면 # 기호로 시작하는 문장이 보일 것입니다. 프로그램을 이해하는 데 도움이 되는 내용을 적어 놓은 '설명'으로, 예제를 입력할 때 꼭 읽어 봐야 합니다.

```
print("Hello!")      # print는 소문자로 입력합니다.
print("Hello!")      # Hello!를 두 번 표시합니다.
```

파이썬은 # 기호부터 그 줄 끝에 있는 글자까지는 읽지 않고 건너뛰기 때문에 입력하지 않아도 프로그램을 실행하는 데는 아무런 지장이 없습니다.
그렇다면 왜 파이썬이 읽지도 않는 주석을 작성하는 걸까요? 주석은 프로그램을 작성한 사람과 프로그램을 사용할 사람이 함께 이용하는 메모지와 같습니다. 적어 두면 도움이 될 만한 설명이나 꼭 알아야 할 내용을 메모해 두는 것입니다. 즉, 주석은 프로그램 안에 붙여 놓은 포스트잇과 같은 역할을 한다고 보면 됩니다.

이번에는 거북이 그래픽을 사용하여 삼각형, 사각형, 원 등을 그려 보겠습니다. 코드가 조금 길어지지만 어렵지는 않습니다.

잠깐만요

거북이 그래픽의 짧은 명령어

forward는 앞으로, left는 왼쪽, right는 오른쪽을 뜻하는 영어 단어인데, 거북이 그래픽에서 가장 많이 사용되는 명령어이기도 합니다. 이렇게 자주 쓰는 명령어는 짧을수록 입력하기가 편합니다. 그래서 파이썬에서는 다음과 같이 짧은 버전 명령어도 제공합니다.

- forward → fd
- left → lt
- right → rt

짧은 버전 명령어를 사용하면 입력하는 시간도 줄고 실수도 줄일 수 있습니다. 예제 코드를 입력할 때 t.forward(50)을 간단히 t.fd(50)으로 입력해도 좋습니다.

거북이 그래픽으로 도형을 그리는 프로그램

무작정 따라하기 2-2

● **예제 소스** 02B-tt.py

```python
import turtle as t

# 삼각형 그리기
t.forward(100)      # 거북이가 100만큼 앞으로 이동합니다.
t.left(120)         # 거북이가 왼쪽으로 120도 회전합니다.
t.forward(100)      # 위 과정을 두 번 반복합니다.
t.left(120)
t.forward(100)
t.left(120)

# 사각형 그리기
t.forward(100)      # 거북이가 100만큼 앞으로 이동합니다.
```

```
t.left(90)              # 거북이가 왼쪽으로 90도 회전합니다.
t.forward(100)          # 위 과정을 세 번 반복합니다.
t.left(90)
t.forward(100)
t.left(90)
t.forward(100)
t.left(90)


# 원 그리기
t.circle(50)            # 반지름이 50인 원을 그립니다.
```

① IDLE을 실행하고 File → New File을 선택해 새 파일을 만든 다음, 위와 같이
   코드를 입력합니다. forward 대신 fd, left 대신 lt를 입력해도 됩니다.

② Run → Run Module을 선택하거나 **F5** 를 누릅니다.

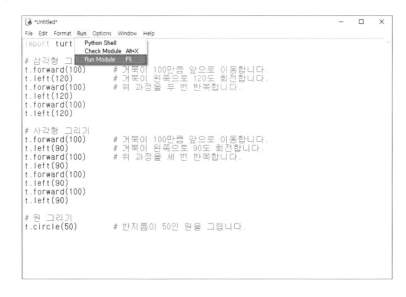

❸ 다른 이름으로 저장할 것인지 묻는 창이 뜨면 확인 버튼을 누릅니다. 파일 이름을 02B-tt로 입력하고 저장 버튼을 누릅니다.

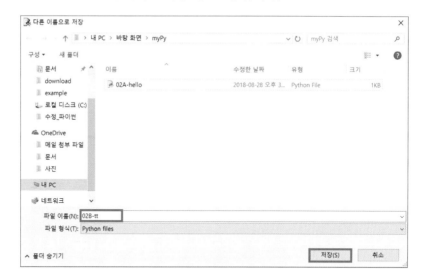

그림 2-8
02B-tt.py 파일로
저장합니다.

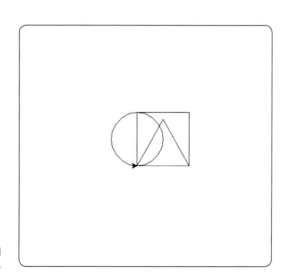

그림 2-9
거북이 그래픽 창에
삼각형, 사각형, 원이
순서대로 그려집니다.

- **타입 에러 : TypeError: ⋯ missing ⋯ required positional argument: ⋯**

  t.forward(100)이나 t.left(120)을 입력할 때 괄호 안의 숫자를 빠트리지 않았는지 확인합니다.

- **구문 에러 : SyntaxError: ⋯**

  t.forward(100)이나 t.left(120)에서 괄호를 닫았는지 확인합니다.

- **속성 에러 : AttributeError: module 'turtle' has no attribute ⋯**

  거북이 명령의 철자가 틀리지 않았는지 확인합니다. 만약 철자가 틀리지 않았다면 입력한 파일의 이름을 혹시 turtle.py로 저장했는지 확인해 봅니다. turtle.py로 저장할 경우 거북이 모듈과 이름이 같아 충돌이 발생합니다. 파일을 02B-tt.py로 다시 저장한 다음 turtle.py를 삭제하고 다시 실행해 보세요.

잠깐만요

에러 메시지를 보고 에러 위치 찾기

프로그램을 여러 줄로 만들었을 때 에러가 발생하면 어느 위치에서 에러가 발생했는지 찾기 어렵습니다. 이럴 때는 파이썬이 알려 준 에러 메시지에서 힌트를 얻을 수 있습니다.

```
Traceback (most recent call last):
  File "C:/Users/it/Desktop/myPy/02B-tt.py", line 13, in <module>
    t.let(90)
AttributeError: module 'turtle' has no attribute 'let'
```

위의 에러는 left 명령어를 let으로 잘못 입력해서 발생한 에러입니다. line 13을 보고 열세 번째 줄에 입력한 t.let(90)에 문제가 있다는 것을 알 수 있습니다. no attribute 'let'은 let이라는 명령어가 없다는 뜻입니다. 곧 left를 잘못 입력했다는 말입니다.

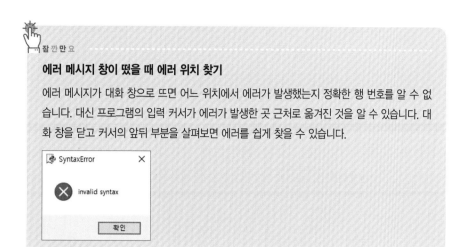

에러 메시지 창이 떴을 때 에러 위치 찾기

에러 메시지가 대화 창으로 뜨면 어느 위치에서 에러가 발생했는지 정확한 행 번호를 알 수 없습니다. 대신 프로그램의 입력 커서가 에러가 발생한 곳 근처로 옮겨진 것을 알 수 있습니다. 대화 창을 닫고 커서의 앞뒤 부분을 살펴보면 에러를 쉽게 찾을 수 있습니다.

앞서 만든 거북이 그래픽을 약간 고쳐 보겠습니다. 몇 가지 기능을 추가하면 화면에 그려진 도형 색과 선 굵기를 바꿀 수 있습니다. 새 파일을 만들어 처음부터 입력해도 되지만, 앞서 만든 02B-tt.py 파일을 수정하는 것이 훨씬 쉽습니다. 지금부터 프로그램을 수정해서 사용하는 방법을 알아보겠습니다.

① 02B-tt.py 파일이 열린 상태에서 File → Save As…를 선택하거나 `Ctrl` + `Shift` + `S`를 누릅니다.

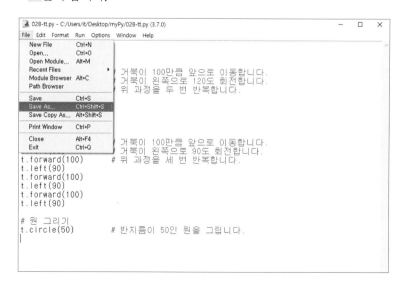

그림 2-10

File → Save As… 를 선택합니다.

② 파일 이름을 02C-tt로 입력하고 저장 버튼을 누릅니다. 기존 파일이 새로 지정한 파일 이름으로 저장됩니다.

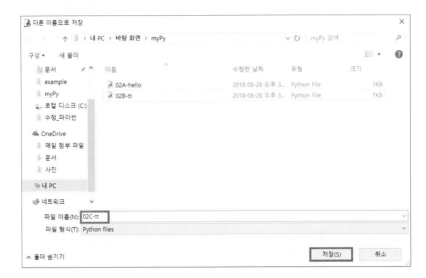

③ 프로그램을 수정합니다. 수정할 부분은 노란색으로 칠하고 주석으로 설명을 달아 두었습니다. 다섯 군데 모두 02B-tt.py 파일에 없던 내용을 새로 추가한 것입니다.

◉ 예제 소스 02C-tt.py

```python
import turtle as t

# 삼각형 그리기
t.color("red")          # 펜 색상을 빨간색으로 바꿉니다.
t.forward(100)
t.left(120)
t.forward(100)
t.left(120)
t.forward(100)
t.left(120)
```

```
# 사각형 그리기
t.color("green")        # 펜 색상을 녹색으로 바꿉니다.
t.pensize(3)            # 펜 굵기를 3으로 바꿉니다.
t.forward(100)
t.left(90)
t.forward(100)
t.left(90)
t.forward(100)
t.left(90)
t.forward(100)
t.left(90)


# 원 그리기
t.color("blue")         # 펜 색상을 파란색으로 바꿉니다.
t.pensize(5)            # 펜 굵기를 5로 바꿉니다.
t.circle(50)
```

④ 수정을 마쳤다면 Run → Run Module을 선택하거나 F5 를 눌러 프로그램을 실행합니다.

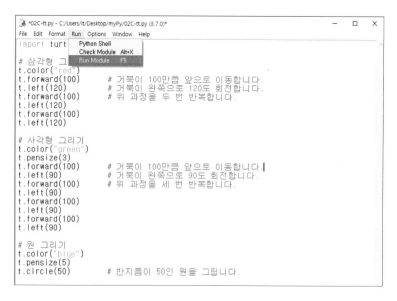

그림 2-12
Run → Run Module
을 선택합니다.

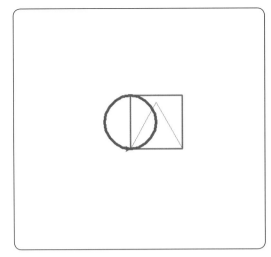

그림 2-13
빨간색 삼각형과
녹색 사각형과
파란색 원이
순서대로 그려집니다.

에러
해결하기

■ **거북이 색상 에러 : TurtleGraphicError: bad color string …**

거북이 색을 지정할 때 생기는 에러입니다. t.color()에서 괄호 안에 입력
한 색상 이름이 잘못 입력되지 않았는지 확인합니다.

■ **속성 에러 : AttributeError: module 'turtle' has no attribute …**

거북이 명령의 철자가 틀리지 않는지 확인합니다. 만약 철자가 틀리지 않
았다면 입력한 파일의 이름을 혹시 turtle.py로 저장했는지 확인해 봅니다.
turtle.py로 저장할 경우 거북이 모듈과 이름이 같아 충돌이 발생합니다. 파일
을 02C-tt.py로 다시 저장한 다음 turtle.py를 삭제하고 다시 실행해 보세요.

마무리

이번 시간에는 IDLE에서 새 파일을 만들어 프로그램을 입력하고 실행하는 방법
을 실습했습니다. 더불어 기존 프로그램을 수정해서 새 프로그램을 만드는 과정
까지 살펴보았습니다. Unit 3부터는 파이썬 프로그래밍의 기본이자 가장 중요한
개념인 연산과 변수를 알아보겠습니다.

UNIT 03 연산과 변수

PYTHON & ALGORITHMS FOR EVERYONE

컴퓨터는 '계산하다'라는 뜻을 가진 Compute에서 나온 단어입니다. 단어에서 알수 있듯이 '무언가를 연산(계산)하고 그 결과를 저장하고 보관했다가 필요할 때다시 사용할 수 있도록 하는 것'이 컴퓨터의 기본 용도입니다.

이번 시간에는 컴퓨터가 기능을 수행하는 데 꼭 필요한 연산과 변수를 공부하려고 합니다. 연산과 변수는 컴퓨터 프로그래밍을 공부할 때 출발점이 되는 아주중요한 내용입니다.

1 파이썬의 연산

수학을 배울 때 제일 먼저 배우는 것이 무엇일까요?

바로 덧셈, 뺄셈, 곱셈, 나눗셈과 같은 사칙연산입니다. 파이썬 역시 연산(계산)은 사칙연산부터 시작합니다. 다만, 수학에서 사용하는 기호와 컴퓨터에서 사용하는 기호는 의미가 조금 다르기 때문에 익숙해질 때까지 주의가 필요합니다. 파이썬의 기본 연산 기호는 다음과 같습니다.

표 3-1
파이썬의 기본 연산 기호

연산 기호	뜻	예시	결과
+	더하기	7+4	11
−	빼기	7−4	3
*	곱하기	7*4	28
/	나누기	7/4	1.75
**	제곱(같은 수를 여러 번 곱함)	2**3	8(2를 세 번 곱함=2*2*2)
//	정수로 나누었을 때의 몫	7//4	1(나눗셈의 몫)
%	정수로 나누었을 때의 나머지	7%4	3(나눗셈의 나머지)
( )	다른 계산보다 괄호 안을 먼저 계산	2*(3+4)	14

파이썬에서는 중괄호({})나 대괄호([ ])를 사용하지 않고 소괄호(( ))를 여러 개 사용해서 표현합니다. 예를 들어 학교에서 배운 수학식 5+[4*{3+(1+2)}]를 파이썬 문법으로 작성하려면 어떻게 해야 할까요? 수학은 연산 순서에 따라 소괄호와 중괄호와 대괄호를 구분하지만, 파이썬에서는 모두 소괄호로 표현합니다.

```
>>> 5+(4*(3+(1+2)))
29
```

그럼 지금부터 간단한 수식 계산 프로그램을 만들어 보겠습니다.

수식 계산 프로그램
무작정 따라하기 3-1

● **예제 소스** 03A-calc.py

```
print("7+4 = ", 7+4)
print("7*4 = ", 7*4)
print("7/4 = ", 7/4)
print("2**3 = ", 2**3)          # 2를 세 번 곱한 값
print("5%3 = ", 5%3)            # 5를 3으로 나눈 나머지
```

TIP
IDLE에서 새 파일을 만들어 저장하고 실행하는 과정은 Unit 2에서 배웠으므로 지금부터는 이 과정을 따로 설명하지 않습니다.

```
7+4 = 11

7*4 = 28

7/4 = 1.75

2**3 = 8

5%3 = 2
```

print 다음에 따옴표("")로 감싼 부분은 '수식'이 아니라 '문자열'입니다. 즉, 계산되지 않고 그대로 출력된다는 말입니다. 실제로 계산은 쉼표(,) 이후 부분에서 이루어집니다. 문자열이 무엇인지는 74쪽에서 다시 설명하겠습니다.

2 파이썬의 변수

변수는 글자 그대로 '변할 수 있는 수'라는 뜻입니다. 프로그램을 만드는 데 필요한 숫자를 저장하거나 여러 가지 연산 결과를 보관했다가 다시 찾아보려면 정보를 보관하는 공간이 필요합니다. 이런 정보 보관소 역할을 하는 것이 변수입니다. 변수는 변할 수 있는 수이므로 필요에 따라 몇 번이라도 저장된 값을 바꿀 수 있습니다. 내용을 몇 번이고 썼다 지웠다 할 수 있는 메모지를 떠올리면 좀 더 이해하기 쉬울 겁니다.

보통 프로그램 하나는 변수를 여러 개 사용합니다. 따라서 여러 개의 변수를 구분하려면 변수마다 이름을 따로 붙여야 합니다.

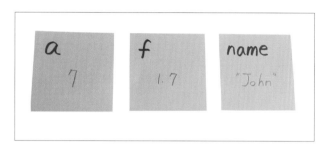

그림 3-1
여러 개의 변수를
구분하려면
이름이 필요합니다.

앞쪽 그림에서 메모지는 각 변수를 상징합니다. a, f, name은 변수 이름이고 7, 1.7, "John"은 각각의 변수에 저장된 정보입니다.

여기서 한 가지, 앞서 변수는 '변할 수 있는 수'라고 정의했지만, 변수에 저장되는 정보가 반드시 '숫자'여야 하는 것은 아닙니다. 예를 들어 name 변수에는 "John"이라는 사람 이름이 저장되어 있습니다. 이렇게 변수에는 숫자가 아닌 글자로 된 정보(문자열)도 저장할 수 있습니다. 즉, 변수는 '변할 수 있는 수'라기보다 '변할 수 있는 정보'로 이해하는 것이 더 정확합니다.

변수를 설명하려면 해야 할 얘기가 너무 많습니다. 우선 Unit 2에서 실습한 도형 그리기 프로그램(02B-tt.py)을 조금 수정하여 변수를 어떻게 사용하는지 알아보겠습니다.

변수를 사용해서 삼각형을 그리는 프로그램 무작정 따라하기 3-2

● 예제 소스 03B-tri.py

```
import turtle as t


d = 100          # 변수 d에 값 100을 저장합니다(수치를 바꾸면 삼각형 크기가 변합니다).


# 삼각형 그리기
t.forward(d)     # 거북이가 d만큼 앞으로 이동합니다.
t.left(120)      # 거북이가 왼쪽으로 120도 회전합니다.
t.forward(d)
t.left(120)
t.forward(d)
t.left(120)
```

TIP
02B-tt.py 파일을 수정해서 03B-tri.py 파일로 저장해도 되고, 처음부터 새 파일을 만들어서 프로그램을 입력해도 됩니다.

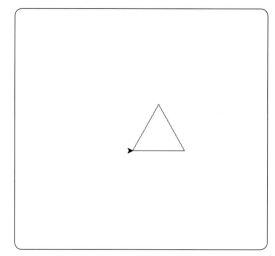

그림 3-2
한 변의 길이가 100인
(d = 100) 삼각형이
그려집니다.

알아
보기

Unit 2에서 작성한 02B-tt.py 프로그램과 03B-tri.py 프로그램이 다른 점은 거북이가 앞으로 이동하는 거리를 지정하는 방식입니다. Unit 2에서는 forward(100)처럼 거북이의 전진 거리를 숫자로 지정했고, 여기서는 d = 100 형태로 변수 d에 100을 저장한 다음 forward 명령에서 변수 d 값을 사용했습니다.

이렇게 변수를 사용하면 어떤 점이 좋을까요? 바로 변수 d 값을 바꿔서 삼각형 크기를 한 번에 바꿀 수 있다는 점입니다. 변수 d 값을 바꾸려면 기존에 저장된 값인 100을 지우고 다른 값을 입력하면 됩니다.

응용
하기

프로그램에서 d = 100을 d = 200으로 바꾼 다음 실행해 보세요.

다른 곳은 건드리지 않고 변수 d 값만 바꿨을 뿐인데 삼각형 크기가 두 배로 커졌습니다. 삼각형을 그리는 forward 명령이 모두 변수 d 값을 사용하기 때문입니다. 이처럼 변수란 프로그램에서 값을 저장하여 사용하거나 계산한 결과를 다시 보관하는 정보의 저장 공간이라는 것, 꼭 기억하세요.

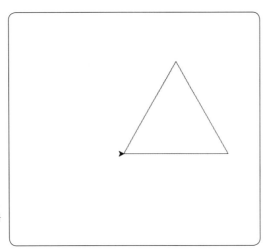

그림 3-3
d = 200으로 바꾼 다음
실행하면 한 변의 길이가
200인 삼각형이
그려집니다.

이번에는 대화형 셀에서 변수를 어떻게 사용하는지 살펴볼까요?

대화형 셀에서 변수를 사용한 예제

무작정 따라하기 3-3

```
>>> a = 3          # 변수 a에 3을 저장합니다.
>>> a              # a 값을 확인합니다.
3
>>> b = 1.1+2      # 변수 b에 1.1+2의 결과인 3.1을 저장합니다.
>>> b              # b 값을 확인합니다.
3.1
>>> c = a+b        # a와 b를 합한 값을 변수 c에 저장합니다.
>>> c              # c 값을 확인합니다.
6.1
>>> d = 2          # 변수 d에 2를 저장합니다.
>>> d = d+1        # d에 1을 더한 값을 다시 d에 저장합니다.
>>> d              # d 값을 확인하면 3입니다.
3
```

한 줄씩 입력하면서 결과를 확인해 보았나요?

마지막에 입력한 d = d+1은 기억해 두면 좋은 표현입니다. 'd에 저장된 값에 1을 더하여 다시 d에 저장하라'는 문장인데, 이렇게 하면 'd 값이 1만큼 커지는 효과'를 얻을 수 있습니다. 즉, d = d+1은 '변수 d의 값을 1씩 증가시켜 주세요'라는 뜻입니다.

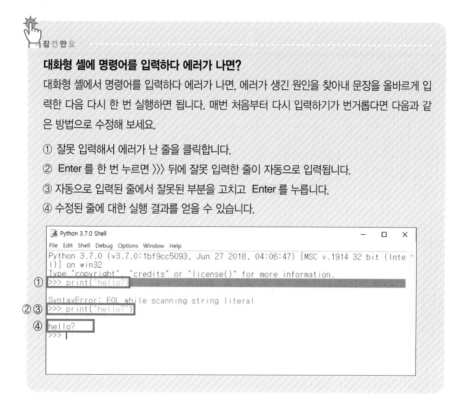

잠깐만요

대화형 셀에 명령어를 입력하다 에러가 나면?

대화형 셀에서 명령어를 입력하다 에러가 나면, 에러가 생긴 원인을 찾아내 문장을 올바르게 입력한 다음 다시 한 번 실행하면 됩니다. 매번 처음부터 다시 입력하기가 번거롭다면 다음과 같은 방법으로 수정해 보세요.

① 잘못 입력해서 에러가 난 줄을 클릭합니다.
② Enter 를 한 번 누르면 〉〉〉 뒤에 잘못 입력한 줄이 자동으로 입력됩니다.
③ 자동으로 입력된 줄에서 잘못된 부분을 고치고 Enter 를 누릅니다.
④ 수정된 줄에 대한 실행 결과를 얻을 수 있습니다.

```
Python 3.7.0 Shell                                           —  □  ×
File Edit Shell Debug Options Window Help
Python 3.7.0 (v3.7.0:1bf9cc5093, Jun 27 2018, 04:06:47) [MSC v.1914 32 bit (Inte
l)] on win32
Type "copyright", "credits" or "license()" for more information.
>>> print("hello?)

SyntaxError: EOL while scanning string literal
>>> print("hello?")
hello?
>>>
```

마무리

이번 시간에는 파이썬에서 가장 기본이 되는 연산과 변수를 배웠습니다.

연산의 기본은 우리가 알고 있는 계산법과 비슷하지만, 곱셈 기호(X) 대신에 별표(*)를, 나눗셈 기호(÷) 대신에 슬래시(/)를, 나머지 계산 기호로 퍼센트(%)를 사용한다는 점을 꼭 기억하세요.

변수는 '정보를 보관하는 저장 공간'이라는 것도 꼭 기억하세요. 변수를 사용하지 않는 프로그램은 거의 없으므로 앞으로 예제를 실습하다 보면 자연스럽게 변수의 사용법을 익힐 수 있습니다.

UNIT 04

for 명령을 사용하여 똑같은 작업 반복하기

PYTHON & ALGORITHMS FOR EVERYONE

사람들은 단순한 일을 반복해서 하는 걸 매우 싫어하지만, 컴퓨터는 아무리 단순한 일을 수백 번, 수만 번씩 반복해도 묵묵히 명령대로 계산하고 처리한 결과를 보여 줍니다.

'반복하기'는 컴퓨터의 특기 중 하나입니다. 컴퓨터 덕분에 군사, 우주 개발, 수학, 물리학, 생물학 같은 반복 계산이 필요한 분야의 기술이 엄청나게 발전할 수 있었습니다.

이번 시간에는 파이썬의 반복 명령어인 for를 이용해서 컴퓨터의 특기인 '반복하기'를 배워 보겠습니다. 영어 단어 for에는 '~를 위하여'라는 뜻도 있지만, '~하는 동안에'라는 뜻도 있습니다. 파이썬에서 for 명령어는 '~동안 반복하여 실행하라'라는 뜻입니다.

Hello!를 반복하여 출력하는 프로그램
무작정 따라하기 4-1

● 예제 소스 04A-hello.py

```
for x in range(10):
    print("Hello!")        # 반복할 내용은 네 칸 띄고 입력합니다(들여쓰기)
```

> **TIP**
> range가 무슨 의미인지는 Unit 5에서 설명합니다(55쪽).

Hello!

Hello!

Hello!

Hello!

Hello!

Hello!

Hello!

Hello!

Hello!

Hello!

에러
해결하기

■ **구문 에러 : SyntaxError: invalid syntax**

철자법, 괄호, 따옴표, 점, 콜론(:) 같은 특수 기호를 확인합니다. 반복 구문
인 for x in range(10):에서 마지막에 붙은 콜론(:)을 빠트리지 않았는지
확인합니다.

■ **구문 에러 : SyntaxError: expected an indented block**

반복 블록에서 들여쓰기(네 칸 띄어쓰기)를 제대로 하지 않았을 때 발생합니
다. 반복 블록에 해당하는 print("Hello!") 앞에 빈칸 네 개를 제대로 입력
했는지 확인합니다.

알아
보기

무엇인가를 반복하려면 '어느 부분(어디서부터 어디까지)'을 '몇 번' 반복하겠다는
뜻을 파이썬에게 명확히 전달해야 합니다.

for x in range(10):은 이 명령 아래의 들여쓰기된 부분을 열 번 반복하라는
뜻입니다. 문장 끝에 붙은 콜론(:) 기호는 반복할 영역의 시작을 알리는 기호입
니다. 다음으로 반복할 문장이 어디까지인지 파이썬에게 알려줘야 합니다. 이럴
때 쓰는 것이 '들여쓰기'입니다.

예제 프로그램을 보면 콜론(:) 다음 줄에 있는 print 명령은 들여쓰기가 되어 있습니다.

```
for x in range(10):
    print("Hello!")
```

잠깐만요

들여쓰기는 몇 칸 해야 하나요?
콜론(:)을 입력한 후 Enter 를 누르면 다음 줄부터는 IDLE이 자동으로 들여쓰기를 해 줍니다. 따라서 다음 줄에 편하게 반복할 내용을 입력할 수 있습니다. 프로그램을 편집하다가 들여쓰기를 직접 해야 할 때는 SpaceBar 를 네 번 눌러 '네 칸 띄어쓰기'를 하는 것이 파이썬이 추천하는 표준 방법입니다.

for x in range(10):에서 10은 파이썬에게 반복 횟수를 알려 주는 값입니다. 이 값을 고쳐 Hello!를 출력할 횟수를 원하는 대로 바꿀 수 있습니다.

잠깐만요

반복을 멈추려면?
range(10) 안의 값을 바꿔 보라고 하면 굉장히 큰 수를 입력해서 테스트하는 사람이 많습니다. 10을 100000으로 바꾸면 어떻게 될까요? Hello!가 십만 번 출력됩니다. 당연히 출력을 마칠 때까지 시간이 오래 걸립니다. 언제 끝날지 모른다고 봐야 합니다. 이럴 때는 파이썬 IDLE을 강제로 닫을 수도 있지만, 다음과 같은 방법으로 프로그램을 멈출 수도 있습니다.
① 대화형 셸(Python 3.x.x Shell 창)을 클릭하여 선택합니다.
② Ctrl + C 를 누릅니다.

이번에는 어디부터 어디까지 반복할지 지정하는 '반복 블록'을 실습해 보겠습니다.

● **예제 소스** 04B-block.py

```python
for x in range(3):
    print(100)          # 들여쓰기(빈칸 네 개 뒤에 입력)
    print(200)          # 들여쓰기(빈칸 네 개 뒤에 입력)
print(300)              # 내어 쓰기(빈칸 없이 바로 입력)
```

TIP 대화형 셀에서는 들여쓰기 블록을 입력하는 것이 어려우므로 블록이 있을 때는 새 파일을 만들어 작성하고 실행하는 것이 좋습니다(29~32쪽 참고).

실행 결과

```
100
200
100
200
100
200
300
```

에러 해결하기

- **구문 에러 : SyntaxError: unindent does not match any outer indentation level**

  반복 블록에서 들여쓰기가 일정하지 않거나 블록이 겹칠 때 들여쓰기 칸 수가 맞지 않아 발생하는 에러입니다. 프로그램에서 블록이 어디부터 어디까지인지 확인하고 띄어쓰기 칸 수를 잘 맞춰야 합니다. 이 예제에서는 print(100)과 print(200)을 정확히 네 칸 띄고 입력해야 하고, print(300)은 띄어 쓰지 않고 바로 입력해야 합니다.

■ **구문 에러 : SyntaxError: invalid syntax**

대화형 셀에서 들여쓰기 블록을 잘못 입력했을 때 생기는 에러입니다. 메뉴에서 File → New File을 선택하여 프로그램을 다시 입력하세요. 그런 다음 Run → Run Module을 선택하여 프로그램을 파일로 저장한 후 실행하세요 (23~26쪽 참고).

알아 보기

실행 결과를 보면 100과 200은 세 번 번갈아 가며 출력되고, 마지막 300은 한 번만 출력되었습니다. 100과 200을 출력하는 문장은 들여쓰기를 했으므로 for 문장의 '반복 블록'이 되어 range(3) 명령에 따라 세 번 반복합니다. 다시 말해, 100과 200을 출력하는 두 문장은 하나의 반복 블록이 되어 100과 200이 번갈아 가면서 세 번 반복 출력됩니다. 이렇게 들여쓰기가 된 반복 블럭을 세 번 반복하고 난 후, 들여쓰기가 되지 않은 다음 줄로 넘어가서 300을 출력하는 것입니다. 어디부터 어디까지 반복할지를 파이썬에 알려 주는 방법을 이해했나요?

잠깐만요

블록이 무엇인가요?

파이썬에서는 들여쓰기 해서 입력한 문장의 묶음을 블록이라고 부릅니다. 콜론(:) 다음에 들여쓰기로 입력한 두 문장이 바로 '블록'입니다.

```
    print(100)
    print(200)
```

들여쓰기 되지 않은 마지막 문장은 블록에 속하지 않습니다.

```
print(300)
```

블록은 반복 외에도 뒤에서 배울 판단이나 함수 등 여러 곳에서 쓰입니다. 블록은 프로그램의 실행에 사용되는 '프로그램의 한 묶음 또는 단위'라는 점을 꼭 기억하세요!

● **예제 소스** 04C-tt.py

```python
import turtle as t

# 삼각형 그리기
for x in range(3):          # 세 번 반복합니다.
    t.forward(100)          # 거북이가 100만큼 앞으로 이동합니다.
    t.left(120)             # 거북이가 왼쪽으로 120도 회전합니다.


# 사각형 그리기
for x in range(4):          # 네 번 반복합니다.
    t.forward(100)          # 거북이가 100만큼 앞으로 이동합니다.
    t.left(90)              # 거북이가 왼쪽으로 90도 회전합니다.


# 원 그리기
t.circle(50)                # 반지름이 50인 원을 그립니다.
```

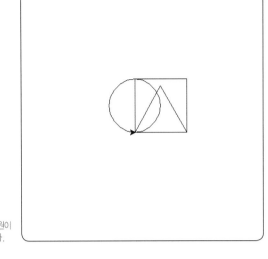

그림 4-1
삼각형과 사각형과 원이
순서대로 그려집니다.

Unit 2에서 만든 거북이 그래픽으로 도형을 그리는 프로그램(02B-tt.py)이 기억 나나요? forward와 left 명령을 여러 번 사용하여 삼각형, 사각형, 원을 순서대로 그리는 프로그램이었습니다. 비슷한 문장을 여러 번 입력하느라 꽤 번거로웠을 것입니다. 하지만 for 명령을 사용하면 반복되는 내용을 모두 입력하지 않아도 파이썬이 자동으로 반복해 줍니다.

파이썬이 같은 작업을 반복하도록 명령을 내리는 방법을 배웠습니다. 하지만 좀 더 똑똑한 프로그램을 만들려면 반복할 때마다 조금씩 다른 작업을 하도록 프로그램을 작성해야 할 때가 많습니다.

Unit 5에서는 for 명령어를 이용한 반복 기능을 더 자세히 살펴보고, 반복할 때마다 약간씩 변화를 주면서 반복하는 방법까지 배워 보겠습니다.

UNIT 05

range 명령을 사용하여 변화를 주면서 반복하기

PYTHON & ALGORITHMS FOR EVERYONE

Unit 4에서는 '완전히 똑같은 일'을 정해진 횟수만큼 반복하는 방법을 배웠습니다. 이번에는 정해진 횟수만큼 반복하지만, 매번 하는 일에 조금씩 변화를 주면서 반복하는 방법을 배우겠습니다. Unit 4에서 뜻을 모르고 작성했던 for x in range(10): 문장 안에 들어 있는 변수 x에 그 비밀이 숨겨져 있습니다.

range란?

range는 '범위'를 뜻하는 단어입니다. 파이썬에서 range는 반복할 '범위'를 지정하는 명령어입니다. Unit 4에서 for 명령어를 사용한 반복 예제를 실습할 때 range(5), range(10)처럼 반복 범위를 지정하면 각각 다섯 번, 열 번 실행되는 것을 확인하였습니다. 실제로 range가 무엇을 의미하는지 조금 더 정확히 알아보기 위해 대화형 셀에 다음과 같이 입력해 봅시다.

대화형 셀에서 range를 확인하는 예제　　　무작정 따라하기 5-1

```
>>> list(range(5))
[0, 1, 2, 3, 4]
>>> list(range(0, 5))
[0, 1, 2, 3, 4]
>>> list(range(1, 11))
```

```
[1, 2, 3, 4, 5, 6, 7, 8, 9, 10]
>>> list(range(1, 4))
[1, 2, 3]
>>>
```

먼저 list(range(5))를 보겠습니다. 결과를 보면 알 수 있듯이 range(5)는 0, 1, 2, 3, 4로 값을 다섯 개 가집니다. 정확히 말하면 for x in range(5):는 '변수 x의 값을 차례대로 0, 1, 2, 3, 4로 바꾸면서 반복 블록을 실행하라'는 뜻입니다.

두 번째로 range(0, 5)를 알아보겠습니다. range(a, b)의 값은 a에서 시작해서 b 바로 앞의 값까지 1씩 늘리면서 반복하는 것을 의미합니다. 따라서 range(0, 5)는 0부터 시작해서 5 바로 앞의 값까지 반복하라는 뜻이므로 0, 1, 2, 3, 4를 출력합니다. 결과적으로 첫 번째 줄의 range(5)와 결과가 같습니다.

세 번째 range(1, 11)은 1에서 시작해서 11 바로 앞(10)까지를 반복하라는 의미이므로 1, 2, 3, 4, 5, 6, 7, 8, 9, 10을 출력합니다. 네 번째 range(1, 4)도 1에서 4 바로 앞(3)까지 반복하라는 의미이므로 1, 2, 3을 출력합니다.

처음 접하면 혼란스러울 수 있으므로 직접 예제를 실습하면서 살펴보겠습니다.

● **예제 소스** 05B-count.py

```python
print("[0-4]")
for x in range(5):          # range(5)로 0, 1, 2, 3, 4까지 다섯 번 반복합니다.
    print(x)                # 변수 x 값을 출력합니다.


print("[1-10]")
for x in range(1, 11):      # 1, 2, ..., 10까지 열 번 반복합니다(11은 제외).
    print(x)                # 변수 x 값을 출력합니다.
```

실행 결과

```
[0-4]
0
1
2
3
4
[1-10]
1
2
3
4
5
6
7
8
9
10
```

이 프로그램에서 흔히 하는 실수는 반복 블록을 정하는 부분입니다. for x in range():에서 콜론(:)을 빠트리지 않았는지, print(x)에서 정확히 네 칸을 띄어 썼는지, 나머지 부분은 띄어쓰기 없이 잘 입력했는지 확인합니다.

알아
보기

이 프로그램은 앞서 배운 range 명령어를 사용해서 숫자를 세는 예제입니다. range 명령어의 뜻을 잘 생각하면서 프로그램을 다시 보면 쉽게 이해가 될 것입니다.

잠깐만요

range 명령어를 쓸 때 두 가지는 꼭 기억하세요!
① range(5) : 0부터 시작해서 4까지 다섯 번 반복한다(5는 제외한다).
② range(1, 11) : 1부터 시작해서 10까지 열 번 반복한다(11은 제외한다).

1부터 10까지 숫자의 합계를 구하는 프로그램

무작정 따라하기 5-3

○ **예제 소스** 05C-sum.py

```
s = 0                          # 합계를 구하는 변수 s. 처음 값은 0을 입력합니다.
for x in range(1, 10+1):       # 1, 2, ..., 10으로 열 번 반복합니다(11은 제외).
    s = s+x                    # 현재의 s 값에 x 값을 더합니다.
    print("x:", x, " sum:", s) # 현재의 x 값과 s 값을 출력합니다.
```

실행
결과

```
x: 1  sum: 1
x: 2  sum: 3
x: 3  sum: 6
x: 4  sum: 10
```

```
x: 5   sum: 15

x: 6   sum: 21

x: 7   sum: 28

x: 8   sum: 36

x: 9   sum: 45

x: 10  sum: 55
```

이 프로그램에서 에러가 발생했다면 우선 철자가 틀리지 않았는지, 따옴표, 쉼표, 괄호를 바르게 열고 닫았는지 확인합니다. 반복 블록에 숫자를 바르게 입력했는지, 들여쓰기가 올바른지 확인합니다. 마지막으로 콜론(:)을 빠트리지 않았는지 확인하고 에러 메시지를 확인합니다.

- **구문 에러 : SyntaxError: unindent does not match any outer indentation level**
  이 에러는 반복 블록의 들여쓰기가 일정하지 않을 때 발생합니다. 여기에서는 s = s+x와 print("x:", x, " sum:", s) 문장 앞에 네 칸씩 들여쓰기가 되었는지 확인합니다.

이 예제는 1부터 10까지 숫자를 더한 값을 보여 주는 프로그램입니다.

숫자를 계속 더하려면 더한 결과를 저장할 변수가 필요한데, 여기서는 s라는 변수를 사용하였습니다. 숫자를 더하기 전에 s 값을 0으로 지정하였습니다.

for x in range(1,10+1):은 x 값을 1에서 '10+1', 즉 11 바로 앞의 값인 10까지 반복하겠다는 뜻입니다. x 값이 1에서 10까지 계속 변하는 겁니다. 물론 10+1 대신 11을 적어도 결과는 차이가 나지 않습니다. 10까지 반복하려면 1을 더한 11을 적어야 한다는 것을 강조하기 위해 10+1로 표현했습니다.

s = s+x는 지금까지 더한 합(s)에 x 값(반복할 때마다 1씩 증가)을 더해 그 값을 다시 s에 저장하라는 문장입니다. 바로 이곳에서 실제로 덧셈이 되고 저장됩니다.

마지막 print("x:", x, " sum:", s) 역시 들여쓰기 되었으므로 반복 블록에 포함됩니다. 따라서 반복할 때마다 현재의 x 값과 s 값을 계속 출력합니다.

잠깐만요

변수 이름 정하기!

변수는 변할 수 있는 값, 즉 컴퓨터가 정보를 보관하는 곳입니다. 컴퓨터는 수많은 정보를 보관하고, 이러한 정보를 구분하려면 변수 이름이 필요하다고 배웠습니다. 우리는 지금까지 a, b, c, d, x, s처럼 매우 단순한 이름으로 변수 이름을 지었습니다. 변수 이름은 프로그램을 만드는 사람이 자유롭게 정할 수 있지만, 모든 이름을 변수 이름으로 쓸 수 있는 것은 아닙니다. 변수 이름을 정하려면 다음과 같은 규칙을 따라야 합니다.

① 변수 이름은 영문 대/소문자, 숫자, 밑줄(_)로만 만들 수 있습니다. 변수 이름에는 공백을 사용할 수 없습니다.

② 변수 이름은 숫자로 시작할 수 없습니다. 즉, 3name이나 150m은 변수로 사용할 수 없습니다.

③ 영문 대/소문자를 구분합니다. 즉, A와 a는 다른 변수입니다.

④ 파이썬이 문법으로 사용하는 단어는 헷갈릴 수 있으므로 사용할 수 없습니다. 예를 들면, False, None, True, and, as, assert, break, class, continue, def, del, elif, else, except, finally, for, from, global, if, import, in, is, lambda, nonlocal, not, or, pass, raise, return, try, while, with, yield 등입니다.

이러한 규칙을 지키면서 자유롭게 변수 이름을 정할 수 있습니다. 너무 길지 않은 것이 좋고, 변수 이름을 봤을 때 변수에 저장된 정보가 무엇인지 예상할 수 있는 이름이라면 더욱 좋습니다.

이번 시간에는 파이썬의 반복하기 기능에 꼭 필요한 range 명령어를 배웠습니다. 또한, 반복할 때마다 변하는 값인 변수 x를 이용해 조금씩 변화를 주면서 반복하는 방법을 배웠습니다. Unit 6에서는 그동안 배운 연산, 변수, 반복 기능을 거북이 그래픽에 활용하는 방법을 배워 보겠습니다.

UNIT 06 거북이 그래픽으로 그림 그리기

PYTHON & ALGORITHMS FOR EVERYONE

거북이 그래픽(Turtle Graphic)은 1960년대 Logo라는 프로그래밍 언어의 일부로 개발된 컴퓨터 그래픽 방식입니다. 꼬리에 잉크가 묻은 거북이를 종이에 올려놓고 리모컨으로 조작하는 듯한 방식으로 동작합니다. 거북이 그래픽은 굉장히 이해하기 쉽고 단순하지만, 어떻게 응용하느냐에 따라 멋진 그림을 그릴 수 있기 때문에 처음 컴퓨터 프로그래밍을 접하는 학생들에게 유용한 기능입니다.

이미 우리는 예제 프로그램에서 여러 번 거북이 그래픽을 사용했습니다. 이번에는 그동안 자세한 설명 없이 사용했던 거북이 그래픽에 대해 조금 더 자세히 살펴보겠습니다.

1 거북이 그래픽 사용하기

거북이 그래픽은 파이썬의 기본 모듈이므로 파이썬만 설치하면 바로 사용할 수 있습니다. 다만, 거북이 그래픽을 사용하기 전에 미리 파이썬에게 '거북이 그래픽을 이용하겠다'라고 알려 주면 됩니다. 앞서 여러 번 입력했던 import turtle 이 거북이 그래픽을 쓰겠다고 파이썬에게 알려 주는 문장입니다.

앞서 실습한 예제에서는 import turtle 뒤에 뭔가 더 있었던 것 같다고요? 맞습니다. 그동안 실습한 예제에서는 import turtle as t라는 문장을 사용했습니다. as t는 원래 turtle이라는 이름을 입력해야 사용할 수 있는 기능들을 t라는 별명만으로 사용하겠다는 뜻입니다. 여러분이 입력하는 수고를 덜 수 있도록 이런 별명을 붙인 것입니다.

그럼 as t를 붙이지 않았을 때와 붙였을 때 어떤 차이가 있는지 확인해 볼까요?

표 6-1
import turtle과
import turtle as t의
차이

as t를 붙이지 않았을 때	as t를 붙였을 때
`import turtle`	`import turtle as t`
`turtle.forward(100)` `turtle.right(100)` `turtle.forward(100)`	`t.forward(100)` `t.right(100)` `t.forward(100)`

파이썬에서 제공하는 다양한 기능을 추가로 사용하려면 먼저 import 명령어를 이용해 추가 기능을 불러들여야 합니다. 이 책에서도 여러 가지 추가 기능을 사용하기 위해서 import를 많이 사용할 예정이니 import와 친해지면 좋습니다.

2 거북이 그래픽의 동작 방식

앞서 거북이 그래픽은 꼬리에 잉크를 묻힌 거북이가 하얀 종이 위를 기어 다니는 것과 비슷하다고 설명했습니다. 파이썬은 거북이 그래픽을 시작하면 창(window)을 적당한 크기로 만듭니다. 그런 다음 배경을 하얗게 칠하고 창의 한가운데인 좌푯값 (0, 0)에 거북이를 오른쪽으로 향하도록 세워 놓고(x 축의 + 방향), 사용자가 명령을 내리기를 기다립니다.

그림 6-1
꼬리에 잉크를 묻힌
거북이

거북이 모양을 따로 지정하지 않으면 기본으로 화살촉 모양이 표시됩니다. t.shape("turtle") 문장을 쓰면 거북이 모양이 표시되고, t.shape("triangle") 문장을 쓰면 세모가 표시됩니다.

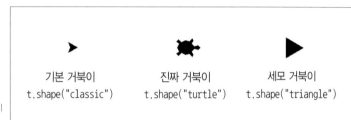

그림 6-2
다양한 거북이 모양을 지정할 수 있습니다.

기본 거북이
t.shape("classic")

진짜 거북이
t.shape("turtle")

세모 거북이
t.shape("triangle")

이제 거북이에게 앞으로 이동, 뒤로 이동, 왼쪽으로 회전, 오른쪽으로 회전과 같은 명령을 내리면 거북이가 명령대로 움직입니다. 움직이면서 지나간 자리에는 그림이 그려집니다. 파이썬의 거북이가 움직이고 그림만 그리는 것은 아닙니다. 추가 기능을 이용하면 다양한 행동을 합니다.

대표적인 추가 기능에는 꼬리 들고 내리기(꼬리를 들고 이동하면 거북이는 움직이지만 선이 그려지지는 않습니다), 그려지는 선 색깔이나 굵기 바꾸기, 원 그리기, 색칠하기 등이 있습니다.

표 6-2에 자주 사용하는 기능을 정리해 두었습니다.

표 6-2
자주 사용하는
거북이 그래픽 명령어 1

함수	설명	사용 예
forward(거리)/ fd(거리)	거북이가 앞으로 이동합니다.	t.forward(100)　# 거북이가 100만큼 앞으로 이동합니다.
backward(거리) / back(거리)	거북이가 뒤로 이동합니다.	t.back(50)　# 거북이가 50만큼 뒤로 이동합니다.
left(각도) / lt(각도)	거북이가 왼쪽으로 회전합니다.	t.left(45)　# 거북이가 45도 왼쪽으로 회전합니다.
right(각도) / rt(각도)	거북이가 오른쪽으로 회전합니다.	t.right(45)　# 거북이가 45도 오른쪽으로 회전합니다.
circle(반지름)	현재 위치에서 원을 그립니다.	t.circle(50)　# 반지름이 50인 원을 그립니다.
down( ) / pendown( )	펜(잉크 묻힌 꼬리)을 내립니다.	t.down( )　# 이제 움직이면 그림이 그려집니다.
up( ) / penup( )	펜(잉크 묻힌 꼬리)을 올립니다.	t.up( )　# 거북이가 움직여도 선이 그려지지 않습니다.
shape("모양")	거북이 모양을 바꿉니다.	t.shape("turtle")　# 진짜 거북이 모양으로 지정합니다. t.shape("arrow")　# 화살표 모양의 거북이로 지정합니다. ※ 거북이 모양으로 "circle", "square", "triangle"을 사용할 수 있습니다.
speed(속도)	거북이 속도를 바꿉니다.	t.speed(1)　# 가장 느린 속도 t.speed(10)　# 빠른 속도 t.speed(0)　# 최고 속도

pensize(굵기) / width	펜 굵기를 바꿉니다.	t.pensize(3)　　　　# 굵은 선으로 선을 그립니다.
color("색 이름")	펜 색을 바꿉니다.	t.color("red")　　　# 빨간색으로 선을 그립니다.
bgcolor("색 이름")	화면의 배경색을 바꿉니다.	t.bgcolor("black")　# 배경색을 흰색에서 검은색으로 바꿉니다.
fillcolor("색 이름")	도형 내부를 칠하는 색을 바꿉니다.	t.fillcolor("green")　# 녹색으로 도형 내부를 칠합니다. ※ 색상을 따로 지정하지 않으면 현재 색으로 칠합니다.
begin_fill( )	도형 내부를 색칠할 준비를 합니다.	t.begin_fill() # 거북이 움직임을 색칠할 준비를 합니다.
end_fill( )	도형 내부를 색칠합니다.	t.end_fill()　　# begin_fill( ) 이후부터 지금까지 그린 그림에 맞춰 내부를 색칠합니다.
showturtle( ) / st( )	거북이를 화면에 표시합니다.	t.st()　　　　　# 거북이를 화면에 표시합니다(기본 상태).
hideturtle( ) / ht( )	거북이를 화면에서 가립니다.	t.ht()　　　　　# 거북이를 숨깁니다.
clear( )	거북이를 그대로 둔 채 화면을 지웁니다.	t.clear()
reset( )	화면을 지우고 거북이도 원래 자리와 상태로 되돌립니다.	t.reset()

※ 슬래시 기호(/) 뒤에 적힌 명령어는 같은 기능을 하는 별명입니다. 원하는 것을 사용하면 됩니다.

> **TIP**
> 자주 사용하는 거북이 그래픽 명령어는 UNIT 13에 추가로 정리해 두었습니다(117쪽).

거북이 그래픽의 모든 기능이 아니라 자주 사용하는 기능만 적었는데도 꽤 많습니다. 하지만 모든 기능을 다 외울 필요도 없고 사용할 필요도 없습니다. 어떤 것이 있는지 대략 파악했으면 예제를 따라하면서 사용법을 익히면 됩니다. 또한, 부록 B에 거북이 그래픽 명령어 참고 표를 정리해 두었으니 거북이로 그리고 싶은 멋진 아이디어가 떠오르면 참고하세요(202쪽).

● **예제 소스** 06A-polygon.py

```python
import turtle as t

n = 5                    # 오각형을 그립니다(다른 값을 입력하면 다른 도형을 그립니다).
t.color("purple")
t.begin_fill()           # 색칠할 영역을 시작합니다.
for x in range(n):       # n번 반복합니다.
    t.forward(50)        # 거북이가 50만큼 앞으로 이동합니다.
    t.left(360/n)        # 거북이가 360/n만큼 왼쪽으로 회전합니다.
t.end_fill()             # 색칠할 영역을 마무리합니다.
```

**실행
결과**

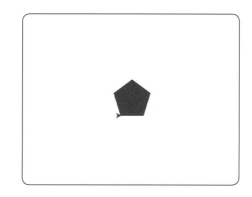

그림 6-3
보라색 정오각형이
그려집니다.

**에러
해결하기**

이 프로그램에서 에러가 발생했다면 t.color("purple") 문장에서 보라색을 뜻하는 purple의 철자를 확인합니다. begin_fill()과 end_fill()에 밑줄(_)을 바르게 입력했는지 확인합니다. 반복 블록에서 콜론(:) 기호를 빠트리지는 않았는지, 반복해야 할 두 줄의 문장을 제대로 들여쓰기 했는지 확인합니다. 마지막 줄인 t.end_fill()은 다시 들여쓰기 없이 입력했는지도 확인합니다.

알아
보기

그동안 여러 번 살펴본 거북이 그래픽으로 도형을 그리는 프로그램을 살짝 변형했습니다. n = 5처럼 변수를 사용하여 n 값에 따라 여러 종류의 정다각형을 그릴 수 있도록 수정했습니다. 또한, 펜의 색을 보라색(purple)으로 바꾸고 begin_fill()과 end_fill()을 사용하여 도형 내부를 색칠했습니다.

👆 잠깐만요

정다각형의 외각

중학교 수학을 배웠다면 '모든 다각형 외각의 합은 360°'라는 사실을 배웠을 것입니다. 정n각형에는 모두 n개의 외각이 있는데, 이 값은 모두 같으므로 한 외각의 크기는 360/n이 됩니다. t.left(360/n)으로 360/n°씩 회전하면서 같은 거리를 전진하면 정다각형이 그려지는 원리가 이해되었나요?

응용
하기

n 값을 3, 4, 6, 8, 10 등으로 고치면 다양한 정다각형을 그릴 수 있습니다. n 값이 클수록 점점 원에 가까워지는데 너무 큰 값을 입력하면 다각형이 화면 밖으로 나가 버립니다. 예를 들어 n = 30으로 입력하고 결과를 살펴보면 다음과 같습니다.

그림 6-4

n이 30일 때, 정 30각형의 일부가 화면 밖으로 나가 버려요.

이는 화면 크기는 정해져 있는데 한 변의 길이가 너무 길기 때문입니다. 한 변의 길이인 50을 화면에 맞게 적당히 줄이려면 forward(50)에서 50 대신 20, 30과 같은 수를 입력해 보세요.

● **예제 소스** 06B-circle.py

```python
import turtle as t

n = 50                    # 원을 50개 그립니다.
t.bgcolor("black")        # 배경색을 검은색으로 지정합니다.
t.color("green")          # 펜 색을 녹색으로 지정합니다.
t.speed(0)                # 거북이 속도를 가장 빠르게 지정합니다.
for x in range(n):        # n번 반복합니다.
    t.circle(80)          # 현재 위치에서 반지름이 80인 원을 그립니다.
    t.left(360/n)         # 거북이가 360/n만큼 왼쪽으로 회전합니다.
```

실행
결과

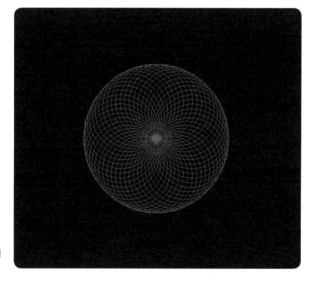

그림 6-5

7.2˚씩 회전하면서
빠른 속도로 원을 50개
그립니다.

배경색과 펜 색을 지정하는 문장에서 black과 green의 철자가 정확한지 확인합니다. AttributeError: 'module' object has no attribute … 에러가 표시되면 t.circle(80)과 같은 거북이 함수의 철자가 올바른지 확인합니다.

t.bgcolor("black")과 t.color("green")을 수정하여 배경색과 펜 색을 바꿀 수 있습니다. 또한, n 값을 50이 아닌 다른 수로 입력하여 전체 원의 개수를 바꿀 수 있습니다.

t.circle(80)처럼 모든 원의 크기를 똑같이 하는 대신 t.circle(x*2)로 바꾸면 원의 크기도 변화를 줄 수 있습니다.

선을 반복해서 그리는 프로그램

무작정 따라하기 6-3

◉ **예제 소스** 06C-line.py

```python
import turtle as t

angle = 89              # 거북이가 왼쪽으로 회전할 각도를 지정합니다(값을 바꿀 수 있음).
t.bgcolor("black")      # 배경색을 검은색으로 지정합니다.
t.color("yellow")       # 펜 색을 노란색으로 지정합니다.
t.speed(0)              # 거북이 속도를 가장 빠르게 지정합니다.
for x in range(200):    # x 값을 0에서 199까지 바꾸면서 200번 실행합니다.
    t.forward(x)        # x만큼 앞으로 이동합니다(실행을 반복하면서 선이 길어짐).
    t.left(angle)       # 거북이가 왼쪽으로 89도 회전합니다.
```

그림 6-6
선을 반복해서 그리면
멋진 그래픽이
그려집니다.

에러
해결하기

■ **이름 에러 : NameError: name 'angle' is not defined**

명령어, 함수 이름, 변수 이름을 잘못 입력했을 때 볼 수 있는 흔한 에러입니다. 각도를 지정하는 변수 angle 등의 철자를 바르게 입력했는지 확인합니다.

응용
하기

angle = 89에서 왼쪽으로 회전할 각도를 바꾸면 신기한 모양이 그려집니다. angle 값을 45, 90, 100 등으로 다양하게 바꾸면서 거북이가 그린 그림이 어떻게 변하는지 실습해 보세요.

마무리

이번 시간에는 간단하면서도 재미있는 거북이 그래픽을 배웠습니다.

거북이 그래픽의 모든 기능을 사용하지 않아도 거북이를 재미있게 움직일 아이디어만 있으면 굉장히 멋진 그림을 만들어 낼 수 있습니다. 종이 한 장을 꺼내 연필로 그려 보면서 아이디어를 떠올려 보고, 그 아이디어를 거북이 명령어로 바꿔 보세요. 여러분의 생각대로 거북이가 움직이면서 화면에 멋진 그림을 그려 줄 것입니다.

정보 입력하기

PYTHON & ALGORITHMS FOR EVERYONE

Unit 1에서 파이썬을 설치하고 처음으로 실행했던 print("Hello?")를 기억하나요? print는 파이썬의 대표적인 '출력' 명령어입니다. 출력이란 컴퓨터가 계산 과정을 거쳐 얻은 결과를 사람들에게 보여 주는 것입니다. 앞서 실습한 1부터 10까지 더한 숫자나 거북이 그래픽으로 그린 그림은 모두 컴퓨터의 출력입니다.

이와 반대로 사람이 컴퓨터에게 정보를 전달하는 과정을 '입력'이라고 합니다. 오늘은 키보드를 이용하여 파이썬에게 정보를 전달하는 명령인 input을 사용해 '입력' 과정을 배워 보겠습니다.

컴퓨터의 입출력 장치

컴퓨터는 정보를 입력받아서 이를 계산하거나 처리 또는 가공해서 그 결과를 사람에게 돌려주는 기계입니다. 계산기 프로그램을 이용하여 17+9를 계산한다고 생각해 봅시다.

그림 7-1
계산기 프로그램으로
계산하기

1 | 입력 : 숫자 17, 연산 기호 +, 숫자 9를 차례대로 입력하고 등호 =을 입력하여 컴퓨터에 17+9를 계산하고 싶다고 전달합니다.

2 | 계산/처리/가공 : 17+9를 계산하여 26이라는 답을 얻습니다.

3 | 출력 : 결과 창에 계산 결과인 26을 보여 줍니다.

매우 간단한 계산 과정이지만, 계산기 프로그램으로 하는 덧셈 계산도 '입력 → 처리 → 출력' 과정을 거친다는 것을 알 수 있습니다.

이러한 과정을 효과적으로 처리하기 위해 컴퓨터에는 다양한 종류의 입력 장치와 출력 장치가 있습니다. 대표적인 입출력 장치에는 다음과 같은 것이 있습니다. 평소 우리가 사용하는 컴퓨터 주변 장치는 대부분 입출력 장치라고 할 수 있습니다.

- **입력 장치 : 키보드, 마우스, 터치스크린, 마이크, 카메라, 스캐너**

- **출력 장치 : 모니터, 프린터, 스피커**

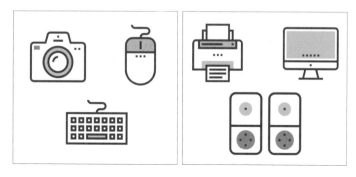

그림 7-2
입력 장치와 출력 장치

2 파이썬의 입력 처리

파이썬에서는 여러 가지 방법으로 사용자의 입력을 처리합니다. 지금부터 가장 기본적인 입력 방법인 키보드를 사용하여 사용자가 원하는 것을 컴퓨터에 전달하는 방법을 배워 보겠습니다.

파이썬에서 키보드로 입력을 받을 때 가장 손쉽게 사용할 수 있는 명령어로는 input이 있습니다. 간단한 예를 살펴볼까요?

```
s = input("--> ")
```

화면에 -->를 출력한 다음 사용자가 어떤 정보를 입력하기를 기다리는 문장입니다. 사용자가 어떤 값을 입력하고 Enter 를 누르면 파이썬은 변수 s에 그 값을 저장합니다.

참고로 input 명령은 입력 명령이지만, 엄밀하게 말하면 출력 명령도 포함합니다. 사용자에게 어떤 값을 입력받기 전에 설명을 하는 것이 필요할 수 있는데, 이 설명을 사용자에게 보여주는 것이 바로 '출력'이기 때문입니다. 예를 들어 위의 s = input("--> ") 문장은 "여기에 입력해주세요"라는 뜻으로 "--> "를 화면에 '출력'한 후, 키보드를 통해 사용자에게 값을 '입력'받아 변수 s에 저장하는 과정입니다.

직접 예제 프로그램을 작성하면서 input의 기능을 익혀 보겠습니다.

잠깐만요

파이썬과 한글 입력

영어를 사용하는 사람들이 컴퓨터를 발명했기 때문에 대부분의 컴퓨터 시스템은 영어를 기준으로 설계되었습니다. 컴퓨터가 전 세계로 보급되면서 영어가 아닌 언어도 사용할 수 있게 되었지만, 여전히 특정 컴퓨터나 환경에서는 한국어나 다른 언어를 사용하기 어렵습니다.

파이썬 역시 윈도(Windows)에서는 한글을 사용하는 데 큰 문제가 없지만, 애플(Apple)의 맥(Mac) 운영체제인 OS X에서는 한글이 제대로 입력되지 않는 현상이 나타납니다. 안타깝게도 이럴 때는 예제에 나오는 한글 문자열을 영어로 바꿔서 입력해야 합니다. input( )을 이용해서 문자열을 입력받을 때도 한글을 입력하면 제대로 입력되지 않습니다.

◉ **예제 소스** 07A-hello.py

```python
name = input("Your name? ")        # 이름을 입력받아 name 변수에 저장합니다.
print("Hello", name)               # Hello와 함께 name을 출력합니다.
```

실행 결과

```
Your name? 김길벗
Hello 김길벗
```

프로그램을 실행하면 Your name? 문장이 표시되고 커서가 깜빡이면서 사용자가 입력하길 기다립니다. 여러분의 이름을 입력하고 Enter 를 누르면 Hello 뒤에 여러분 이름이 표시됩니다.

TIP '김길벗'이 아닌 다른 이름을 입력해 보세요. 한글 이름도 입력해 보고, 영문 이름도 입력해 보세요.

알아 보기

프로그램을 실행하면 input의 괄호 안에 있는 "Your name? "이 IDLE 실행 창 (대화형 셀)에 표시되면서 사용자가 입력하길 기다립니다. 이때 적당한 이름을 입력하고 Enter 를 누르면 입력된 값이 name이라는 변수에 저장됩니다. 그리고 다음 줄의 print 명령어에 의해 Hello와 함께 name에 저장된 입력받은 이름이 출력되는 것이죠.

3 파이썬의 자료형

앞서 사용자가 입력한 이름이 name 변수에 저장된다고 설명했습니다. 이름은 '수'가 아닌데 어떻게 '변수'에 저장될까요? 컴퓨터는 변수에 숫자만 저장하는 것이 아닙니다. 문자열(글자를 나열한 것)이나 그 외 다양한 정보를 변수에 저장할 수 있습니다.

파이썬에서 다룰 수 있는 정보의 종류(자료형이라고도 부릅니다)는 굉장히 다양합니다. 그중에서 가장 자주 사용하는 자료형 세 가지를 표 7-1에 정리했으니 익혀 두세요.

표 7-1
파이썬에서 자주
사용하는 자료형

자료형	영어 이름	파이썬 표기	설명	예
정수	Integer	int	소수점이 없는 수	−2, −1, 0, 1, 2, 3
소수	Floating-point number	float	소수점(.)이 있는 수, 부동소수점수라고도 불린다.	−3.5, 0.0, 1.25, 5.0
문자열	String	str	알파벳 혹은 다른 문자로 이루어진 문장	"a", "abc", "Hello?", "3 people", "비", "여름"

4 문자열이란?

문자열은 '문자의 나열'이라는 뜻입니다. 우리가 의사소통할 때 사용하는 단어나 문장은 모두 문자를 여러 개 나열해서 만듭니다. 즉, 글자로 된 단어, 문구, 문장을 모두 문자열이라고 생각하면 됩니다.

문자열의 예를 볼까요?

- **한 글자로 된 문자열** : "a", "가"

- **단어로 된 문자열** : "boy", "소년"

- **문장으로 된 문자열** : "It rains.", "비가 옵니다."

파이썬에서 문자열을 구분할 때는 큰따옴표("") 혹은 작은따옴표('')를 사용합니다. 이 책에서는 큰따옴표를 주로 사용했지만, 작은따옴표를 사용하는 사람도 있습니다. 예를 들어 파이썬은 name = "Mike"와 name = 'Mike'를 똑같이 처리합니다.

숫자 두 개를 입력받아 곱하는 프로그램

무작정 따라하기 7-2

● 예제 소스 07B-multi.py

```
x = input("?")        # 변수 x에 첫 번째 입력을 받습니다. x = 문자열
a = int(x)            # 문자열 x의 값을 정수(int)로 바꿔서 a에 넣습니다.

x = input("?")        # 변수 x에 두 번째 입력을 받습니다. x = 문자열
b = int(x)            # 문자열 x의 값을 정수(int)로 바꿔서 b에 넣습니다.

print(a * b)          # a와 b를 곱한 결과를 출력합니다.
```

실행
결과

```
? 3
? 7
21
```

3과 7 대신 다른
값도 입력해 보세요

프로그램을 실행하면 물음표(?)가 뜨면서 사용자가 입력하길 기다립니다. 이때 곱하고 싶은 첫 번째 숫자를 아무것이나 입력하고 Enter 를 누릅니다. 마찬가지로 두 번째 숫자를 아무것이나 입력하고 Enter 를 누르면 두 숫자를 곱한 결과를 볼 수 있습니다.

에러
해결하기

이번 예제는 사용자에게 입력을 받는 프로그램이므로 프로그램 자체에 이상이 없어도 사용자가 값을 잘못 입력해서 에러가 날 수 있습니다.

실행 결과에 나온 것처럼 정수로 변환할 수 있는 값인 3과 7을 입력하면 아무런 문제가 없지만, 정수가 아닌 값(예를 들어 abc나 1.5처럼 문자나 소수)을 입력하면 에러가 발생합니다. 이런 값은 정수로 변환할 수 없기 때문입니다.

```
? abc
Traceback (most recent call last):
  File "C:\Users\Work\07B-multi.py", line 4, in <module>
    a = int(x)
ValueError: invalid literal for int() with base 10: 'abc'
```

이런 에러를 피하려면 정수로 변환할 수 있는 숫자를 입력해야 한다는 점, 꼭 기억하세요.

알아
보기

앞서 input으로 입력받은 값은 문자열 정보로 변수 x에 저장됩니다. 사용자는 3을 입력했지만, 변수 x에는 숫자 3이 아닌 "3"이라는 문자열이 저장된 거죠. 똑같은 3으로 보이지만, 파이썬은 이 둘을 엄격히 구분합니다. 숫자 3은 계산할 수 있는 정수이고, "3"은 계산할 수 없는 문자열이기 때문입니다.

a = int(x)는 x에 저장된 문자열 "3"을 계산 가능한 값인 정수 3으로 바꿔서 변수 a에 저장하는 문장입니다. 문자열을 숫자로 바꾼다는 개념이 어려울 수 있으므로 예를 들어 설명하겠습니다. 파이썬에서 문자열 "777"은 그저 7이라는 글자가 세 개 연달아 있는 문자열일 뿐이며 숫자 칠백칠십칠의 의미가 아닙니다. 그렇기 때문에 이 상태로는 다른 숫자와 더하거나 빼는 산술 계산을 할 수가 없습니다. 위에서 설명한 것과 같이 int("777") 명령을 거쳐야 비로소 계산할 수 있는 숫자 칠백칠십칠이 되는 거죠.

처음에는 숫자 777과 문자열 "3"이 어떻게 다른지 헷갈릴 수 있습니다. 우선은 'input으로 입력받은 정보는 문자열이므로 계산을 하려면 숫자로 바꿔야 한다' 정도만 기억해도 괜찮습니다.

한편, input으로 사용자의 입력을 기다리는 동안에는 사용자가 Enter 를 누를 때까지 프로그램이 멈춰 있습니다. 이런 input 명령어의 특징을 이용하면 재미있는 게임을 만들 수 있습니다. 한 번 만들어 볼까요? 바로 사람이 얼마나 시간을 정확히 추측할 수 있는지 '속으로 20초를 세어 맞히는' 게임입니다.

속으로 20초를 세어 맞히는 프로그램

무작정 따라하기 7-3

◉ **예제 소스** 07C-timer.py

```python
import time

input("엔터를 누르고 20초를 셉니다.")
start = time.time()

input("20초 후에 다시 엔터를 누릅니다.")
end = time.time()

et = end - start        # end 시간에서 start 시간을 빼면 실제 걸린 시간을 계산할 수 있습니다.
print("실제 시간 :", et, "초")
print("차이 :", abs(et - 20), "초")
```

TIP
여러분이 속으로 센 시간이 컴퓨터가 계산한 실제 시간과 얼마나 가까운지 확인해 보세요.

엔터를 누르고 20초를 셉니다.

20초 후에 다시 엔터를 누릅니다.

실제 시간 : 20.608863830566406 초

차이 : 0.6088638305664062 초

'엔터를 누르고 20초를 셉니다'라는 문장이 뜨면 Enter 를 누르고 속으로 20초를 셉니다. 20초가 지났다고 생각되면 Enter 를 누르세요. 그러면 파이썬이 실제로 몇 초가 지났는지와 그 시간이 20초와 얼마나 차이가 나는지 계산해서 화면에 보여 줍니다.

이 프로그램은 input을 이용한 간단한 시간 재기 게임입니다. import time은 파이썬에게 시간과 관련된 기능(time)을 사용하고 싶다고 요청하는 문장입니다. 시간을 재는 기능이 time 모듈에 있으므로 미리 요청한 뒤 사용해야 합니다. 거북이 그래픽을 사용하려면 import turtle 혹은 import turtle as t라고 적어야 하는 것과 같은 원리입니다.

프로그램의 전체적인 흐름을 한 줄씩 따라가 보면서 익혀 볼까요?

1 첫 번째 input 문장은 사용자에게 Enter 를 누르고 20초를 세라고 알려 준 뒤 입력을 기다립니다.

2 사용자가 Enter 를 누르면 다음 문장이 실행됩니다. 이때 time 기능이 현재 시각을 start 변수에 기록합니다.

3 두 번째 input 문장은 20초 후 다시 Enter 를 누르라고 표시한 뒤 입력을 기다립니다.

4 20초가 되었다고 판단한 사용자가 다시 Enter 를 누르면 다음 문장으로 실행이 넘어가 end 변수에 현재 시각을 기록합니다.

5 end 시간에서 start 시간을 뺀 시간, 즉 실제로 기다린 시간을 et 변수에 저장합니다.

6 | print 명령으로 실제 걸린 시간인 et 값을 화면에 보여 줍니다.

7 | 실제 걸린 시간과 20초의 차이를 계산하여 화면에 보여 줍니다. abs( )는 '절 댓값'을 구하는 파이썬 기능으로 계산 결과는 양의 부호(+)든 음의 부호(-)든 부호를 뺀 값이 됩니다. 사용자가 20초보다 빠르게 세면 결괏값이 음수가 되 는데 이때 음의 부호(-)를 빼기 위해 abs( )를 사용했습니다.

이 예제에서 input 명령을 통해 입력받은 정보는 중요하지 않습니다. 사용자가 Enter 를 누른 시간을 기준으로 계산하는 게임이기 때문입니다.

이번 시간에는 컴퓨터의 입력과 출력이 무엇인지 알아보고, 입력 명령인 input 을 이용해 프로그램을 만들어 보았습니다.

또한, 지금까지 배운 파이썬의 기능을 이용해서 첫 게임도 만들어 보았습니다. 무작정 따라하기 7-3을 입력하여 가족들과 함께 누가 더 시간을 정확히 재는지 내기해 보세요. 20초는 생각보다 긴 시간임을 실감할 것입니다.

UNIT 08
True/False 판단하기

PYTHON & ALGORITHMS FOR EVERYONE

지금까지 파이썬 기능을 이용하여 계산을 하고, 반복을 하고, 입력과 출력을 하면서 파이썬 프로그래밍의 기초를 배웠습니다.

그동안 실습한 예제 프로그램이 정해진 흐름대로 계산하거나 반복하고 출력하는 '평면적인' 프로그램이었다면, 이번에는 '입체적인' 프로그램을 만들겠습니다. 다시 말해 어떤 상황을 판단해서 적절한 일을 하는 좀 더 똑똑한 프로그램을 만들어 보겠습니다.

1 True/False와 비교 연산자

간단한 계산을 해 볼까요?

1+1=2

3-1=1

첫 번째 계산은 값이 맞지만, 두 번째 계산은 틀렸습니다. 파이썬은 첫 번째 계산처럼 값이 맞으면 True(참)로, 두 번째 계산처럼 값이 틀리면 False(거짓)로 표현합니다.

그렇다면 다음 문장은 참일까요? 거짓일까요?

"여름이는 착합니다."

"주원이는 똑똑합니다."

이런 문장은 True나 False로 판단할 수 없습니다. 어떤 사람은 여름이 정도면 착하다고 생각할 수 있지만, 여름이의 다른 면을 본 사람은 나쁘다고 말할 수도 있기 때문입니다.

컴퓨터는 '착하다', '똑똑하다' 같은 애매한 문장은 True나 False로 표현할 수 없습니다. 대신 누가 봐도 답이 명확한 1+1=2와 같은 문장은 매우 빠르고 정확하게 판단합니다.

어떤 판단을 해서 True와 False로 보여 주려 할 때 파이썬은 비교 연산자를 사용합니다. 파이썬에서 자주 사용하는 비교 연산자를 표 8-1에 정리했습니다.

표 8-1
자주 사용하는
비교 연산자

연산자	설명	예
==	양쪽이 같다(같으면 True, 다르면 False).	3 == 3 → True 1 == 7 → False
!=	양쪽이 다르다(다르면 True, 같으면 False).	3 != 3 → False 1 != 7 → True
〈	왼쪽이 오른쪽보다 작다.	3 〈 7 → True 3 〈 3 → False
〉	왼쪽이 오른쪽보다 크다.	7 〉 3 → True 7 〉 7 → False
〈=	왼쪽이 오른쪽보다 작거나 같다.	3 〈= 7 → True 3 〈= 3 → True
〉=	왼쪽이 오른쪽보다 크거나 같다.	7 〉= 3 → True 7 〉= 7 → True

 잠깐만요

비교 연산자(==)와 대입 연산자(=)

파이썬에서 '양쪽이 같다'를 판단하는 비교 연산자는 =이 아니라 ==입니다. 비교 판단을 할 때는 등호 한 개(=)가 아니라 두 개(==)를 사용해야 한다는 것을 꼭 기억해야 합니다. 파이썬에서 등호 하나(=)는 변수에 값을 저장할 때 사용하는 대입 연산자입니다.

다음 예를 보면서 차이를 비교해 보세요.

3 == 7	3과 7이 같은지 판단(False)
a = 3	변수 a에 3을 저장
a == 3	변수 a에 저장된 값이 3과 같은지 판단 ※현재 a에 저장된 값에 따라 True인지 False인지 결정

자, 그럼 대화형 셀에서 간단한 판단 예제를 실습해 볼까요?

```
>>> 1+1 == 2
True
>>> 3-1 == 1
False
>>> 3 == 3
True
>>> 3 != 3
False
>>> 7 >= 3
True
>>> "abc" == "abc"
True
>>> "abc" == "ABC"
False
>>>
```

파이썬에서는 비교 연산자로 문자열도 비교할 수 있습니다. 위의 실행 결과 중 마지막 두 개가 그 예입니다. "abc" == "abc"는 True인데 "abc" == "ABC"는 False인 것이 보이나요? 파이썬은 알파벳 대소문자를 구분하는 언어입니다. 따라서 'abc'와 'ABC'는 엄밀히 다른 값이라는 점, 꼭 기억하세요.

에러
해결하기

■ **구문 에러 : SyntaxError: can't assign to operator, SyntaxError: can't assign to literal**

값을 변수에 저장하는 대입 연산자(=)와 값을 비교하는 비교 연산자(==)를
혼동해서 잘못 쓰면 에러가 발생합니다.

또는 변수에 잘못된 값이 저장되어 프로그램이 제대로 동작하지 않을 수도
있습니다. 따라서 어떠한 값이 같은지 비교할 때는 반드시 등호를 두 개(==)
사용해야 한다는 것을 기억하세요.

2 판단 명령어 if

앞서 파이썬에서는 True와 False 개념, 비교 연산자로 수식의 True와 False를
알아내는 방법을 배웠습니다. 이제 무언가를 '판단'해서 프로그램을 좀 더 유용하
게 만들어 볼까요?

파이썬에서 주로 사용하는 판단 명령어는 if와 else입니다. if는 '만약에' 혹은
'만약에 무엇이라면'이라는 뜻이고, else는 '그렇지 않으면'이라는 뜻입니다. if
만 사용할 때와 if-else를 함께 사용할 때의 사용 방법은 각각 다음과 같습니다.

```
if 비교할 문장:
    True일 때 실행할 문장(들여쓰기)
```

```
if 비교할 문장:
    True일 때 실행할 문장(들여쓰기)
else:
    False일 때 실행할 문장(들여쓰기)
```

if만 사용할 때는 사용법이 매우 간단합니다. if 뒤에 판단할 내용을 적고 콜론 (:)으로 문장을 마칩니다. 다음 줄부터 if 안의 내용이 True일 때 실행할 내용을 들여쓰기(띄어쓰기 네 칸)해서 적으면 됩니다. 비교할 문장이 False일 때는 들여쓰기 된 블록을 실행하지 않고 넘어갑니다.

if와 else를 같이 사용하면 True일 때 실행 내용과 False일 때 실행 내용을 각각 정할 수 있습니다. if 뒤에 판단할 내용을 적고 콜론(:)으로 문장을 마친 후 다음 줄에 True일 때 실행할 내용을 적습니다.

else: 문장 다음 줄에는 if 안의 내용이 False일 때 실행할 내용을 적으면 됩니다.

if 판단문과 if-else로 판단하는 프로그램 무작정 따라하기 8-2

● **예제 소스** 08B-ifelse.py

```
a = 3                    # 변수 a에 3을 저장합니다.

if a == 2:               # a가 2와 같은지 비교합니다.
    print("A")           # False이므로 이 부분은 실행되지 않습니다.

if a == 3:               # a가 3과 같은지 비교합니다.
    print("B")           # True이므로 이 부분이 실행됩니다.

if a == 4:               # a가 4와 같은지 비교합니다.
    print("C")           # False이므로 이 부분은 실행되지 않습니다.
else:
    print("D")           # print("C") 대신 이 부분이 실행됩니다.
```

에러
해결하기

이 프로그램에서 에러가 난다면 다음 두 가지를 주의해서 살펴보세요.

- **비교 연산자(==) 문제**

  if a = 2:처럼 등호를 한 개만 넣으면 SyntaxError: invalid syntax 에러가 납니다.

- **블록 설정(들여쓰기) 문제**

  for 문장의 반복 블록과 마찬가지로 if나 else 끝에는 반드시 콜론(:)을 적어야 합니다. 또한, 판단 블록의 들여쓰기 역시 주의해야 합니다. 블록 설정이 잘못되면 for 반복 블록을 잘못 적었을 때와 비슷한 구문 에러(SyntaxError)가 발생합니다.

실행
결과

```
B
D
```

변수 a에는 3을 저장했습니다. 첫 번째 if문에서는 a == 2 문장이 False이므로 A를 출력하지 않고 다음 문장으로 내려갑니다. 두 번째 if문에서는 a == 3이 True이므로 B를 출력합니다. 마지막 if문에서는 a == 4가 False이므로 C를 출력하지 않고 다음 문장인 else문으로 내려갑니다. else문은 if문이 False일 때 실행된다고 했었죠? 따라서 if a == 4 문장이 False이므로 else: 부분이 실행되어 D를 출력합니다.

처음에는 조금 복잡하지만 True와 False의 판단을 차근차근 생각하면서 한 줄씩 따라가면 이해가 될 것입니다.

◉ **예제 소스** 08C-calc.py

```python
x = input("12+23 = ")      # 문제를 보여 주고 답을 입력받아 x에 저장합니다(문자열임).
a = int(x)                 # 숫자를 비교할 수 있게 x에 저장된 문자열을 정수로 바꿉니다.

if a == 12+23:
    print("천재!")
else:
    print("바보?")
```

실행 결과

```
12+23 = 33
바보?
```

35라는 정답을 입력해서 '천재!'를 확인했다면, 다음에는 일부러 틀린 답을 입력해 실행해 보세요.

에러 해결하기

이 프로그램에서 에러가 나면 먼저 철자나 특수 기호를 점검합니다. 그리고 다음 세 가지를 유의해서 검토해 보세요.

- **값 문제 :** ValueError: invalid literal for int() with base 10: 'as'....
  입력한 값이 정수가 아닐 때(문자나 소수일 때) 에러가 납니다(76쪽 에러 해결하기 참고).

- **비교 연산자 문제**
  등호를 한 개(=)만 입력했을 때 에러가 납니다.

■ **블록 설정 문제**

if-else 끝에 콜론(:)을 입력했는지, 들여쓰기를 제대로 했는지 확인하세요.

**알아
보기**

이 프로그램은 이미 정해진 문제(12+23 =)를 보여준 뒤 사용자의 입력을 받아 계산 결과가 같은지 비교 연산자로 비교하고 판단하는 예제입니다.

사용자가 입력한 값은 변수 x에 문자열로 저장되므로 a = int(x)를 통해 정수로 바꿔줍니다. if a == 12+23: 문장에서 사용자가 입력한 값이 35와 같다면 다음 줄에서 '천재!'를 출력합니다. 35가 아닐 때는 else: 문장으로 넘어가 '바보?'를 출력합니다.

사용자에게 보여줄 문제를 바꾸려면 input("12+23 = ")에서 12+23 대신 다른 수식을 넣어서 실행해 보세요. 물론 결과를 판단하는 if a == 12+23: 문장도 같이 바꿔야 되겠죠?

마무리

이번에는 파이썬의 비교와 판단을 배웠습니다.

컴퓨터는 1+1=2와 같이 정답이 명확한 계산과 판단은 매우 빠르고 정확하게 처리할 수 있지만, 사람처럼 느끼고 생각하거나, 옳고 그름, 좋고 싫음을 판단하는 일은 쉽게 처리하기 어렵습니다.

하지만, 최근에는 인공지능 분야가 엄청나게 발전하여 컴퓨터가 사람의 말을 알아듣는 것은 물론이고 스스로 차를 운전하는 수준에 이르렀습니다.

2016년 3월, 세계를 떠들썩하게 한 알파고와 이세돌의 대국이 있었습니다. 인공지능을 대표하는 알파고가 세계 최고 수준의 바둑 기사인 이세돌을 이기면서 인공지능의 새 장을 열었다는 평가를 받았습니다. 이제 머지않은 미래에 사람처럼 생각하고 행동하는 인공지능 로봇을 만날 수 있을지도 모르겠네요.

random 모듈로
임의의 수 뽑기

우리는 매일 '아무 수나 뽑으면서' 살고 있습니다. 무슨 말이냐고요? 예를 들어 가위바위보에서 가위를 1, 바위를 2, 보를 3이라고 한다면 1, 2, 3 중 하나를 뽑는 것입니다. 또 다른 예로 축구에서 승부차기를 하는 것도 '왼쪽(1)으로 찰까? 가운데(2)로 찰까? 오른쪽(3)으로 찰까?'를 결정하는 '아무 수나 뽑기'인 셈이죠. 파이썬에서는 random 모듈을 이용하면 임의의 수(컴퓨터가 아무렇게나 생성한 무작위의 수)를 뽑는 기능을 간단히 구현할 수 있습니다. '1부터 100까지 숫자 중에 아무 수나 하나 뽑아 봐!'와 같은 명령을 내릴 수 있습니다. 이번 시간에는 이와 같은 기능을 하는 randint 명령을 배우고 응용한 프로그램까지 만들겠습니다.

random 모듈이란?

파이썬에서 임의의 수를 뽑으려면 random 모듈을 사용해야 합니다. 거북이 그래픽 모듈이나 시간 모듈을 사용할 때와 마찬가지로 프로그램 앞에 import random이라고 적으면 random 모듈을 사용할 수 있습니다.

random 모듈에는 임의의 수를 만들기 위한 여러 가지 명령어가 있지만, 가장 알기 쉽고 사용하기 쉬운 random.randint 명령어를 사용하겠습니다(부록 B에 random 모듈에서 제공하는 다른 기능을 소개했습니다).

randint 사용법은 매우 간단합니다. random.randint(a, b)라고 적으면 a 이상 b 이하인 임의의 정수를 뽑을 수 있습니다. 예를 들어 random.randint(1, 3)은 1, 2, 3 중 아무것이나 하나를 고르라는 의미입니다.

잠깐만요

range(a, b)와 random.randint(a, b)

range(a, b)는 for 반복문에서 a부터 b 직전까지의 정수(즉, b-1)를 하나씩 반복할 때 사용하는 명령어이고, random.randint(a, b)는 a부터 b까지의 임의의 정수를 만들어 내는 명령어입니다. 똑같은 (a, b) 범위로 보이지만, range는 b가 제외되고 randint는 b가 포함된다는 차이점을 기억해 두세요.

마음대로 걷는 거북이 1

무작정 따라하기 9-1

● **예제 소스** 09A-walk.py

```python
import turtle as t
import random

t.shape("turtle")                    # '거북이' 모양의 거북이 그래픽을 사용합니다.
t.speed(0)

for x in range(500):                 # 거북이를 500번 움직입니다.
    a = random.randint(1, 360)       # 1~360에서 아무 수나 골라 a에 저장합니다.
    t.setheading(a)                  # 거북이 방향을 a 각도로 돌립니다.
    t.forward(10)                    # 거북이가 10만큼 앞으로 이동합니다.
```

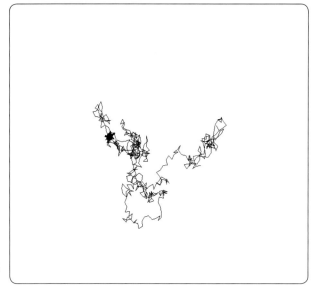

그림 9-1
거북이가 마음대로 움직
이면서 그린 그림

TIP random 모듈을 사용하면 실행할 때마다 결과가 달라집니다. 그림 9-1은 필자가
실행했을 때 모습이므로 여러분의 결과가 책과 다르다고 놀라지 마세요!

에러
해결하기

프로그램이 실행되지 않고 에러가 났다면 다음 내용을 읽어 보세요.

■ **모듈 이름 문제 : ImportError: No module named …**

import 뒤에 모듈 이름을 잘못 입력했을 때 발생합니다. turtle과 random
의 철자를 확인합니다.

■ **함수 이름 문제 : AttributeError: module 'turtle' has no attribute …**

t.setheading(a)와 같은 거북이 명령어의 철자가 틀렸을 때 발생합니다.
setheading의 철자를 확인합니다. 전부 입력하기 번거롭다면 seth는
setheading의 짧은 별명이니 t.seth(a)로 입력합니다.

■ **블록 설정 문제**

for 문장 끝에 콜론(:)을 빠트리지 않았는지, 나머지 세 줄을 네 칸 들여 썼
는지 확인하는 건 이제 익숙해졌을 것입니다.

import 명령어를 사용해서 turtle 모듈과 random 모듈을 사용한다고 파이썬에 알린 다음 거북이의 모양과 속도를 지정합니다. random.randint(1, 360)으로 1~360 사이에서 임의의 수를 하나 뽑아 setheading으로 거북이 방향을 맞춥니다. 그러면 forward(10) 명령에 따라 거북이가 앞으로 이동하면서 그림을 그립니다. 이 과정은 for 문장 덕분에 500번 반복됩니다.

이번에는 이 프로그램을 약간 수정해 거북이의 이동 방향뿐 아니라 이동 거리도 바꿔 보겠습니다. 노란색으로 칠한 부분이 추가하거나 수정한 부분입니다.

마음대로 걷는 거북이 2

무작정 따라하기 9-2

● **예제 소스** 09B-walk2.py

```python
import turtle as t
import random

t.shape("turtle")                       # '거북이' 모양의 거북이 그래픽을 사용합니다.
t.speed(0)

for x in range(500):                    # 거북이를 500번 움직입니다.
    a = random.randint(1, 360)          # 1~360에서 아무 수나 골라 a에 저장합니다.
    t.setheading(a)                     # 거북이 방향을 a 각도로 돌립니다.
    b = random.randint(1, 20)           # 1~20 사이에 있는 아무 수나 골라 b에 저장합니다.
    t.forward(b)                        # 10을 b로 고칩니다.
```

TIP
File → New File를 선택하고 새 파일을 열어 입력해도 되고, File → Save As…를 선택하여 파일을 새로 저장한 다음 마지막 두 줄만 수정해도 됩니다.

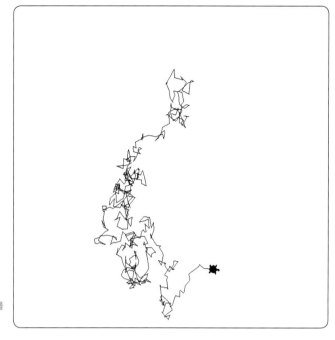

그림 9-2

거북이가 방향과 거리를
제멋대로 바꾸면서
이동합니다.

알아
보기

1~360 사이에 있는 임의의 수를 골라 거북이 방향을 아무렇게나 돌리는 것까지는 앞의 예제(09A-walk.py)와 같습니다. 다른 점은 전진하는 거리도 random.randint(1, 20)으로 1~20 사이에 있는 임의의 숫자를 골라서 이동한다는 점입니다. 실행 결과를 보면 비슷해 보이지만, 실제로는 조금 더 제멋대로 움직이는 느낌이 듭니다.

응용
하기

첫 번째 randint 명령에서 괄호 안의 숫자를 바꾸면 거북이의 진행 방향에 변화가 생깁니다. 예를 들어 randint(1, 360)을 randint(1, 180)으로 바꾸면 거북이가 위로 올라가다가 화면 밖으로 나가 버립니다. 두 번째 randint 명령에서 괄호 안의 숫자를 바꾸면 거북이가 움직이는 거리에 변화가 생깁니다. 예를 들어 randint(1, 20)을 randint(10, 40)으로 바꾸면 거북이가 움직이는 거리가 늘어납니다. 직접 실행해서 확인해 보세요.

random 모듈이 프로그램에서 어떤 역할을 하는지 조금 더 살펴 볼까요? Unit 8 에서 만들었던 12+23의 답을 맞히는 프로그램이 기억나나요? 그때는 계산 문제가 12+23 하나만 나와서 프로그램이 단조롭게 느껴졌습니다. 이번에는 randint 명령을 사용해서 실행할 때마다 다른 덧셈 문제가 나오는 프로그램을 만들어 보겠습니다.

무작위로 덧셈 문제를 만들어서 맞히는 프로그램 　　무작정 따라하기 9-3

● **예제 소스** 09C-calc.py

```
import random

a = random.randint(1, 30)      # a에 1~30 사이의 임의의 수를 저장합니다.
b = random.randint(1, 30)      # b에 1~30 사이의 임의의 수를 저장합니다.

print(a, "+", b, "=")          # 문제를 출력합니다..
x = input()                    # 답을 입력받아 x에 저장합니다(문자열로 저장됩니다).
c = int(x)                     # 비교를 위해 문자열을 정수로 바꿉니다.

if a + b == c:
    print("천재!")
else:
    print("바보?")
```

실행 결과

```
21 + 2 =
23
천재!
```

여러분의 컴퓨터는 어떤 문제를 냈나요? 프로그램을 다시 실행하면 컴퓨터는 또 다른 문제를 낼 것입니다. 이처럼 random 모듈을 사용하면 실행할 때마다 결과가 달라지는 재미가 있습니다.

- **print(a, "+", b, "=") 문장**

  변수 a, 더하기, 변수 b, 등호를 차례대로 출력하는 문장인데 기호를 잘못 입력하기 쉽습니다. SyntaxError: Invalid Syntax 에러가 나면 이 문장을 확인하세요.

- **if-else 문장**

  if와 else 문장은 들여 쓰지 않고 바로 붙여 써야 하고, 문장 끝에 콜론(:)도 빠트리지 않아야 합니다. 대신 각 블록의 print 문장은 반드시 들여쓰기 해야 합니다.

이 프로그램은 random.randint를 이용하여 1~30 사이에 있는 임의의 수 두 개를 뽑아 더하는 문제를 화면에 보여 줍니다. 정답과 비교하기 위해 input으로 입력받은 '문자열'을 숫자(정수)로 바꾸는 부분은 이미 몇 번 살펴 봤습니다(c = int(x)).

여러분이 입력한 값이 정답인지 확인하기 위해 비교 연산자(==)를 사용합니다. a+b == c 문장으로 실제 a+b의 결괏값과 여러분이 입력한 답을 정수로 바꾼 c를 비교하여 결과를 보여 줍니다. c == a+b 문장으로 비교해도 결과는 같습니다.

컴퓨터로 아무 수나 뽑는 것은 매우 유용한 기능입니다. 단계마다 다르게 전개되는 게임 프로그램이나 경품을 받을 고객을 공정하게 뽑아야 하는 자동 추첨 프로그램 등 사용 분야도 매우 다양합니다. 수학, 통계, 과학 실험과 같은 계산에서도 굉장히 많이 사용되는 기능이므로 컴퓨터 프로그래밍을 공부할 때 꼭 알아 둬야 합니다.

UNIT 10

while 명령으로 반복하기

PYTHON & ALGORITHMS FOR EVERYONE

Unit 4와 5에서 for 명령어로 프로그램을 반복 실행하는 방법을 배웠습니다. 파이썬에는 for 외에도 while이라는 반복 명령어가 있습니다. while은 for와 같이 프로그램을 반복 실행하는 명령어지만 사용법이 약간 다릅니다. 영어 단어 while은 '무엇하는 사이에', '무엇하는 동안에'라는 뜻으로 쓰이는데, 파이썬에서는 while 명령어 뒤에 '무엇'에 해당하는 조건을 적으면 됩니다.

자세한 것은 예제를 따라하면서 알아보겠습니다.

while 명령으로 반복해서 숫자를 출력하는 프로그램 무작정 따라하기 10-1

● 예제 소스 10A-count.py

```
print("[1-10]")
x = 1
while x <= 10:              # x가 10 이하인 동안 반복합니다(1에서 10까지 실행)
    print(x)
    x = x + 1              # x에 1을 더해서 저장합니다.
```

> **TIP**
> Unit 5에서 for 명령어를 사용해서 만든 1부터 10까지 숫자 세기 프로그램(05B-count.py)과 이번 프로그램을 비교해 보세요. for 버전과 while 버전의 차이가 보일 거예요.

```
[1-10]
1
2
3
4
5
6
7
8
9
10
```

알아
보기

while 명령의 기본 구조는 다음과 같습니다.

```
while 판단 조건:          # 판단 조건이 True인 동안
    반복 실행힐 내용        # 반복 실행할 내용 부분을 반복한다.
```

이 프로그램에서는 변수 x의 값을 1로 설정하고 x가 10보다 작거나 같을 때(즉, 10 이하일 때) 콜론(:) 이후의 블록을 실행하라고 알려줍니다. 반복 실행할 블록은 현재 x 값을 출력하고 x에 1을 더하는 것입니다.

그럼 프로그램이 어떻게 동작하는지 자세히 살펴볼까요?

1 | x에 1을 저장합니다.

2 | while x <= 10: 문장을 실행합니다. 1 <= 10이 참이므로 반복 블록을 실행합니다.

3 | 현재 x 값인 1을 출력합니다.

4 | x에 1을 더해 x는 2가 됩니다.

5 | 반복 블록의 끝이므로 다시 while문이 있는 곳으로 돌아갑니다.

6 | while x <= 10: 문장을 실행합니다. 2 <= 10이 참이므로 반복 블록을 실행합니다.

7 | 현재 x 값인 2를 출력합니다.

8 | x에 1을 더해 x는 3이 됩니다.

[x가 10이 될 때까지 이 과정을 반복합니다.]

9 | while x <= 10: 문장을 실행합니다. 10 <= 10이 참이므로 반복 블록을 실행합니다.

10 | 현재 x 값인 10을 출력합니다.

11 | x에 1을 더해 x는 11이 됩니다.

12 | while x <= 10: 문장을 실행합니다. 11 <= 10은 거짓이므로 반복 블록을 실행하지 않고 다음 문장으로 넘어갑니다.

13 | 반복 블록이 프로그램의 끝이므로 프로그램을 종료합니다.

1부터 10까지 숫자의 합계를 구하는 프로그램

무작정 따라하기 10-2

● **예제 소스** 10B-sum.py

```
s = 0                              # 합계를 구하는 변수 s, 처음 값은 0을 입력합니다.
x = 1
while x <= 10:                     # x가 10보다 작거나 같은 동안, 즉 10까지 실행합니다.
    s = s + x                      # s에 x를 더합니다.
    print("x:", x, " sum:", s)     # 현재 x 값과 s 값을 출력합니다.
    x = x + 1                      # x에 1을 더합니다.
```

TIP

이번 예제 역시 Unit 5에서 for 명령어를 사용해서 만든 1부터 10까지 숫자 세기 프로그램(05C-sum.py)을 while문으로 수정한 것입니다.

```
x: 1  sum: 1

x: 2  sum: 3

x: 3  sum: 6

x: 4  sum: 10

x: 5  sum: 15

x: 6  sum: 21

x: 7  sum: 28

x: 8  sum: 36

x: 9  sum: 45

x: 10  sum: 55
```

에러
해결하기

- print("x:", x, " sum:", s) 문장에 따옴표 기호가 많아서 입력할 때 빠트리기 쉽습니다.
  SyntaxError: Invalid Syntax 에러가 나면 이 문장을 확인하세요.

- while 반복 블록이 여러 줄일 때 들여쓰기를 네 칸으로 통일해야 에러가 나지 않습니다.

알아
보기

이전에 for 명령어를 사용해서 만든 1부터 10까지 합계 구하기 프로그램
(05C-sum.py)과 방금 while 명령어를 사용해서 만든 프로그램을 비교해 볼까요?

for 명령어를 사용했을 때	while 명령어를 사용했을 때
```s = 0` `for x in range(1, 11):` ` s = s + x` ` print("x:", x, "sum:", s)```	```s = 0` `x = 1` `while x <= 10:` ` s = s + x` ` print("x:", x, "sum:", s)` `x = x + 1```

두 프로그램 모두 합계를 저장하는 변수 s를 0으로 설정했고, 필요한 만큼 반복
하여 합계 s에 x 값을 더하면서 그때그때 값을 출력합니다. 두 프로그램이 다른

점은 무엇일까요? for는 range(1, 11) 명령에 따라 1부터 1씩 더하면서 10까지 (11은 제외) 반복합니다. while은 x에 1을 넣고(x = 1) 반복 블록을 시작하며, 반복 블록의 마지막에 x = x+1을 직접 명령어로 적습니다.

'아니, 자동으로 처음 값도 설정해 주고 값도 1씩 더해 주는 for 명령어가 있는데, 왜 군이 while 명령어가 필요하지?'라는 생각이 들 수 있습니다. 하지만 while 명령이 더 유용할 때가 있습니다. 지금부터 그 예를 살펴 보겠습니다.

이번에 만들 프로그램은 컴퓨터가 1~30 사이에 있는 숫자를 하나 뽑으면 사용자가 그 숫자가 무엇인지 맞히는 게임입니다. 사용자가 추측해서 입력한 숫자가 컴퓨터가 생각한 숫자와 같으면 '정답'이라고 알린 뒤 프로그램을 종료하고, 다르면 더 큰지 작은지를 알려줘 사용자가 숫자를 맞힐 수 있게 힌트를 주는 것입니다.

숫자를 추측해서 맞히는 프로그램

무작정 따라하기 10-3

● **예제 소스** 10C-guess.py

```python
import random

n = random.randint(1, 30)      # 1~30 사이에 있는 임의의 수를 뽑습니다.

while True:                    # 영원히 반복합니다.
    x = input("맞혀 보세요? ")
    g = int(x)                 # 입력받은 값을 비교할 수 있도록 정수로 바꿉니다.
    if g == n:                 # 사용자가 추측한 값과 임의의 수가 같으면 정답입니다.
        print("정답")
        break                  # 정답을 맞히면 break로 while 반복 블록을 빠져 나갑니다.
    if g < n:
        print("너무 작아요.")
    if g > n:
        print("너무 커요.")
```

맞혀보세요? 15

너무 커요.

맞혀보세요? 10

너무 작아요.

맞혀보세요? 12

너무 작아요.

맞혀보세요? 13

너무 작아요.

맞혀보세요? 14

정답

프로그램을 시작하면 컴퓨터는 자기가 임의로 뽑은 숫자를 맞혀 보라고 하며 사용자가 입력하길 기다립니다. 1~30 사이에 있는 숫자이므로 어림잡아 중간인 15를 입력했더니 너무 크다고 합니다. 그래서 15보다 작은 10을 입력했더니 반대로 너무 작다고 합니다. 컴퓨터가 뽑은 숫자는 10~15 사이에 있는 숫자라는 것을 알 수 있습니다. 이와 같은 방법으로 몇 번을 반복해서 컴퓨터가 임의로 뽑은 수인 14를 입력했더니 '정답'이라고 알려 주고 프로그램을 멈췄습니다.

- **while True 문장**

  while True 문장에서 True는 첫 글자만 대문자입니다. true로 입력하면 NameError: name 'true' is not defined 에러가 발생합니다.

- **중첩 블록 문장**

  이 프로그램에서 가장 주의할 부분은 '중첩 블록(블록 안에 또 블록이 있는 것)'입니다. while True:로 만든 '반복 블록' 안에 if로 만든 '판단 블록'이 보이나요? IDLE이 자동으로 들여쓰기를 맞춰 주기 때문에 실수할 일이 거의 없지만, while 반복 블록은 네 칸 들여쓰기를 해야 하고, 그 안에 있는 if 블록은 네 칸 들여쓰기를 더 해야 한다는 점(총 여덟 칸)을 기억하세요.

이 프로그램을 이해하려면 먼저 while True:와 break를 알아야 합니다.

while 문장은 바로 뒤에 나오는 '판단 조건'이 True인 동안 계속 반복한다고 배웠습니다. 그렇다면 while True:는 무엇을 의미할까요? 판단 조건이 True로 고정되었으니 반복 블록을 '영원히' 반복한다는 의미입니다. 예를 들어 다음 프로그램을 보죠.

```python
while True:
    print("영원히~")
```

이 프로그램은 '영원히~'라는 글귀를 정말로 영원히 출력합니다(멈추려면 Ctrl + C 를 눌러야 합니다).

그렇다면 break는 무슨 뜻일까요? 말 그대로 반복 중에 '브레이크를 밟는', 즉 반복을 멈추는 명령어입니다. 위 예제는 while True:로 무한 반복을 하지만, 사용자가 입력한 수가 컴퓨터가 생각한 수와 같다면 '정답'이라고 알려 주고 break 명령으로 반복을 멈춥니다. 프로그램을 실행하다 break를 만나면 반복 블록을 빠져나가서 다음 부분을 실행합니다. 이 프로그램은 while 반복 블록이 전체 프로그램의 끝이므로 프로그램도 종료합니다.

이번 시간에는 while 명령어를 이용한 반복문을 배웠습니다.

단순하게 정해진 횟수를 반복할 때는 for 명령어가 유용하지만, 반복을 계속할지 중단할지 조건을 판단하거나 무한 반복을 해야 할 때는 while 명령어가 유용한 경우도 많습니다.

두 반복 명령어의 사용 방법과 차이점을 알고 적절히 사용하면 더 좋은 프로그램을 만들 수 있습니다.

함수를 정의하고 호출하기

PYTHON & ALGORITHMS FOR EVERYONE

프로그램을 작성하다 보면 비슷한 기능이 여러 번 사용되는 것을 볼 수 있습니다. 파이썬에서는 특정한 기능을 하는 프로그램의 일부분을 함수(function)로 정의해서 그 기능이 필요할 때마다 불러서 사용할 수 있습니다.

함수는 자주 사용하는 프로그램의 일부분을 블록으로 분리해서 여러 번 사용할 수 있게 해 주는 파이썬의 기능입니다. 망치라는 도구를 만들어 놓고 못을 박을 때마다 망치를 꺼내서 사용하는 과정과 비슷하다고 이해하면 됩니다.

함수가 어떤 기능을 할지 파이썬에 알려 주는 것을 '함수를 정의한다'라고 하며, 만들어진 함수를 실제로 사용하는 것을 '함수를 호출한다'라고 합니다. 파이썬에서 함수를 사용하려면 먼저 '함수를 정의하고' 필요할 때 '함수를 호출'하면 됩니다.

글로 설명하는 것보다 간단한 예제를 만들어 살펴보면서 익혀 보겠습니다.

함수를 정의하고 호출하는 프로그램

무작정 따라하기 11-1

● **예제 소스** 11A-func.py

```
def hello():                          # hello 함수를 정의합니다.
    print("Hello Python!")

hello()                               # hello 함수를 호출합니다.
hello()
hello()
```

Hello Python!

Hello Python!

Hello Python!

■ **함수 정의 에러**

함수를 정의하는 부분인 def hello():를 입력할 때 기호를 주의해야 합니다. 괄호를 닫지 않거나 문장 끝에 콜론(:)을 빠트리면 SyntaxError: Invalid Syntax 에러가 발생합니다.

■ **함수 호출 에러**

함수를 호출할 때 괄호를 빠트리지 않았는지 확인합니다. hello()가 아닌 hello를 입력하면 함수가 호출되지 않습니다.

프로그램 앞부분에서 hello 함수를 '정의'합니다. 함수를 정의할 때는 def 명령어를 사용하는데, 이는 '정의하다'의 영어 단어인 define에서 앞 세 글자를 딴 것입니다.

def 명령어를 어떻게 사용하는지 형태를 살펴보겠습니다.

```
def 함수 이름(인자):        # '인자'는 필요 없으면 생략할 수 있습니다.
    함수의 내용
    return 함수의 결괏값    # 결괏값이 없을 때는 생략할 수 있습니다.
```

이 프로그램에 나오는 함수는 가장 간단한 형태의 함수입니다. 먼저 def hello():로 이름이 hello인 함수를 정의했습니다. 이 함수는 '인자'도 '결괏값'도 없는 간단한 함수입니다. 인자와 결괏값은 뒤에서 다시 살펴보겠습니다.

def 명령어 다음 줄은 들여쓰기 블록입니다. print("Hello Python!") 문장은 파이썬에게 hello 함수의 기능이 화면에 Hello Python!을 출력하는 것이라고 알려줍니다. 함수에서도 블록을 사용해서 함수의 범위를 지정합니다. 콜론(:)부터 들여쓰기한 블록의 끝까지가 함수의 내용입니다.

hello 함수를 정의했으니 이제부터는 마음껏 사용하면 됩니다. 사용법은 굉장히 간단합니다. hello는 '인자'가 없는 함수이므로 hello()라고 적기만 해도 그 함수의 내용이 실행됩니다. 이 예제에서는 hello()를 세 번 호출하였으므로 Hello Python!이 화면에 세 번 출력됩니다. 여러분도 제대로 출력되었는지 확인해 보세요. 이상이 없으면 '인자'를 하나 사용한 함수 예제로 넘어가 보겠습니다.

위에서 살펴본 hello() 함수는 항상 Hello Python! 문장만 출력하는 기능을 했는데요. 하나의 함수를 사용하면서도 상황에 맞게 여러 가지 다른 문장을 출력하게 할 수는 없을까요? 바로 '인자'를 사용하면 가능합니다.

인자가 있는 함수

무작정 따라하기 11-2

● **예제 소스** 11B-func2.py

```
def hello2(name):              # 이름을 인자로 전달받아 Hello와 함께 출력하는 함수
    print("Hello", name)


hello2("Justin")              # Justin을 인자값으로 넣어 hello2 함수를 호출합니다
hello2("John")                # John을 인자값으로 넣어 hello2 함수를 호출합니다.
hello2("Mike")                # Mike를 인자값으로 넣어 hello2 함수를 호출합니다.
```

실행
결과

Hello Justin

Hello John

Hello Mike

에러
해결하기

■ **문자열 & 함수 인자 에러**

hello2("Justin")과 같이 함수를 호출할 때는 따옴표와 괄호를 열고 닫는
걸 주의하세요. 그렇지 않으면 다음과 같은 에러가 발생할 수 있습니다.

```
SyntaxError: EOL while scanning string literal
SyntaxError: unexpected EOF while parsing
SyntaxError: invalid syntax
```

알아
보기

인자란 사용자가 함수를 호출할 때 함수에게 알려 주는 '정보'입니다. hello2 함
수는 name이라는 인자를 하나 사용하는 함수입니다.

hello2 함수 호출 부분을 보면 hello2("Justin")과 같이 괄호 안에 인자값(이
문장에서는 Justin이라는 이름)을 적었습니다. 이렇게 함수를 호출할 때 괄호
안에 적은 인자값은 name 변수에 저장되어 실행됩니다. 따라서 실행 결과에 보이
는 것처럼 Hello Justin이라는 문장이 화면에 출력됩니다.

인자가 무엇인지 이해가 되었나요? 다 이해하지 못해도 괜찮습니다. 앞으로 프
로그래밍을 더 공부하면 자연스럽게 알 수 있습니다.

인자는 무작정 따라하기 11-1에서처럼 하나도 없을 수도 있고, 여러 개가 있을
수도 있습니다. 함수에 정보를 전달하는 인자를 함수 입장에서는 '입력'으로 볼
수 있습니다. 그렇다면 함수의 결괏값(혹은 반환값)은 함수의 '출력'에 해당될 것
입니다. 이번에는 결괏값을 사용하는 방법을 알아보겠습니다.

◎ 예제 소스 11C-func3.py

```python
def square(a):              # a의 제곱(a*a)을 구하는 함수
    c = a * a
    return c

def triangle(a, h):         # 밑변이 a이고 높이가 h인 삼각형의 넓이를 구하는 함수
    c = a * h / 2
    return c

s1 = 4
s2 = square(s1)             # s1(4)의 제곱을 구하는 함수를 호출해 결과를 s2에 저장합니다.
print(s1, s2)

print(triangle(3, 4))       # 밑변이 3이고 높이가 4인 삼각형의 넓이를 출력합니다.
```

실행
결과

```
4 16
6.0
```

에러
해결하기

- **구문 에러**

함수를 호출할 때 괄호를 제대로 열고 닫지 않으면 다음과 같은 에러가 나타
납니다.

```
SyntaxError: unexpected EOF while parsing
SyntaxError: invalid syntax
```

마지막 줄을 보면 print 괄호 안에 triangle 괄호가 있으므로 괄호를 두 번 닫아야 합니다. 이렇게 괄호 안에 괄호가 있을 때는 가장 최근에 연 괄호를 가장 먼저 닫는다는 것을 꼭 기억하세요.

결괏값이란 함수의 내용을 실행해 얻은 정보, 즉 함수를 호출한 결과를 알려 주는 것입니다. 먼저 square 함수를 정의합니다. 인자 a로 숫자를 하나 전달받아 a의 제곱 값(a*a)을 계산합니다. 이 값을 return 명령어를 사용해 함수의 결괏값으로 돌려주는 함수입니다.

s2 = square(s1)이라는 함수 호출 문장이 보이나요? 변수 s1을 인자로 사용하여 이 값의 제곱을 계산해서 s2에 저장하라는 의미입니다. 즉 s2에는 4*4의 결괏값인 16이 저장됩니다.

triangle 함수는 밑변 a와 높이 h를 인자로 받아 삼각형의 넓이를 계산해 결과로 돌려줍니다. 삼각형의 넓이를 구하는 공식은 다들 알고 있듯이 [삼각형 넓이] = [밑변 길이] x [높이] / 2입니다.

잠깐만요

인자는 종류가 두 가지예요?

다음 프로그램을 잠깐 볼까요?

```
def square(n):
    return n*n


print(square(3))
```

이 프로그램은 어떤 수를 변수 n으로 전달받아 n의 제곱값(n*n)을 결과로 돌려주는 함수인 square를 정의한 후, 이 함수에 3이라는 값을 넣어서 호출해 출력하는 프로그램입니다.

여기서 square 함수를 정의할 때 사용한 n과 square 함수를 호출할 때 사용한 3은 둘 다 '인자'입니다.

n과 같이 함수에서 사용되는 값을 정의하는 인자를 '형식 인자' 또는 '매개변수'라 하고, 3과 같이 함수를 호출할 때 실제로 사용되는 값을 '실 인자' 또는 그냥 '인자/인수'라고 부릅니다.

조금 복잡하죠? 엄밀하게 말하면 조금 다른 개념이지만, 처음 프로그래밍을 배우는 단계에서는 이 둘을 구분하면 오히려 혼란스러울 수 있습니다. 따라서 이 책에서는 그냥 '인자'라고 부르겠습니다.

마무리

파이썬에서 함수(function)란 특정한 기능을 하는 프로그램의 일부분을 여러 번 사용할 수 있도록 블록으로 분리한 것을 뜻합니다. 함수는 '인자'를 사용해서 처리할 정보를 넘겨받을 수 있습니다. 또한, 계산된 결과를 결괏값(반환값)을 사용해서 다시 함수를 호출한 곳에 돌려줄 수도 있어 매우 유용합니다.

프로그램에서 자주 사용하는 기능을 '함수'로 묶어서 처리하면 크고 복잡한 프로그램을 만들기가 훨씬 쉬워집니다.

UNIT 12 함수 응용하기

PYTHON & ALGORITHMS FOR EVERYONE

Unit 11에서는 함수의 기본적인 사용법을 배웠습니다. 이번에는 함수를 실제로 응용해볼 텐데요. 함수를 사용해서 프로그램을 만들면 얼마나 유용한지 직접 예제를 만들면서 배워 보겠습니다. 자, 시작해 볼까요?

1부터 n까지의 합을 구하는 함수

무작정 따라하기 12-1

◉ 예제 소스 12A-sum.py

```python
def sum_func(n):
    s = 0                      # 합을 구하기 위한 변수 s(시작 값을 0으로 지정).
    for x in range(1, n+1):    # range(1, n+1)로 1, 2, …, n까지 반복합니다(n+1은 제외).
        s = s+x                # 지금까지 계산된 s 값에 x를 더해서 다시 s에 저장합니다.
    return s                   # 계산된 s 값을 결괏값으로 돌려줍니다.


print(sum_func(10))
print(sum_func(100))
```

실행
결과

```
55
5050
```

■ **중첩 블록 에러**

sum_func(n) 함수 블록 안에 for 반복 블록이 있는 중첩 블록입니다. s = s+x는 함수 블록 안에 있는 반복 블록 안에 있으므로 두 번 들여쓰기(여덟 칸)를 해야 되겠죠? 결괏값을 돌려주는 return s 문장까지가 함수 블록이므로 여기까지 들여쓰기를 해야 합니다.

■ **구문 에러**

함수를 호출할 때 괄호를 제대로 열고 닫지 않으면 다음과 같은 에러를 볼 수 있습니다.

SyntaxError: unexpected EOF while parsing
SyntaxError: invalid syntax

마지막 두 줄에서 print와 sum_func의 괄호 개수에 주의하세요.

알아
보기

앞에서 반복을 배울 때 여러 번 보았던 1부터 10까지의 합을 구하는 내용을 함수로 만들어 보았습니다.

```
def sum_func(n):
```

이 문장은 sum_func 함수를 만들고 인자로 n을 전달받겠다는 뜻입니다. 이 함수는 한 개의 인자 n을 전달받아 1부터 n까지의 합을 결괏값으로 돌려주는 함수입니다.
함수 블록 안을 살펴볼까요? 변수 s를 0으로 설정하고 덧셈의 결과를 저장하는 데 사용했습니다. 덧셈 과정은 Unit 5의 1부터 10까지의 합계를 구하는 프로그램(05c-sum.py)에서 본 for 반복문과 비슷하지만(58쪽 참고), return s 문장으로 계산 결과를 돌려준다는 점이 특징입니다.

한 번 sum_func 함수를 만들어 두면 sum_func(10)이나 sum_func(100)과 같이 인자 n을 원하는 값으로 수정해서 필요할 때마다 함수를 호출할 수 있습니다. 당연히 함수를 사용하지 않았을 때보다 다양한 결괏값을 쉽게 구할 수 있겠죠?

첫째, 한 번 만들어진 부분을 여러 번 사용할 수 있다는 점. 둘째, 필요에 따라 다른 인자를 전달해서 원하는 결과를 얻을 수 있다는 점. 이 두 가지는 함수의 중요한 장점이니 꼭 기억하세요.

다음으로 1부터 n까지 더하는 프로그램을 조금 고쳐서 1부터 n까지를 곱하는 프로그램으로 만들어 보겠습니다.

1부터 n까지 곱을 구하는 함수

무작정 따라하기 12-2

🔵 **예제 소스** 12B-fact.py

```python
def factorial(n):
    fact = 1                      # 곱을 구하기 위한 변수 fact(시작 값을 1로 지정).
    for x in range(1, n+1):       # range(1, n+1)로 1, 2, ..., n까지 반복합니다(n+1은 제외).
        fact = fact * x           # 지금까지 계산된 값에 x를 곱해 fact에 다시 저장합니다.
    return fact                   # 계산된 fact 값을 돌려줍니다.

print(factorial(5))
print(factorial(10))
```

실행
결과

```
120
3628800
```

에러
해결하기

이 예제 프로그램은 바로 앞에서 만든 12A-sum.py 파일과 구조가 거의 같습니다. 에러가 발생하면 앞 예제의 '에러 해결하기' 내용을 참고하세요.

알아
보기

factorial 함수는 한 개의 인자 n을 전달받아 1부터 n까지의 곱을 계산한 후 계산값을 반환하는 함수입니다. sum_func 함수와 뭔가 비슷하죠? 함수 블록의 내용 역시 1부터 n까지의 합을 구하는 sum_func 함수와 거의 같습니다.

다른 점은 합을 구하기 위한 sum 변수를 0으로 설정하는 대신 곱을 구하기 위한 fact 변수를 1로 설정한 점, 더하기(+) 대신 곱하기(*) 연산자를 사용한 점 정도입니다.

실행 결과를 보면 덧셈 결과와 비교했을 때 곱셈의 결과는 숫자가 굉장히 빠르게 커진다는 것을 알 수 있습니다.

> **잠깐만요**
>
> ### 팩토리얼이 뭐예요?
>
> 함수 이름으로 사용된 factorial의 개념을 이미 알고 있는 사람도 있을 것입니다. 1부터 n까지의 양의 정수를 모두 곱한 것을 수학에서는 n 팩토리얼(Factorial)이라 부르며, 느낌표 기호(!)를 사용해서 n!로 표시합니다. '계승'이라고 부르기도 합니다. 예를 들어 볼까요?
>
> - 2 팩토리얼 : 2! = 1*2 = 2
> - 5 팩토리얼 : 5! = 1*2*3*4*5 = 120
> - 10 팩토리얼 : 10! = 1*2*3*4*5*6*7*8*9*10 = 3628800
> - 단, 0!은 1이라고 약속합니다.
>
> 팩토리얼은 중고등학교 수학에서 순열이나 확률을 배울 때 자주 사용하는 계산법이니 몰랐던 사람은 이 정도로만 기억해 두세요.

다음으로 거북이 그래픽을 이용해서 도형을 그리는 프로그램을 함수로 만들어 보겠습니다.

● **예제 소스** 12C-polygon.py

```python
import turtle as t

def polygon(n):
    for x in range(n):           # n번 반복합니다.
        t.forward(50)            # 거북이를 50만큼 앞으로 이동합니다.
        t.left(360/n)           # 거북이를 360/n만큼 왼쪽으로 회전합니다.

def polygon2(n, a):
    for x in range(n):           # n번 반복합니다.
        t.forward(a)             # 거북이를 a만큼 앞으로 이동합니다.
        t.left(360/n)           # 거북이를 360/n만큼 왼쪽으로 회전합니다.

polygon(3)                       # 삼각형을 그립니다.
polygon(5)                       # 오각형을 그립니다.

# 그림을 그리지 않고 거북이를 100만큼 이동합니다.
t.up()
t.forward(100)
t.down()

polygon2(3, 75)                  # 한 변이 75인 삼각형을 그립니다.
polygon2(5, 100)                 # 한 변이 100인 오각형을 그립니다.
```

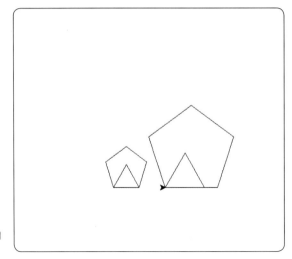

그림 12-1
정삼각형과 정오각형이
두 번 그려집니다.

- **중첩 블록**

  polygon(n) 함수 블록 안에 for 반복 블록이 중첩된 구조이므로 들여쓰기
  를 잘 확인하기 바랍니다.

이번 예제에는 함수 두 개를 만들었습니다.

첫 번째 polygon 함수는 한 개의 인자 n을 전달받아 정n각형을 그리는 함수입
니다.

```
def polygon(n):
```

함수 블록 안에서 forward(50)으로 50만큼 앞으로 이동하므로, 한 변의 길이
가 50인 다각형이 그려집니다. polygon(3)은 한 변의 길이가 50인 정삼각형을,
polygon(5)는 한 변의 길이가 50인 정오각형을 각각 그립니다.

그런데 polygon 함수로 다각형 두 개를 그린 뒤에 있는 다음 코드는 무슨 의미일
까요?

```
t.up()                    ① ①
t.forward(100)            ② ②
t.down()                  ③ ③
```

이 부분은 거북이가 그림을 그리지 않고 움직이도록 ①펜을 종이에서 들고(up) ②100만큼 이동한 후 다시 그림을 그리도록 ③펜을 종이에 내린다는(down) 의미입니다. 실행 결과를 보면 알 수 있듯이 이렇게 그림을 그리지 않고 거북이를 이동하면 처음에 그린 정삼각형과 정오각형에서 100픽셀만큼 떨어진 곳에서 다시 그림을 그리기 때문에 그림이 겹치지 않습니다.

두 번째 polygon2 함수는 인자를 두 개 사용합니다.

```
def polygon2(n, a):
```

첫 번째 인자 n은 polygon 함수와 마찬가지로 어떤 도형(예를 들어 정삼각형인지 정오각형인지)을 그릴지 나타냅니다. 두 번째 인자 a는 거북이가 앞으로 이동하는 거리를 나타냅니다. 즉, 다각형 한 변의 길이를 의미합니다.
마지막으로 함수 호출 부분을 볼까요? polygon2(3, 75)는 한 변의 길이가 75인 정삼각형을, polygon2(5, 100)은 한 변의 길이가 100인 정오각형을 각각 화면에 그리라는 뜻입니다.

마무리

함수는 매우 유용해서 파이썬뿐만 아니라 거의 모든 프로그래밍 언어에서 사용하는 기능이지만, 처음 프로그래밍을 배우는 사람에게는 낯설고 어려울 수 있습니다.

하지만 가만히 돌이켜 보면 우리는 이미 함수를 많이 사용했습니다. 예제 프로그램마다 빠지지 않고 등장했던 print 명령어도 사실은 '함수'입니다. 함수를 배우기 전이라 이해하기 쉽게 '명령어'라고 불렀던 거죠. 예를 들어 Unit 1에서 배웠던 print("hello!")는 화면에 글자를 출력하는 "hello!"라는 정보를 인자로 전달해서 print 함수를 호출하는 문장입니다.

이외에도 거북이 그래픽에서 자주 사용한 forward 명령어나 left 명령어 역시 turtle 모듈에 들어 있는 함수입니다. t.forward(10)은 10을 인자로 하여 거북이를 10만큼 옮기는 함수를 호출한 것이고, t.left(90)은 90을 인자로 하여 거북이를 왼쪽으로 90° 회전시키는 함수를 호출한 것입니다.

이제 함수가 얼마나 중요하고 유용한 기능인지 실감이 나나요?

UNIT 13 거북이 그래픽 응용하기

PYTHON & ALGORITHMS FOR EVERYONE

이번 시간에는 파이썬에서 쓸 수 있는 다양한 기능과 거북이 그래픽의 추가 기능을 사용해서 예제 프로그램을 몇 개 더 만들겠습니다. 예제를 실습하기 전에 거북이 그래픽의 추가 기능을 좀 더 알아보겠습니다.

1 자주 사용하는 거북이 그래픽 명령어

Unit 6의 표 6-2에 이어 자주 사용하는 거북이 그래픽 명령어(함수)를 표 13-1에 정리했습니다. 모두 기억할 필요는 없지만, 어떤 함수가 있는지, 각 함수가 어떤 기능을 하는지 알고 있으면 앞으로 예제를 실습할 때 도움이 될 것입니다.

표 13-1
자주 사용하는
거북이 그래픽 명령어 2

함수	설명	사용 예
pos( ) / position( )	거북이의 현재 위치(좌표)를 구합니다(x, y 둘 다).	t.pos( )
xcor( ), ycor( )	거북이의 x 좌표나 y 좌표를 구합니다(x, y 중 하나만).	a = t.ycor( ) # 거북이의 y 좌표를 구해 a에 저장합니다.
goto(x, y), setpos(x, y)	거북이를 특정 위치(좌표)로 보냅니다(x, y 둘 다).	t.goto(100,50)
setx(x), sety(y)	거북이의 x 좌표나 y 좌표를 지정한 위치로 이동합니다(x, y 중 하나만).	t.sety(50) # 거북이의 y 좌표를 50만큼 이동합니다. x 좌표는 그대로 둡니다.
distance(x, y)	현재 거북이가 있는 위치에서 특정 위치까지의 거리를 구합니다.	d = t.distance(100,100) # 현재 위치에서 (100, 100)까지의 거리를 구해서 d에 저장합니다.
heading( )	거북이가 현재 바라보는 각도를 구합니다.	ang = t.heading( )
towards(x, y)	현재 거북이가 있는 위치에서 특정 위치까지 바라보는 각도를 구합니다.	ang = t.towards(10,10) # 현재 위치에서 (10, 10)까지 가는 데 필요한 각도를 구해 ang에 저장합니다.

setheading(각도)/ seth(각도)	거북이가 바라보는 방향을 바꿉니다.	`t.setheading(90)` # 거북이가 화면 위쪽을 바라봅니다. ※ 거북이가 오른쪽을 바라볼 때의 각도가 0이며, 시계 반대 방향으로 돌면서 각도가 커집니다.
home( )	거북이의 위치와 방향을 처음 상태로 돌립니다.	`t.home()` # 거북이가 화면 가운데인 (0, 0)에서 오른쪽(0도)을 바라봅니다.
onkeypress(함수, "키 이름")	키보드를 눌렀을 때 실행할 함수를 정합니다.	```def f(): t.forward(10)t.onkeypress(f, "Up")``` # 위쪽 방향키 ↑ 를 누르면 f 함수를 호출합니다(f 함수는 거북이를 10만큼 앞으로 이동시킵니다).
onscreenclick(함수)	마우스 버튼을 눌렀을 때 실행할 함수를 정합니다.	`t.onscreenclick(t.goto)` # 마우스 버튼을 누르면 앞에서 정의한 goto 함수를 호출합니다(goto 함수는 거북이를 마우스 버튼을 누른 위치로 이동시킵니다).
ontimer(함수, 시간)	일정한 시간이 지난 뒤 실행할 함수를 정합니다.	```def f(): t.forward(10)t.ontimer(f, 1000)``` # 1000밀리초(1초) 후에 f 함수를 호출합니다(f 함수는 거북이를 10만큼 앞으로 이동시킵니다.)
listen( )	사용자 입력이 잘 처리되도록 거북이 그래픽 창에 포커스를 줍니다.	`t.listen()`
title("창 이름")	거북이 그래픽 창의 이름을 지정합니다.	`t.title("welcome")` # 거북이 그래픽 창의 이름이 Untitle에서 welcome으로 바뀝니다.

write("문자열")	현재 거북이 위치에 문자를 출력합니다.	`t.write("Hello")`
		# 현재 거북이 위치에 Hello를 출력합니다.
		`t.write("Hello", False, "center", ("", 20))`
		# 현재 거북이 위치에 가운데 정렬로 크기가 20인 Hello를 출력합니다(이 문장 전체를 구문처럼 통째로 기억하는 정도로만 알고 넘어가도 괜찮습니다).

TIP 거북이 그래픽 창에 포커스를 준다는 말은 사용자의 키보드 입력이 현재 실행 중인 다른 창으로 가지 않고 '거북이 그래픽 창'에서 처리되도록 한다는 뜻입니다. 프로그램을 실행할 때 항상 화면에 거북이 그래픽 창만 열려 있는 건 아니기 때문입니다.

거북이 그래픽 명령어를 살펴보았으니 이제 예제를 실습해 보겠습니다. Unit 6에서 마지막 실습 예제로 만들었던 나선 모양의 사각형(06C-line.py)을 기억하나요?

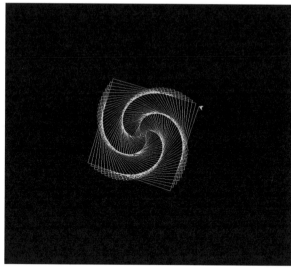

그림 13-1
Unit 6에서 만들었던 선을 반복해서 그리는 프로그램

TIP
무작정 따라하기 6-3을 살펴보세요(68쪽).

for 문장으로 거북이를 앞으로 이동하고 회전하는 과정을 반복했더니 위 그림과 같이 나선 모양으로 된 사각형이 그려졌습니다. 이번에는 비스듬한 사각형을 비스듬한 삼각형으로, 선 색도 노란색만이 아니라 빨간색, 파란색, 노란색을 번갈아 사용하도록 바꿔 보겠습니다. 조금 수정했을 뿐인데 프로그램을 실행하면 멋진 태극 모양이 그려질 겁니다.

TIP
나선 모양(나선형)이란 소라의 껍데기처럼 빙빙 비틀려 돌아간 모양을 뜻합니다.

● 예제 소스 13A-line.py

```python
import turtle as t

t.bgcolor("black")              # 배경색을 검은색으로 지정합니다.
t.speed(0)                      # 거북이 속도를 가장 빠르게 지정합니다.

for x in range(200):            # for 반복 블록을 200번 실행합니다.
    if x % 3 == 0:              # 번갈아 가면서 선 색을 바꿉니다.
        t.color("red")
    if x % 3 == 1:
        t.color("yellow")
    if x % 3 == 2:
        t.color("blue")
    t.forward(x * 2)            # x*2만큼 앞으로 이동합니다(반복하면서 선이 점점 길어집니다).
    t.left(119)                 # 거북이를 119도 왼쪽으로 회전합니다.
```

그림 13-2
멋진 태극 모양이
그려집니다.

- **색 이름 문제**

  black, red, yellow, blue의 철자가 맞는지 확인합니다.

- **중첩 블록 문제**

  for 반복 블록 안에 if 판단 블록이 중첩되어 있습니다. 콜론(:)을 빠트리지 않았는지, 네 칸을 들여쓰기했는지 확인합니다.

- **비교 연산자(==) 문제**

  비교 연산자는 등호(=) 한 개가 아니라 두 개(==)라는 점을 잊지 마세요.

먼저 import turtle as t 문장으로 거북이 그래픽을 사용하겠다고 파이썬에게 알려줍니다. 그런 다음 배경색을 검은색으로 지정하고 거북이 속도를 가장 빠르게 설정합니다.

for x in range(200): 문장은 변수 x 값을 0~199로 바꾸면서 반복 블록을 200번 반복합니다. 반복 블록에서는 나머지 연산자(%)를 사용하여 x를 3으로 나눈 나머지 값을 비교하면서 선 색이 빨간색, 노란색, 파란색으로 번갈아 바뀌도록 지정했습니다. 이게 무슨 말이냐고요?

예를 들어 변수 x가 0, 1, 2, 3, 4, 5, 6, 7, 8 로 증가한다고 생각해 봅시다. 각 숫자를 3으로 나눈 나머지는 0, 1, 2, 0, 1, 2, 0, 1, 2가 됩니다. 자세히 보면 0, 1, 2가 순서대로 반복됩니다. 따라서 이 값을 if 명령어로 하나씩 비교하면서 선 색이 빨간색, 노란색, 파란색 순서로 번갈아 지정되도록 한 것입니다.

표 13-2를 보면서 찬찬히 생각해 보면 세 가지 색이 왜 반복되는지 이해할 수 있을 것입니다.

표 13-2
나머지 연산재(%)를
사용하여 색을
반복하는 원리

x	x % 3 (3으로 나눈 나머지)	실행되는 문장	선 색
0	0	t.color("red")	빨간색
1	1	t.color("yellow")	노란색
2	2	t.color("blue")	파란색
3	0	t.color("red")	빨간색
4	1	t.color("yellow")	노란색
5	2	t.color("blue")	파란색

지금까지 살펴본 거북이 그래픽 예제는 파이썬 프로그램이 일방적으로 그림을 그리고, 우리는 결과를 지켜보기만 했습니다. 이번에는 우리가 직접 거북이를 조종해서 그림을 그리는 대화형 프로그램을 만들어 보겠습니다. 게임을 하는 것처럼 사용자와 프로그램이 소통하는 방식입니다. 앞서 만든 프로그램보다 코드가 조금 길어지므로 입력할 때 주의하세요.

● **예제 소스** 13B-walk.py

```python
import turtle as t

def turn_right():               # 오른쪽으로 이동하는 함수
    t.setheading(0)             # t.seth(0)으로 입력해도 됩니다.
    t.forward(10)               # t.fd(10)으로 입력해도 됩니다.

def turn_up():                  # 위로 이동하는 함수
    t.setheading(90)
    t.forward(10)

def turn_left():                # 왼쪽으로 이동하는 함수
    t.setheading(180)
    t.forward(10)

def turn_down():                # 아래로 이동하는 함수
    t.setheading(270)
    t.forward(10)

def blank():                    # 화면을 지우는 함수
    t.clear()

t.shape("turtle")                        # 거북이 모양을 사용합니다.
t.speed(0)                               # 거북이 속도를 가장 빠르게 지정합니다.
t.onkeypress(turn_right, "Right")        # →를 누르면 turn_right 함수를 실행합니다.
t.onkeypress(turn_up, "Up")
t.onkeypress(turn_left, "Left")
t.onkeypress(turn_down, "Down")
```

```
t.onkeypress(blank, "Escape")      # ESC 를 누르면 blank 함수를 실행합니다.
t.listen()                         # 거북이 그래픽 창이 키보드 입력을 받습니다.
```

 마지막 줄의 t.listen( ) 문장이 이해가 되지 않아도 그냥 넘어가세요. 여기서는 크게 중요한 내용이 아닙니다.

 실행 결과

프로그램을 실행하면 거북이 그래픽 창에 거북이가 나타납니다. 이때 키보드의 방향키를 눌러 거북이를 움직이면 거북이가 지나간 길을 따라 그림이 그려집니다. ESC 를 누르면 지금까지 그린 그림을 모두 지울 수 있습니다.

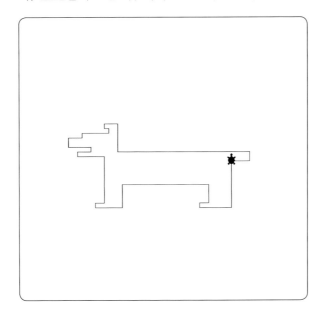

그림 13-3
키보드 방향키를
움직여서 그린 그림

 에러 해결하기

■ **함수 정의 문제**

turn_으로 시작하는 이름이 비슷한 함수를 네 개나 정의해야 하므로 주의가 필요합니다. 보통 앞에서 정의한 함수를 '복사&붙여넣기'하여 고치려는 사람이 많은데, 이름이 같은 함수가 두 개 생기면 프로그램이 제대로 동작하지 않을 수 있으니 주의하세요.

t.onkeypress 함수로 키보드에서 특정한 키를 누르면 실행할 함수를 지정
하는 부분을 입력할 때 주의하세요. 첫 번째 인자인 함수 이름도 중요하지
만, 두 번째 인자인 특정 '키 이름'을 입력할 때 특히 주의해야 합니다. Up,
Down, Left, Right, Escape는 첫 글자만 대문자입니다. 잘못 입력하면
_tkinter.TclError: bad event type or keysym … 에러가 발생합니다.

잠깐만요

실행하자마자 프로그램이 종료되었어요!
파이썬 IDLE 프로그램이 아닌 다른 파이썬 개발 프로그램(예를 들어 파이참)을 사용하고 있다면
실행하자마자 결과 없이 바로 프로그램이 종료될 수 있습니다. IDLE 프로그램을 사용하더라도
실행 설정이 다르다면 같은 현상이 나타날 수 있습니다.
그럴 때는 코드 제일 끝(13B-walk.py에서는 t.listen( ) 아래)에 다음 코드를 한 줄 추가한 다음
프로그램을 실행해 보세요.

```
t.mainloop()
```

참고로 t.mainloop 함수는 사용자가 거북이 그래픽 창을 종료할 때까지 프로그램을 실행하면서
마우스나 키보드 입력을 계속 처리하도록 하는 함수입니다.

알아
보기

이 프로그램에서는 함수를 다섯 개 정의했습니다. turn_right, turn_up,
turn_left, turn_down 함수는 setheading 명령을 사용해서 거북이의 방향을
각각 오른쪽으로, 위로, 왼쪽으로, 아래로 돌립니다. blank 함수는 clear 명령을
사용해서 화면을 지웁니다.
사용자가 입력한 대로 프로그램이 동작하려면 위에서 정의한 함수를 필요할 때
마다 호출해서 거북이를 조종하거나 화면을 지워야 합니다. 그런데 프로그램을
보면 함수를 직접 호출하는 부분이 보이지 않습니다. 왜 그럴까요?
이 궁금증은 거북이 그래픽의 onkeypress 함수의 기능을 알면 이해할 수 있습니
다. onkeypress 함수는 t.onkeypress(함수, "키 이름") 형태로 되어 있습니
다. 이는 사용자가 '키 이름'에 해당하는 키를 누르면 지정한 함수를 호출해서 실

행하라고 파이썬에 등록을 하는 기능입니다.

예를 들어 t.onkeypress(turn_right, "Right")는 사용자가 키보드의 오른쪽 방향키(→)를 누르면 파이썬이 turn_right 함수를 호출하도록 예약해 둔 것입니다. 이런 식으로 방향키 네 개를 모두 예약해 두고, ESC 를 눌렀을 때는 blank 함수를 실행하도록 예약한 것입니다.

마지막으로 t.listen()은 거북이 그래픽 창이 키보드 입력을 받을 수 있도록 거북이 창에 포커스를 주는 문장입니다. 여기까지 작성해야 사용자의 키보드 입력을 받을 수 있습니다. 다시 말해 사용자가 누르는 키에 따라 turn_right와 같은 함수나 blank 함수가 실행되면서 거북이가 그림을 그릴 수 있습니다. t.listen()을 지워서 실행해 보면 무슨 말인지 이해가 될 것입니다.

이번에는 키보드가 아닌 마우스로 거북이를 조종해서 그림을 그려 보겠습니다.

마우스로 거북이를 조종해서 그림 그리기 무작정 따라하기 13-3

🔵 **예제 소스** 13C-draw.py

```python
import turtle as t

t.speed(0)                    # 거북이의 속도를 가장 빠르게 지정합니다.
t.pensize(2)                  # 펜 굵기를 2로 지정합니다.
t.hideturtle()               # 거북이를 화면에서 숨깁니다.
t.onscreenclick(t.goto)      # 마우스 버튼을 누르면 t.goto 함수를 호출합니다.
                             # 그 위치로 거북이가 움직이면서 선을 그립니다.
```

프로그램을 실행하면 거북이 그래픽 창이 뜹니다. 하지만 거북이는 보이지 않습니다. 창 위에 마우스 버튼을 누르면 선이 그려집니다. 원하는 그림을 그려 보세요.

그림 13-4
마우스를 조종해서 그림을 그렸습니다.

이 프로그램은 생각보다 간단합니다. 거북이의 속도, 선 굵기를 설정한 다음, 거북이의 현재 위치와 방향을 보여 주는 거북이 커서를 화면에서 보이지 않게 숨겼습니다.

onscreenclick은 마우스 버튼을 눌렀을 때 지정한 함수를 실행하는 명령입니다. t.onscreenclick(t.goto)는 거북이 그래픽 창 위에 마우스 버튼이 눌리면 t.goto 함수를 호출하라고 예약한 문장입니다. 따라서 사용자가 마우스 버튼을 누르면 t.goto 함수가 호출되어 거북이가 그 위치로 이동하면서 선이 그려집니다. 다만, t.hideturtle 함수를 이용해 거북이를 화면에서 숨겼기 때문에 거북이의 움직임이 실제로 보이지는 않습니다.

마무리

이번 시간에는 거북이 그래픽의 추가 기능을 살펴보고 세 가지 색을 사용해서 태극 모양을 그려 보았습니다. 또한, 사용자 입력에 따라 미리 예약된 함수를 호출하는 파이썬의 기능을 사용하여 키보드와 마우스를 조종해서 그림을 그리는 프로그램도 만들었습니다.

이번에 만든 키보드로 거북이를 조종해서 그림을 그리는 프로그램은 이후 게임 프로젝트로 발전시킬 계획이니 잘 기억해 두기 바랍니다.

UNIT 14

계산 맞히기 게임 만들기

PYTHON & ALGORITHMS FOR EVERYONE

지금부터 프로젝트로 넘어갑니다. 이 책에서 다룬 파이썬 기능을 조합해서 좀 더 완성도 있는 프로그램을 만들어 보겠습니다.

Unit 14부터 Unit 18까지는 프로젝트를 만들 텐데, 그동안 학습했던 것과 진행 방식이 조금 다를 것입니다. 그동안은 프로그램 입력 → 결과 확인 → 에러 해결하기 → 알아보기 순서로 학습했습니다. 하지만 프로젝트는 그동안 배운 예제 프로그램보다 조금 복잡하므로 필요한 내용을 미리 공부하고 프로그램의 전체 구조도 생각해 본 다음, 직접 프로그램을 입력하고 실행하는 방식으로 학습하겠습니다.

지금까지 살펴본 예제가 주로 파이썬의 한 가지 기능이나 특징을 설명하기 위한 단순한 프로그램이었다면, 지금부터 만들 프로젝트는 다양한 파이썬의 기능을 조합해서 만든 프로그램입니다. 프로젝트를 만들다가 기억이 나지 않는 부분이 있다면 주저하지 말고 앞부분을 찾아서 읽어 보세요.

자, 그럼 첫 번째 프로젝트의 기능부터 알아볼까요?

1 계산 맞히기 게임이란?

계산 맞히기 게임은 굉장히 간단합니다. 컴퓨터는 random 모듈을 이용해서 간단한 덧셈, 뺄셈, 곱셈 문제를 임의로 만들어 보여 줍니다. 사용자가 이 문제를 보고 계산을 해서 답을 입력하면, 컴퓨터는 이 답이 정답인지 오답인지 계산해서 점수를 매깁니다. 이 과정을 다섯 번 반복해서 전체 정답 수를 알려 주는 게임입니다.

> **TIP** 첫 번째 프로젝트는 Unit 8과 9에서 만든 계산 문제를 맞히는 프로그램(08C-calc.py, 09C-calc.py)을 발전시킨 겁니다. 기억이 나지 않으면 한 번 보고 오세요.

2 eval 함수

IDLE 대화형 셸에서 3+5와 "3+5"를 입력해 보세요.

```
>>> 3+5
8
>>> "3+5"
'3+5'
>>>
```

첫 번째 3+5는 '3 더하기 5'라는 계산식으로 해석되어 계산 결과로 8이 나옵니다. 이미 여러 번 경험했듯이 당연한 결과입니다. 하지만 두 번째 "3+5"는 어떨까요? 같은 '3 더하기 5'인데 큰따옴표("")안에 적었으므로 두 수의 합이 출력되는 것이 아니라, '3+5'라는 하나의 '문자열'로 출력되었습니다.

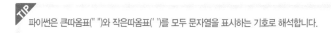
파이썬은 큰따옴표(" ")와 작은따옴표(' ')를 모두 문자열을 표시하는 기호로 해석합니다.

그렇다면 문자열로 된 "3+5"를 계산해서 8이란 결과를 얻으려면 어떻게 해야 할까요? 이때 필요한 함수가 eval입니다.

```
>>> eval("3+5")
8
>>>
```

eval 함수의 괄호 안에 문자열로 된 수식을 넣으면, eval 함수는 이 문자열을 수식으로 처리해서 계산한 후, 계산 값을 함수의 결괏값으로 돌려줍니다.

우리가 만들 프로젝트에 왜 이 기능이 필요할까요? 이 프로젝트는 먼저 사용자가 풀 문제를 만들어서 '문자열'로 보여 줘야 하고, 또 사용자가 입력한 값이 맞는지 틀렸는지 체크하려면 이 값을 '계산'도 해야 합니다. 이때 문제의 결괏값을 계산하기 위해 eval 함수를 사용하는 것입니다. 그럼 다음 단계로 넘어갈까요?

3 프로젝트 구조

이 프로젝트는 크게 두 부분으로 나뉩니다.

- **사용자에게 제시할 계산 문제를 만드는 make_question 함수**

  이 함수는 random.randint 함수로 계산에 필요한 숫자를 두 개 만든 후 덧셈(1), 뺄셈(2), 곱셈(3) 중 하나를 골라 계산 문제를 완성하는 기능을 합니다. 이 함수는 인자는 없지만, 함수를 실행해서 만들어진 문제를 결괏값으로 돌려주는 함수입니다.

- **메인 프로그램**

  실제로 게임을 진행하는 부분으로 정답/오답 횟수를 기록하는 변수 sc1, sc2를 0으로 초기화한 후, make_question 함수를 호출하여 문제를 만들고 이를 사용자에게 보여 줍니다. 그런 다음 사용자에게 입력을 받아 정답/오답을 판단하는 과정을 다섯 번 반복합니다.

이번 프로젝트를 이해하는 데 필요한 eval 함수의 기능과 프로젝트 구조를 살펴보았습니다. 그럼 지금부터 프로젝트를 직접 입력해 보겠습니다.

● 예제 소스 14A-calc.py

```python
import random

def make_question():
    a = random.randint(1, 40)      # 1~40 사이의 임의의 수를 a에 저장합니다.
    b = random.randint(1, 20)      # 1~20 사이의 임의의 수를 b에 저장합니다.
    op = random.randint(1, 3)      # 1~3 사이의 임의의 수를 op에 저장합니다.

    # 문자열 변수 q에 문제를 만듭니다.
    # 첫 번째 숫자를 q에 저장합니다.
    q = str(a)                     # a 값(정수)을 문자열로 바꾸어 저장합니다.

    # 연산자를 추가합니다.
    if op == 1:                    # op 값이 1이면 덧셈 문제로 만듭니다.
        q = q + "+"
    if op == 2:                    # op 값이 2이면 뺄셈 문제로 만듭니다.
        q = q + "-"
    if op == 3:                    # op 값이 3이면 곱셈 문제로 만듭니다.
        q = q + "*"

    # 두 번째 숫자를 q에 저장합니다.
    q = q + str(b)                 # b 값(정수)을 문자열로 바꾸어 q에 추가합니다.

    # 만들어진 문제를 돌려줍니다.
    return q

# 정답/오답 횟수를 저장할 변수 sc1과 sc2를 0으로 초기화합니다.
sc1 = 0
```

```
sc2 = 0

for x in range(5):             # 다섯 문제를 풀어 봅니다.
    q = make_question()        # 문제를 만듭니다.
    print(q)                   # 문제를 출력합니다.
    ans = input("=")           # 사용자에게 정답을 입력받습니다.
    r = int(ans)               # 입력받은 정답을 정수로 바꿉니다.

    # 컴퓨터가 계산한 결과인 eval(q)의 값과 사용자가 입력한 결과(r)를 비교합니다.
    if eval(q) == r:
        print("정답!")
        sc1 = sc1 + 1
    else:
        print("오답!")
        sc2 = sc2 + 1

print("정답 :", sc1, "오답 :", sc2)
if sc2 == 0:                   # 오답이 0개일 때(전부 정답을 맞혔을 때)
    print("당신은 천재입니다!")
```

실행
결과

```
25*3
=75
정답!
37-18
=19
정답!
6-4
=2
정답!
3*11
```

> TIP
> random 모듈을 사용하면 실행할 때마다 결과가 달라집니다. 책에 나온 실행 결과와 다른 문제가 출제되는 것은 정상입니다.

UNIT 14 계산 맞히기 게임 만들기 **133**

```
=33
정답!
15-13
=12
오답!
정답 : 4 오답 : 1
```

프로젝트는 앞에서 만들어 본 예제 프로그램보다 길이가 길기 때문에 입력할 때
실수하지 않도록 주의해야 합니다.

**에러
해결하기**

■ **변수 이름 문제**

　a, b, op, q, sc1, sc2, ans, r 등 변수를 여러 개 사용했습니다. 각 변수가
무엇을 저장하는 변수인지 확인하고 정확하게 입력하세요.

■ **사용자 입력 값 문제**

　두 정수의 덧셈, 뺄셈, 곱셈 결과이므로 문자나 소수점(.)이 없는 정수를 입
력해야 합니다. 그렇지 않으면 ValueError: invalid literal for int( )
with base 10 에러가 발생합니다.

**알아
보기**

앞서 설명했듯이 make_question 함수는 random.randint 함수를 사용해서 사
용자에게 제시할 문제를 임의로 만드는 함수입니다. 이 프로젝트에 필요한 계산
문제를 만들려면 임의의 수 세 개가 필요합니다.

계산에 필요한 숫자 두 개와 덧셈, 곱셈, 뺄셈 중 어떤 연산 문제를 낼지 결정하
는 숫자 하나입니다(사칙연산 중 하나인 나눗셈은 소수점을 입력받고 체크해야
하므로 여기서는 제외했습니다).

변수 a, b가 그 두 숫자에 해당하며 각각 1~40, 1~20 사이에 있는 임의의 수
를 골라 저장합니다. 변수 op에는 어떤 연산을 할지 결정해야 하므로 1~3 사이

에 있는 임의의 수를 골라 저장합니다. 그런 다음 if 명령어를 사용해서 op 값에 따라 각각 덧셈, 뺄셈, 곱셈 문제를 만들도록 하였습니다. 문제가 다 만들어지면 return q로 문제를 돌려줍니다. 즉, 이 함수의 결괏값은 문제 q입니다.

참고로 make_question 함수에서 q = str(a) 문장은 random.randint()로 만든 임의의 숫자(정수)를 문자열로 바꾸어 q에 저장하는 과정입니다.

이제 메인 프로그램을 볼까요? sc1과 sc2를 각각 정답과 오답 횟수를 저장할 변수로 설정하고, for 반복 명령을 사용하여 사용자에게 문제를 총 다섯 번 냅니다. q = make_question() 문장으로 문제를 만드는 함수를 호출하여 print 함수로 출력한 후, 사용자에게 답을 입력받습니다.

사용자가 입력한 답이 정답인지 오답인지 체크하기 위해 eval 함수를 사용합니다. eval 함수에 문자열로 된 문제 q를 인자로 전달하면 이 문제를 풀어서 결괏값으로 돌려줍니다. 그리고 int 함수를 사용하여 이 결괏값과 사용자가 입력한 문자열을 숫자로 바꾼 값을 비교하면 정답 여부를 확인할 수 있습니다. 조금 어렵지요? 다시 말해서 컴퓨터가 계산한 결과와 사용자가 입력한 답을 비교하기 위해 둘 다 숫자로 바꾸는 과정이라고 이해하면 됩니다.

비교 결과에 따라 정답과 오답을 알리고 정답과 오답 횟수를 기록합니다. 이 과정을 다섯 번 반복하면 문제를 총 다섯 개 내고 답도 다섯 번 확인하게 됩니다. 그런 다음 반복 블록을 빠져나와 최종 점수를 출력하고 프로그램을 종료합니다. 이때 오답이 하나도 없다면(if sc2 == 0:), '당신은 천재입니다!'가 출력됩니다.

마무리

첫 번째 파이썬 프로젝트를 만들었습니다. 대단한 프로젝트라 하기에는 약간 부족하지만, 지금까지 배운 파이썬의 기능을 적절히 사용하였을 뿐만 아니라 프로젝트 구조도 미리 알아본 후 만들었다는 점에서 의미가 있습니다.

욕심을 낸다면 출제되는 문제를 조금 더 다양하게 만들 수 있습니다. random.randint 함수의 수치 범위를 수정하여 더 큰 숫자가 나오게 하거나 소수점이 필요한 나눗셈 문제를 만들 수도 있습니다. 단, 소수점까지 계산하려면 사용자 입력 값을 변환할 때 int 함수가 아닌 float 함수를 사용해야 합니다. 정수의 나눗셈 결과가 항상 정수인 것은 아니기 때문입니다(예를 들어 3 나누기 4는 0.75).

타자 게임 만들기

PYTHON & ALGORITHMS FOR EVERYONE

두 번째 프로젝트로 영문 타자 실력을 테스트할 수 있는 '타자 게임'을 만들어 보겠습니다. 타자 게임이라고 하니 뭔가 복잡할 것 같지만, 앞에서 만든 예제 프로그램에서 필요한 부분만 가져와서 조합한 것이므로 충분히 쉽게 이해할 수 있을 것입니다.

다만, 테스트에 사용할 단어들을 프로그램에 넣고 그 단어들 중에서 필요한 문제를 뽑는 내용이 있는데, 이때 리스트(list)라는 기능을 사용합니다. 리스트는 이때까지 한 번도 배우지 않은 기능이므로 따로 설명하겠습니다.

1 타자 게임이란?

게임이 시작되면 동물 이름으로 된 영어 단어가 화면에 표시됩니다. 사용자는 그 단어를 최대한 빠르고 정확하게 입력해야 합니다. 바르게 입력했으면 다음 문제로 넘어가고, 오타가 있으면 같은 단어가 한 번 더 나옵니다.

틀린 문제를 다시 입력하는 동안에도 시간은 계속 흐르기 때문에 속도뿐만 아니라 정확도도 중요한 게임입니다.

2 리스트

타자 게임에 사용할 단어는 다음과 같은 '동물 이름'입니다.

cat	고양이
dog	개

fox	여우
monkey	원숭이
mouse	쥐
panda	판다
frog	개구리
snake	뱀
wolf	늑대

동물은 여러 종류가 있습니다. 이렇게 개수가 많은 자료나 정보를 관리할 때는 파이썬의 리스트 기능을 사용하면 좋습니다.

리스트(list)는 '목록' 또는 '명단'이라는 뜻의 영어 단어인데, 파이썬에서 리스트는 여러 정보를 하나로 묶어서 저장하고 관리할 수 있게 하는 기능을 말합니다.

그러면 리스트는 어떻게 만들까요? 대괄호([ ]) 안에 쉼표로 구분하여 정보를 적어 주면 됩니다. 대화형 셸을 열고 다음과 같이 입력해 보세요.

```
>>> a = [5, 7, 9]
>>> a
[5, 7, 9]
>>> a[0]
5
>>> a[2]
9
>>>
```

첫 번째 문장 a = [5, 7, 9]는 정수 5, 7, 9를 묶어 a라는 리스트를 만든 것입니다.

두 번째 문장에서 a를 입력하면 [5, 7, 9]가 표시됩니다. 이것을 보고 우리는 a가 5, 7, 9 이렇게 세 개의 정보를 묶어 놓은 리스트라는 것을 알 수 있습니다.

a[0]은 리스트 a에서 첫 번째 값을 의미합니다. 5, 7, 9 중 첫 번째 값은 5이므로 5가 표시됩니다. 여기서 주의할 점은 파이썬의 리스트에서는 순서를 1이 아닌 0부터 센다는 점입니다. 따라서 a 리스트의 세 번째 값인 9를 얻으려면 a[3]이 아닌 a[2]를 입력해야 합니다.

```
a[0] = 5        # 리스트 a의 첫 번째 값
a[1] = 7        # 리스트 a의 두 번째 값
a[2] = 9        # 리스트 a의 세 번째 값
```

파이썬에서는 순서를 셀 때 1이 아닌 0부터 세는 경우가 많은데요. 반복문 for x in range(5):에서도 x가 1, 2, 3, 4, 5가 아닌 0, 1, 2, 3, 4를 반복했던 것을 기억하면 이해하기 쉬울 것입니다.

3 random.choice 함수

이번 프로젝트를 이해하기 위해 한 가지 더 알아야 할 것은 random.choice 함수입니다. 앞에서 이미 어떤 정보를 임의로 뽑을 때는 random 모듈을 사용한다고 배웠습니다. random.randint 함수를 사용한 예제도 몇 번 살펴 보았고요. 이와 비슷하게 생긴 random.choice 함수는 리스트에 들어 있는 자료들 중에서 임의로 하나를 고르는 함수입니다. 대화형 셸에서 직접 사용하면서 사용법을 알아보겠습니다.

```
>>> x = ["a", "b", "c", "d"]
>>> import random
>>> random.choice(x)
'c'
>>> random.choice(x)
'b'
>>>
```

첫 번째 문장을 보면 리스트 x에는 a, b, c, d라는 네 개의 문자열이 저장되어 있습니다. import random을 선언하고 random.choice 함수에 리스트 x를 인자로 넘겨주니, x 리스트의 자료 중 하나인 c가 선택되어 나왔습니다. 한 번 더 실행하니 b가 나왔습니다.

이번 타자 게임에서는 여러 개의 단어를 리스트에 저장하고 random.choice 함수를 사용하여 리스트에서 임의의 단어를 뽑아 사용자에게 보여주도록 하겠습니다.

4 프로젝트 구조

이번 프로젝트는 다음과 같이 크게 세 부분으로 나뉩니다.

■ **사전 준비**

게임에 필요한 모듈을 임포트(import)합니다. input 함수를 이용하여 사용자가 타자 게임을 시작할 준비를 하고 Enter 를 누를 때까지 기다립니다.

■ **메인 프로그램**

실제로 타자 게임을 처리하는 부분입니다. 사용자에게 문제를 보여 주고 타자 입력을 받고 처리하는 과정을 다섯 번 반복합니다(오타가 나면 다섯 번 이상 반복해야 할 수 있으므로 for가 아닌 while 명령을 사용합니다).

■ **결과를 계산해서 보여 주기**

사용자가 타자 문제를 모두 입력하는 데 걸린 시간을 소수점 둘째자리까지 계산해서 출력합니다.

● **예제 소스** 15A-typing.py

```python
import random
import time

# 단어 리스트 : 여기에 단어를 추가하면 문제에 나옵니다.
w = ["cat", "dog", "fox", "monkey", "mouse", "panda", "frog",
"snake", "wolf"]
n = 1                                    # 문제 번호
print("[타자 게임] 준비되면 엔터!")
input()                                  # 사용자가 엔터를 누를 때까지 기다립니다.
start = time.time()                      # 시작 시간을 기록합니다.

q = random.choice(w)                     # 단어 리스트에서 아무것이나 하나 뽑습니다.
while n <= 5:                            # 문제를 다섯 번 반복합니다.
    print("*문제", n)
    print(q)                             # 문제를 보여 줍니다.
    x = input()                          # 사용자 입력을 받습니다.
    if q == x:                           # 문제와 입력이 같을 때(올바로 입력했을 때)
        print("통과!")                    # "통과!"라고 출력합니다.
        n = n + 1                        # 문제 번호를 1 증가시킵니다.
        q = random.choice(w)             # 새 문제를 뽑습니다.
    else:
        print("오타! 다시 도전!")

end = time.time()                        # 끝난 시간을 기록합니다.
et = end - start                         # 실제로 걸린 시간을 계산합니다.
et = format(et, ".2f")                   # 보기 좋게 소수점 둘째 자리까지만 표기합니다.
print("타자 시간 :", et, "초")
```

[타자 게임] 준비되면 엔터!

*문제 1

snake

snake

통과!

*문제 2

frog

frog

통과!

*문제 3

frog

frof

오타! 다시 도전!

*문제 3

frog

frog

통과!

*문제 4

fox

fox

통과!

*문제 5

cat

cat

통과!

타자 시간 : 12.97 초

>>>

■ **단어 리스트 입력 문제**

w = ["cat", "dog", …]를 입력할 때 주의하세요. 각 단어는 따옴표("")로 잘 묶어야 하고, 단어 사이에 있는 쉼표도 빠트리지 않아야 합니다. 또한, 리스트 전체는 대괄호([ ])로 잘 열고 닫아야 합니다.

■ **숫자 형식 문제**

밑에서 두 번째 줄 et = format(et, ".2f") 문장에서 숫자 형식을 알려 주는 ".2f"를 정확하게 입력해야 합니다. 따옴표("") 안에 소수점(.)과 숫자 2, 알파벳 f를 순서대로 입력해야 게임에 걸린 실제 시간이 소수점 둘째 자리까지 보기 좋게 정리되어 출력됩니다.

알아
보기

이 프로젝트는 random과 time 모듈을 사용합니다. random 모듈은 choice 함수로 단어 리스트 중 하나를 뽑는 데 필요하고, time 모듈은 타자에 걸린 시간을 계산하는 데 필요합니다.

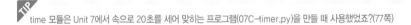

TIP
time 모듈은 Unit 7에서 속으로 20초를 세어 맞히는 프로그램(07C-timer.py)을 만들 때 사용했었죠?(77쪽)

w는 동물 이름이 담긴 리스트이고, n은 문제 번호입니다. 문제 번호는 1부터 시작하며 정답을 맞출 때마다 1씩 증가합니다(n = n+1).

타자 게임을 시작하기 전에 사용자가 마음의 준비를 할 수 있도록 input 함수를 사용하여 사용자가 Enter 를 누르면 게임이 시작되도록 만들었습니다. 사용자가 Enter 를 눌렀을 때의 시간을 start에 기록하고 random.choice(w)로 첫 문제를 뽑습니다.

반복 명령으로 for x in range(5): 대신 while n <= 5:를 사용한 이유는 사용자가 오타를 냈을 때 문제 번호를 올리지 않고, 같은 단어를 한 번 더 출제하기 위해서입니다. for 문장을 사용하여 단순 반복을 하면 오타가 났을 때도 다음 문제로 넘어가게 됩니다. 이 프로그램에서는 사용자가 올바로 입력했을 때만 문제 번호를 올리고 5번 문제까지 반복하도록 while 문장을 사용하였습니다.

반복이 끝나면 그동안 걸린 시간을 계산합니다. format 함수로 소수점 둘째 자리까지만 보여 주도록 지정합니다. ".2f"는 소수점 아래로 둘째 자리까지만 표현하라는 뜻입니다.

이번 시간에 만든 타자 게임은 생각보다 단순한 게임입니다. 단어 수가 아홉 개밖에 없어 같은 단어를 여러 번 입력해야 할 때도 있었을 겁니다. 문장이 아닌 단어만 입력하기 때문에 게임으로서도 단조롭습니다.

하지만 w 리스트에는 다른 동물 이름을 추가할 수 있을 뿐만 아니라 문장을 넣을 수도 있습니다. 예를 들어 다음과 같이 한글 문장을 문제 리스트에 넣으면 어떻게 될까요?

```
w = ["우리 집 강아지 이름은 여름입니다.", "여름이는 귀엽습니다."]
```

아마 사용자가 급하게 입력하느라 오타가 많이 나면서 게임의 긴장감이 높아질 겁니다. 이렇게 그동안 배운 파이썬 지식과 기발한 아이디어를 이용해서 조금 더 재미있는 자신만의 타자 게임을 만들어 보는 건 어떨까요?

거북이 대포 게임 만들기

PYTHON & ALGORITHMS FOR EVERYONE

세 번째 프로젝트는 '거북이 대포'라는 게임 프로젝트입니다. 각도를 맞춰 대포를 발사해 목표 지점을 맞히는 게임인데, 거북이 그래픽의 heading 함수를 빼고 모두 앞에서 배운 예제 프로그램에서 사용했던 부분을 모아 만들었습니다. 프로그램을 입력하다 보면 '이거 어디서 봤던 건데…'하는 느낌이 들 것입니다.

1 거북이 대포 게임이란?

거북이 대포는 '곡사포' 게임의 한 종류입니다. 키보드 방향키인 ↑, ↓ 로 발사 각도를 조절하고 **SpaceBar** 로 대포를 발사하면 화살촉 모양의 대포가 하늘로 날아갑니다. 날아가던 대포가 땅에 닿을 때 초록색 목표 지점을 맞히면 'Good!'이라는 메시지를 보여 주고, 빗나가면 'Bad!'라는 메시지를 보여 줍니다. 단, 이 게임은 발사 각도는 조절할 수 있지만 발사하는 힘은 조절할 수 없습니다.

> **TIP** 곡사포는 대포의 한 종류로, 포탄을 쏘면 매끄러운 곡선을 그리며 하늘을 날아가는 특징이 있습니다. 여러분이 공을 하늘로 던졌을 때 공이 날아가는 모습을 그려 보세요.

2 좌표

그동안 거북이 그래픽 예제에서는 주로 left나 right 명령으로 거북이를 적당히 회전시키고, forward 명령으로 거북이를 이동시키면서 그림을 그렸습니다. 하지만 거북이 그래픽 창의 좌푯값을 알면 t.goto(x, y) 명령으로 '한 번에' 거북이를 원하는 곳으로 이동시킬 수 있습니다. 이때 거북이 꼬리의 펜을 내리면(down)

이동한 경로를 따라 선이 그려지고, 펜을 올리면(up) 선이 그려지지 않고 거북이만 이동합니다.

거북이 그래픽 창에서 한 점의 좌표는 숫자 두 개로 표현할 수 있습니다. 왼쪽과 오른쪽 같은 화면의 수평 방향을 x 값으로 표시하고, 위와 아래 같은 수직 방향을 y 값으로 표시합니다. 화면의 한가운데를 '원점'이라고 하는데, 원점의 좌푯값은 (0, 0)으로 표시합니다.

원점에서 오른쪽으로 이동하면 x 값이 커지고(+), 왼쪽으로 이동하면 x 값이 작아집니다(−). 마찬가지로 y 값은 원점에서 위로 이동하면 커지고(+), 아래로 이동하면 작아집니다(−).

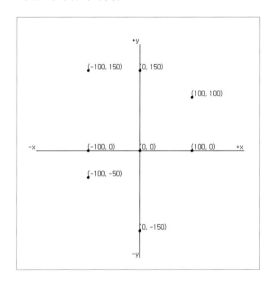

그림 16−1
거북이 그래픽 창의
좌푯값

t.goto(x, y)는 특정한 x, y 위치로 거북이를 이동시키는 함수입니다. 현재 거북이의 위치를 알고 싶을 때는 t.pos 함수를 이용하여 현재 위치의 x, y 좌푯값을 얻을 수 있습니다.

다음 대화형 셀의 실행 결과를 참고해 볼까요? 처음 거북이 그래픽을 시작하면 거북이가 원점인 (0, 0)에 있으므로 t.pos( )를 호출하면 (0.00, 0.00)으로 표시됩니다. t.goto(100, 50)으로 거북이를 이동시킨 후 다시 t.pos( )를 호출하면, 거북이가 그 위치로 이동한 것을 확인할 수 있습니다.

```
>>> import turtle as t
>>> t.pos()
(0.00, 0.00)
>>> t.goto(100, 50)
>>> t.pos()
(100.00, 50.00)
>>>
```

이번 프로젝트에서는 이렇게 좌푯값을 사용하여 땅과 목표 지점과 대포 위치를
지정하여 그림을 그릴 예정입니다.

3 각도

left와 right 함수(명령)는 거북이를 현재 방향에서 원하는 각도만큼 각각 왼쪽
과 오른쪽으로 회전시킵니다. 거북이 대포 프로젝트에서 거북이의 각도를 조절하
려면 left와 right 함수뿐만 아니라 heading과 setheading 함수도 이용합니다.
앞서 거북이의 현재 좌표를 구할 때 사용한 pos 함수와 거북이를 특정 좌표로
이동시킬 때 사용한 goto(x, y)를 기억하나요? heading 함수와 setheading
함수도 이와 비슷합니다. heading()은 현재 거북이가 바라보는 각도를 구하고,
setheading(ang)은 거북이가 특정 각도를 바라보도록 회전시킵니다.

이런 함수를 효과적으로 사용하려면 거북이 그래픽에서 각도를 계산하는 방법을 알아야 합니다. 거북이 그래픽의 각도는 화면에서 수평 오른쪽 방향이 기준(0°)이고, 시계 반대 방향으로 갈수록 각도가 증가합니다. 다음 그림을 보면 이해가 쉬울 것입니다.

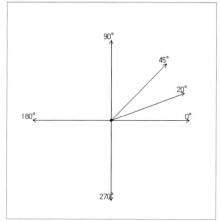

그림 16-2
거북이 그래픽에서는
수평 방향에서 시계 반대
방향으로 갈수록
각도가 증가합니다

 ## 4 글자 쓰기

t.write 함수는 현재 거북이가 있는 곳에 문자열(문장)을 쓰는 기능을 합니다. 이 프로젝트에서는 t.write 함수를 다음과 같은 방식으로 사용합니다.

```
t.write("문자열", False, "center", ("", 15))
```

거북이는 위치를 옮기지 않고(False), 현재 위치에서 문장을 가운데 정렬("center")하여 출력하겠다는 뜻입니다. 마지막으로 전달된 인자 ("", 15)는 글자 크기를 15로 출력하라는 의미입니다. 조금 복잡하지만 이 정도만 알고 넘어가도 괜찮습니다.

5 프로젝트 구조

이 프로젝트는 크게 세 부분으로 나뉩니다.

- **turn_up/turn_down 함수**

  사용자가 ↑ 와 ↓ 를 누르면 대포 각도를 조절합니다.

- **fire 함수**

  사용자가 SpaceBar 를 누르면 작동하는 함수입니다. 거북이 대포를 발사하고 대포가 땅에 닿으면 목표 지점을 맞혔는지 확인하여 문자를 출력합니다. 거북이 대포 게임에서 핵심 역할을 하는 함수입니다.

   이 게임에서 발사하는 대포알은 곧 '화살촉 모양의 거북이'를 뜻합니다.

- **게임 준비 및 실행 부분**

  땅, 목표 지점, 대포 위치를 지정하고 화면에 그립니다. onkeypress 함수를 사용하여 사용자가 키보드를 누르면 각 키에 맞게 turn_up, turn_down, fire 함수가 실행되도록 예약합니다.

프로그램을 작성하기 전에 필요한 물체를 먼저 종이에 그려 놓고 좌표를 정하면 프로그램을 훨씬 쉽게 만들 수 있습니다. 거북이 대포 프로젝트도 이러한 사전 설계를 거쳐 만들었습니다. 다음 그림을 보면서 거북이 대포 게임에 나오는 물체를 어떻게 설계했는지 좌푯값과 함께 확인해 보세요.

그림 16-3
프로그램을 입력하기 전에 그림을 그리며 게임을 설계해 보세요.

● **예제 소스** 16A-cannon.py

```python
import turtle as t
import random

def turn_up():                        # ↑를 눌렀을 때 호출되는 함수
    t.left(2)                         # 거북이를 왼쪽으로 2도 돌립니다.


def turn_down():                      # ↓를 눌렀을 때 호출되는 함수
    t.right(2)                        # 거북이를 오른쪽으로 2도 돌립니다.


def fire():                           # SpaceBar 를 누르면 거북이 대포를 발사합니다.
    ang = t.heading()                 # 현재 거북이가 바라보는 각도를 기억합니다.
    while t.ycor() > 0:               # 거북이가 땅 위에 있는 동안 반복합니다.
        t.forward(15)                 # 15만큼 앞으로 이동합니다.
        t.right(5)                    # 오른쪽으로 5도 회전합니다.

    # while 반복문을 빠져나오면 거북이가 땅에 닿은 상태입니다.
    d = t.distance(target, 0)         # 거북이와 목표 지점과의 거리를 구합니다.
    t.sety(random.randint(10, 100))   # 성공 또는 실패를 표시할 위치를 지정합니다.
    if d < 25:    # 거리 차이가 25보다 작으면 목표 지점에 명중한 것으로 처리합니다.
        t.color("blue")
        t.write("Good!", False, "center", ("", 15))
    else:         # 그렇지 않으면 실패한 것으로 처리합니다.
        t.color("red")
        t.write("Bad!", False, "center", ("", 15))
    t.color("black")                  # 거북이 색을 검은색으로 되돌립니다.
    t.goto(-200, 10)                  # 거북이 위치를 처음 발사했던 곳으로 되돌립니다.
    t.setheading(ang)                 # 각도도 처음 기억해 둔 각도로 되돌립니다.
```

```
# 주의 : 여기서부터는 들여쓰기를 하지 마세요.


# 땅을 그립니다.
t.goto(-300, 0)
t.down()
t.goto(300, 0)


# 목표 지점을 설정하고 그립니다.
target = random.randint(50, 150)    # 목표 지점을 50~150 사이에 있는 임의의 수
로 지정합니다.
t.pensize(3)
t.color("green")
t.up()
t.goto(target - 25, 2)
t.down()
t.goto(target + 25, 2)


# 거북이 색을 검은색으로 지정하고 처음 발사했던 곳으로 되돌립니다.
t.color("black")
t.up()
t.goto(-200, 10)
t.setheading(20)


# 거북이가 동작하는 데 필요한 설정을 합니다.
t.onkeypress(turn_up, "Up")       # ↑ 를 누르면 turn_up 함수를 실행합니다.
t.onkeypress(turn_down, "Down")  # ↓ 를 누르면 turn_down 함수를 실행합니다.
t.onkeypress(fire, "space")          # SpaceBar 를 누르면 fire 함수를 실행합니다.


t.listen()                           # 거북이 그래픽 창이 키보드 입력을 받도록 합니다.
```

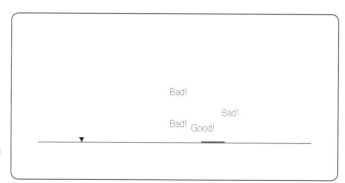

Bad!

Bad!

Bad! Good!

▼

그림 16-4

방향키를 조절하면서 대
포를 쏘서 목표 지점에
맞혀 보세요.

에러
해결하기

- **t.write("문자열", False, "center", ("", 15)) 문장**

  write 함수에서 False, "center"를 정확히 입력했는지 확인하세요. 또한,
  ("", 15)에서 ""는 큰따옴표 두 개를 붙여 쓴 것인데, 내용이 없는 빈 문자열
  을 의미합니다.

- **키 이름 문제**

  t.onkeypress 함수를 호출할 때 두 번째 인자인 '키 이름'을 입력할 때 주의
  하세요. 이 프로젝트에서는 "Up", "Down", "space"가 사용되었는데, "Up"
  과 "Down"이 대문자로 시작하는 것과 달리 "space"는 전부 소문자입니다.
  대소문자를 바르게 입력하지 않으면 _tkinter.TclError: bad event type
  or keysym … 에러가 발생합니다.

알아
보기

'거북이 대포'라는 제목에 맞게 이 프로젝트에서는 거북이가 대포 혹은 대포알 역
할을 합니다. 거북이 모양을 따로 지정하지 않았으므로 기본 모양인 화살촉 모양
을 사용했습니다. left, right, forward 명령으로 대포가 날아가는 모습을 화
면에 보여 줍니다. 이때 거북이 펜 상태를 up으로 지정하여 거북이 대포가 지나
가는 자리에는 선이 그려지지 않습니다. 여기까지는 쉽죠?

거북이 대포 프로젝트에서 가장 중요한 역할을 하는 부분은 SpaceBar 를 누르면
실행되는 fire 함수입니다. 이 함수는 조금 더 자세히 살펴볼 필요가 있습니다.
fire 함수의 처음과 끝은 각각 거북이(화살촉 모양 대포)의 '현재 각도를 저장하

는 부분'인 ang = t.heading()과 거북이를 '처음 위치와 각도로 되돌리는 부분'인 t.setheading(ang)로 되어 있습니다. 이렇게 한 이유는 무엇일까요? 대포가 날아가는 동안 거북이 대포의 위치와 각도가 계속 변하기 때문입니다. 따라서 이 값을 처음 상태로 되돌려 다음 발사를 할 수 있도록 준비하는 것입니다.

다음 while 반복문이 바로 실제로 대포를 날아가게 하는 부분입니다.

```python
while t.ycor() > 0:
    t.forward(15)
    t.right(5))
```

t.ycor()는 현재 거북이(대포)의 y 좌푯값을 구하는 문장입니다. 땅의 y 좌푯값은 0이므로 땅보다 위로, 즉 하늘로 날아가는 동안 거북이의 y 좌푯값은 언제나 0보다 큽니다. 대포가 날아가다가 땅에 떨어지는 순간, 즉 거북이의 y 좌푯값이 0보다 작아지는 순간이 바로 대포가 땅에 닿는 순간입니다. 이렇게 거북이가 땅에 닿는 순간 while 반복문을 빠져나오게 되고 대포가 멈추게 됩니다(다시 말해 거북이가 움직이지 않습니다).

> **TIP**
> 땅의 y 좌푯값이 왜 0인지는 '# 땅을 그립니다' 주석이 적힌 부분을 보면 알 수 있습니다. t.goto 함수로 땅을 그릴 때 y 좌푯값을 0으로 설정하였죠?

while 반복문을 빠져나오면 t.distance 함수로 현재 거북이의 위치와 목표 지점 (target, 0)과의 거리를 구합니다. 목표 지점과의 거리가 25보다 작으면 얼추 명중한 것이므로 Good!을 출력하고, 25보다 크면 불발한 것으로 보고 Bad!를 출력합니다.

> **TIP**
> 목표 지점은 땅 위에 있으므로 y 좌푯값은 무조건 0입니다. x 좌푯값만 random.randint 함수로 50~150 사이에 있는 임의의 수를 가져옵니다. 따라서 목표 지점의 좌푯값은 (target, 0)이 되는 거죠.

거북이 대포가 날아가는 모양

이 프로젝트의 대포는 엄밀하게 말하면 '곡사포'가 아닙니다. 실제로 대포를 발사하면 포물선과 비슷한 곡선을 그리면서 날아갑니다. 이 프로그램의 대포는 매번 15만큼 앞으로 이동하고 5°씩 오른쪽으로 움직이므로 포물선보다는 원에 가까운 형태입니다(정확히는 정72각형이지만, 원에 가까워 보입니다). 포물선을 정확히 그리려면 수학 계산이 필요한데, 그러려면 프로그램이 너무 복잡해질 수 있기 때문에 단순하게 바꾼 것이라고 이해하면 됩니다.

몇 번 만에 목표 지점을 맞혔나요? 대포를 쏘는 위치와 목표 지점이 모두 평지에 있으므로 각도만 잘 조절해서 발사하면 크게 어렵지는 않을 것입니다. 몇 번만 신경 써서 연습하면 목표 지점이 어디든 간에 단번에 명중하는 명사수가 될 수 있을 겁니다. 즐겁게 플레이해 보세요.

터틀런 만들기

Unit 18에서는 이번에 만들 게임 프로젝트인 '터틀런'을 수정할 예정이고, Unit 19~20에서는 파이썬으로 수학 문제를 푸는 프로그램을 배울 예정이므로 터틀런 이 사실상 마지막 프로젝트인 셈입니다.

마지막 프로젝트인 만큼 터틀런은 꽤 길고 복잡합니다. 그래서 두 개 장에 걸쳐 살펴볼 예정입니다. 먼저 거북이의 움직임, 악당 추적, 먹이 처리와 같은 기능을 만들어 게임을 완성하겠습니다. Unit 18에서 게임 제목 표시, 시작/종료, 점수 표 시와 같은 기능을 추가하여 틀을 제대로 갖춘 게임으로 업그레이드하겠습니다.

1 터틀런이란?

대망의 마지막 프로젝트의 이름은 '터틀런(Turtle Run)', 즉 '거북이 달리기'입니다. 터틀런이라는 제목으로 알 수 있듯이 거북이를 조종해서 달리는, 정확히 말하면 도망치는 게임입니다. 여러분은 게임의 주인공인 거북이가 되어, 뒤에서 쫓아오는 악당 거북이를 피하면서 초록색 동그라미 먹이를 최대한 많이 먹어야 합니다.

완성 화면을 보면서 게임을 이해해 보겠습니다.

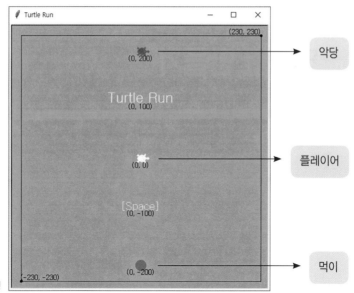

그림 17-1
터틀런 게임의 완성 화면

게임을 조작하는 방법은 간단합니다. 게임이 시작되면 키보드 방향키인 ↑, ↓, ←, →을 이용하여 거북이를 움직입니다. 주인공 거북이를 쫓아오는 빨간색 악당 거북이를 피해 초록색 동그라미 먹이를 최대한 많이 먹으면 됩니다. 도망치다가 악당 거북이에게 붙잡히면 게임이 끝납니다.

거북이 여러 마리 키우기

지금까지 살펴본 거북이 그래픽 프로그램에서는 거북이가 한 마리밖에 없었습니다. t.Turtle 명령을 사용하면 기본 거북이를 포함하여 거북이를 여러 마리 만들 수 있습니다.

터틀런에는 주인공 거북이와 악당 거북이와 먹이 이렇게 세 가지 캐릭터가 등장합니다. 사실 이 캐릭터는 모두 '거북이'입니다. 거북이 그래픽에서 그림을 그리기 위한 '거북이'를 여러 개 만들어 사용할 수 있는데, 이 프로그램에서는 세 개의 거북이를 만들어 각각의 캐릭터로 사용합니다. 무슨 말인지는 프로그램을 보면 이해할 수 있을 것입니다. 기본 거북이 t가 주인공입니다. 다음으로 새로운 거북이 te를 만들고 색을 빨간색으로 지정하여 악당 거북이로 사용합니다.

```
te = t.Turtle()          # 악당 거북이 te를 새로 만듭니다.
te.shape("turtle")
te.color("red")          # 빨간색으로 지정하여 주인공 거북이와 구분합니다.
```

마찬가지 방법으로 ts 거북이를 만들고 모양을 원으로 지정하고 색을 초록색으로 지정하여 먹이로 사용합니다.

```
ts = t.Turtle()          # 먹이로 사용할 거북이 ts를 만듭니다.
ts.shape("circle")       # 모양을 원으로 지정하여 먹이처럼 보이게 합니다.
ts.color("green")        # 초록색으로 지정합니다.
```

거북이를 여러 마리 키우는 방법이 이해가 되었나요? 이 방법으로 조금 뒤에 터틀런 프로그램을 만들겠습니다.

3 타이머

거북이 그래픽에는 일정 시간이 흐른 후에 정해진 함수를 실행하는 타이머 기능이 있습니다.

```
t.ontimer(실행할 함수, 정해진 시간)
```

t.ontimer 함수는 '정해진 시간'이 지나면 '지정한 함수'를 실행하는 함수입니다. 이 기능을 사용하려면 두 가지 사항을 주의해야 합니다.

첫째, 정해진 시간의 단위는 초가 아니라 1000분의 1초(1/1000)입니다. 예를 들어 1초 후에 함수를 실행하려면 인자로 1000을, 10초 후에 실행하려면 10000을, 0.1초 후에 실행하려면 100을 지정합니다. 단위를 헷갈리지 않도록 주의하세요.

둘째, t.ontimer의 타이머 기능은 정해진 함수를 딱 한 번만 실행합니다. 즉, 타이머가 일회용이라는 뜻입니다. 타이머를 반복해서 실행하려면 타이머를 매번 다시 설정해야 하고, 그렇지 않으면 타이머는 자동으로 끝나 버립니다.

터틀런 게임에서는 일정한 시간마다 한 번씩 주인공 거북이와 악당 거북이를 움직이고, 주인공 거북이가 먹이를 먹었는지, 혹시 악당 거북이에게 붙잡히지는 않았는지 확인해야 합니다. 이번 프로젝트에서는 타이머 기능을 사용해 0.1초마다 play 함수를 실행하도록 구현하였습니다. 게임을 계속 진행하려면 play 함수 끝에서 타이머를 다시 설정하여 play 함수가 호출되도록 하고, 거북이가 붙잡히면 타이머를 다시 설정하지 않기 때문에 게임이 종료됩니다.

4 towards 함수

영어 단어 towards는 '(어떤 방향) 쪽으로, (어떤 방향을) 향하여~'라는 뜻입니다. 특정 위치로 가려면 어떤 방향을 향해서, 즉 어떤 '각도'로 가야 하는지 알려 주는 기능이 바로 t.towards(x, y) 함수입니다.

터틀런에서 악당 거북이가 주인공 거북이를 쫓아가려면 다음과 같은 순서로 동작을 처리합니다.

1 │ 악당 거북이를 기준으로 주인공 거북이로 향하는 각도를 구합니다.
2 │ 구한 각도에 맞춰 악당 거북이의 머리를 돌립니다.
3 │ 악당 거북이가 앞으로 이동합니다.

동작 순서를 프로그램으로 작성하면 다음과 같습니다.

```
# te: 악당 거북이
# t: 주인공 거북이
ang = te.towards(t.pos())
te.setheading(ang)
te.forward(9)
```

 ## 5 프로젝트 구조

이 프로젝트는 크게 네 부분으로 나뉩니다.

- **등장인물 만들기**

  악당 거북이와 먹이 거북이를 만들고 색과 모양 등 필요한 처리를 합니다.

- **turn_으로 시작하는 함수**

  turn_으로 시작하는 네 가지 함수는 각각 사용자가 ↑, ↓, ←, → 방향키
  를 눌렀을 때 주인공 거북이의 방향을 돌리는 역할을 합니다.

- **play 함수**

  터틀런 프로젝트에서 핵심 역할을 하는 부분입니다. 주인공 거북이가 앞으
  로 이동하는 처리, 악당 거북이가 주인공 거북이를 쫓아가는 처리, 주인공
  거북이가 먹이 또는 악당 거북이에 닿았을 때의 처리를 모두 play 함수에서
  합니다.

- **게임 준비 및 실행**

  화면 배경을 그리거나 키보드 입력을 처리합니다. 즉, 게임에 필요한 준비를
  하는 부분입니다.

게임에 등장하는 캐릭터의 시작 좌푯값과 먹이가 생성되는 위치는 다음 그림을
참고해 보세요. 프로그램을 이해하는 데 도움이 될 것입니다.

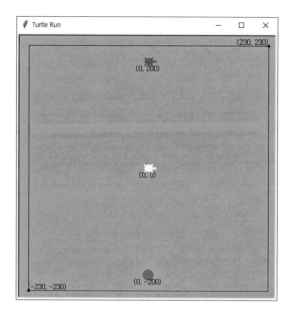

그림 17-2
게임을 설계할 때
화면을 참고하세요.

터틀런 만들기

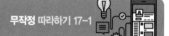

● **예제 소스** 17A-trun.py

```python
import turtle as t
import random


te = t.Turtle()            # 악당 거북이(빨간색)
te.shape("turtle")
te.color("red")
te.speed(0)
te.up()
te.goto(0, 200)


ts = t.Turtle()            # 먹이(초록색 동그라미)
ts.shape("circle")
```

```python
ts.color("green")
ts.speed(0)
ts.up()
ts.goto(0, -200)

def turn_right():                       # 오른쪽으로 방향을 바꿉니다.
    t.setheading(0)

def turn_up():                          # 위로 방향을 바꿉니다.
    t.setheading(90)

def turn_left():                        # 왼쪽으로 방향을 바꿉니다.
    t.setheading(180)

def turn_down():                        # 아래로 방향을 바꿉니다.
    t.setheading(270)

def play():                             # 게임을 실제로 플레이하는 함수
    t.forward(10)                       # 주인공 거북이가 10만큼 앞으로 이동합니다.
    ang = te.towards(t.pos())
    te.setheading(ang)                  # 악당 거북이가 주인공 거북이를 바라보게 합니다.
    te.forward(9)                       # 악당 거북이가 9만큼 앞으로 이동합니다.
    if t.distance(ts) < 12:             # 주인공과 먹이의 거리가 12보다 작으면(가까우면)
        star_x = random.randint(-230, 230)
        star_y = random.randint(-230, 230)
        ts.goto(star_x, star_y)         # 먹이를 다른 곳으로 옮깁니다.
    if t.distance(te) >= 12:            # 주인공과 악당의 거리가 12 이상이면(멀면)
        t.ontimer(play, 100)            # 0.1초 후 play 함수를 실행합니다(게임 계속).

t.setup(500, 500)
t.bgcolor("orange")
t.shape("turtle")                       # 거북이 모양의 커서를 사용합니다.
```

```
t.speed(0)                              # 거북이 속도를 가장 빠르게 지정합니다.
t.up()
t.color("white")
t.onkeypress(turn_right, "Right")   # →를 누르면 turn_right 함수를 실행합니다.
t.onkeypress(turn_up, "Up")
t.onkeypress(turn_left, "Left")
t.onkeypress(turn_down, "Down")
t.listen()                              # 거북이 그래픽 창이 키보드 입력을 받도록 합니다.
play()                                  # play 함수를 호출해서 게임을 시작합니다.
```

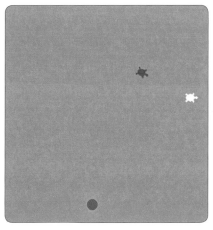
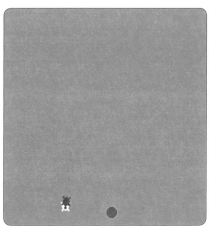

그림 17-3
터틀런 게임을
플레이해 보세요!

TIP

게임을 플레이하다 보면 거북이가 창밖으로 나가 버리기도 합니다. 프로그램에서 나가지 못하게 처리할 수도 있지만, 그렇게 하면 프로그램이 길어지고 입력이 어려울 수 있어 터틀런에서는 생략했습니다. 거북이의 방향을 잘 조절해서 창 밖으로 나가지 않게 플레이하세요.

상당히 긴 프로그램이므로 모든 부분을 입력할 때 주의해야 하지만, 다음 내용을 특히 주의해서 입력하세요.

■ **거북이 추가 부분**

te = t.Turtle()에서 Turtle은 대문자로 시작합니다.

■ **따옴표 안에 문자열 부분**

거북이의 모양, 색, 키 이름 등을 입력할 때는 철자나 대소문자를 바르게 입력했는지 확인합니다.

터틀런 게임에서 가장 중요한 부분인 play 함수를 살펴보겠습니다. play 함수의 흐름은 다음과 같습니다.

1 | 주인공 거북이가 전진합니다(10만큼).

2 | 악당 거북이는 주인공 거북이가 향한 방향으로 고개를 돌립니다.

3 | 악당 거북이도 전진합니다(9만큼).

4 | 주인공 거북이와 먹이의 거리를 비교한 후 가까우면 먹이를 먹은 것으로 보고, 먹이를 다른 곳으로 옮깁니다.

5 | 주인공 거북이와 악당 거북이와의 거리를 비교한 후 멀면 타이머로 0.1초 후에 play 함수를 다시 실행합니다(반대로 가까우면 타이머가 설정되지 않으므로 게임이 자동적으로 종료됩니다).

play 함수를 처리하는 과정을 이해했나요? 타이머 기능으로 0.1초마다 play 함수가 실행되고 거북이 두 마리가 움직이면서 게임이 진행되는 방식입니다.

어떤가요? 악당 거북이를 잘 피해 다녔나요?

60줄이 넘지 않는 프로그램으로 어느 정도 플레이할 수 있는 게임을 만들었습니다. 이제 파이썬이 실용적이고 강력한 프로그래밍 언어라는 말이 와 닿나요?

다음 시간에는 터틀런에 제목을 표시하고 시작/종료 기능, 점수 체크 기능을 추가하여 좀 더 완성된 게임으로 만들어 보겠습니다.

터틀런 2 만들기

PYTHON & ALGORITHMS FOR EVERYONE

이번 시간에는 앞서 만든 터틀런에 점수 계산, 난이도 변화와 같은 '게임적인' 요소를 추가하고, 제목 표시, 시작/종료 등 게임의 틀도 다듬어 좀 더 완성된 프로그램으로 만들어 보겠습니다.

혼란을 막기 위해 이번에 새로 만들 프로그램을 '터틀런 2'라 부르고, Unit 17에 만든 기존의 '터틀런'을 '터틀런 1'으로 부르겠습니다.

터틀런 1 프로그램과 터틀런 2 프로그램을 비교하면서 다른 부분만 수정해도 되지만 이렇게 하면 입력할 때 실수를 하기 쉽습니다. 게다가 실수를 찾아내기는 더 어렵습니다. 따라서 터틀런 2는 새 파일을 만들어 입력하는 것이 낫습니다. 복습한다 생각하고 한 번 더 입력하면서 보면 프로그램을 더 잘 이해할 수 있을 것입니다.

터틀런 2란?

터틀런 2는 터틀런 1에 제목, 게임 시작, 게임 종료(Game Over), 난이도 조절, 점수 계산 등의 기능을 추가한 것입니다. 터틀런 1은 실행을 하자마자 게임이 시작되고, 악당 거북이에게 잡히면 그 상태로 게임이 끝나 버립니다. 하지만 터틀런 2는 실행과 동시에 제목이 적힌 화면이 뜨고, 사용자가 SpaceBar 를 누를 때까지 게임이 시작되지 않습니다. 즉, 사용자는 게임을 시작할 준비를 할 수 있습니다.

또한, 먹이를 먹을 때마다 점수가 올라가고 점수가 올라갈수록 악당 거북이가 빨라지면서 난이도가 조정됩니다. 악당에게 잡히면 최종 점수와 Game Over가 표시되면서 게임이 끝납니다. 게임이 끝나도 SpaceBar 를 누르면 게임을 다시 시작할 수 있습니다.

2 global 변수

어떤 함수 안에서 변수를 지정해서 사용하면 그 변수는 그 함수 안에서만 사용할 수 있습니다. 이해를 돕기 위해 다음 코드를 살펴보겠습니다.

```
def f():
    a = 5

f()
print(a)
```

f 함수는 변수 a에 값 5를 저장하는 함수입니다. 프로그램에서 함수 f를 호출했으므로 a라는 변수가 생겨서 값 5가 저장되어 있을 것 같죠? 하지만 실행하면 print(a)에서 에러가 발생합니다.

```
Traceback (most recent call last):
  File "", line 5, in <module>
    print(a)
NameError: name 'a' is not defined
>>>
```

이 에러는 '변수 a가 정의되지 않았다'는 말로 'a가 없다'는 뜻입니다. 왜 그럴까요?

바로 5라는 값을 저장한 a 변수가 f 함수 '안에' 정의되었기 때문입니다. 함수 안에서 정의한 변수는 '그 함수 안에서만' 살아 있는 변수가 됩니다. 따라서 함수 블록을 빠져나오면 더 이상 변수 a를 사용할 수 없습니다. 이미 사용할 수 없게 된 변수 a를 출력하려고 print(a)를 실행하니 에러가 발생할 수밖에 없는 것이지요.

그렇다면 global은 뭘까요? 영어 단어 global은 '세계적인, 전체적인'이라는 뜻인데, 파이썬 프로그래밍에서는 '프로그램 전체에서'라는 뜻으로 사용됩니다.

예를 들어 함수 시작 부분에 다음과 같이 적으면 '이 변수는 함수 안에서는 물론 프로그램 전체에서 사용하는 변수'라는 뜻입니다.

```
global 변수명
```

다음과 같이 f 함수 안에 global a라고 적으면 변수 a는 '프로그램 전체에서' 사용하는 변수가 되는 거죠.

```
def f():
    global a
    a = 5

f()
print(a)
```

다시 실행해 보면 예상했던 결과인 5가 화면에 출력됩니다.

이번 프로젝트에서는 게임의 점수를 저장하는 score 변수와 현재 게임이 진행 중인지 저장하는 playing 변수를 프로그램 전체에서 사용해야 하므로 global을 사용했습니다.

global 개념을 처음부터 이해하기는 어려울 수 있습니다. 혹시 이해가 가지 않는다 해도 너무 고민하지 말고 '이런 게 있구나' 하고 넘어가도 좋습니다.

3 clear 함수와 home 함수

t.clear 함수는 거북이로 그린 그림을 모두 지우는 함수입니다. 거북이가 그린 선, 색칠한 도형, 화면에 쓴 글자 등 모든 흔적을 지웁니다.

t.home 함수는 거북이가 그린 그림은 그대로 두고, 거북이를 기본 상태로 돌리는 함수입니다. 이 명령을 실행하면 거북이는 처음 거북이 그래픽을 시작했을 때의 위치인 원점(0, 0)으로 돌아가 오른쪽을 바라봅니다(0°). 하지만 그동안 그린 그림은 화면에 남아 있습니다.

4 title 함수

거북이 그래픽 창의 이름은 Python Turtle Graphics입니다. 하지만 t.title 함수를 사용하여 창에 붙은 이름을 바꿀 수 있습니다. 예를 들어 볼까요?

```
t.title("Turtle Run")
```

이렇게 입력하면 거북이 그래픽 창의 이름이 Turtle Run으로 바뀝니다. 게임을 플레이하는 데는 차이가 없지만 외관이 좀 더 완성된 느낌이 듭니다.

그림 18-1
거북이 그래픽 창의
이름을 Turtle Run으로
바꾸었습니다.

Turtle Run   — □ ×

5 프로젝트 구조

프로젝트 구조는 터틀런 1과 비슷하지만 다음과 같은 내용이 추가되었습니다.

- **playing 변수와 start 함수**

  터틀런 2에는 '게임 중'인 상태와 '대기 중'인 상태가 있는데, 이를 구분하기 위해 playing 변수를 사용합니다. playing 변수가 참(True)이면 게임이 실행 중이라는 뜻이고, 거짓(False)이면 게임을 시작하기 전이거나 끝났다는 뜻입니다. start 함수는 게임을 시작하는 함수로 사용자가 게임을 시작하려고 SpaceBar 를 누르면 start 함수가 호출됩니다. 이 함수는 현재 게임이 실행 중인지 먼저 확인한 후 아니라면 play 함수를 호출하여 게임을 실행하는 역할을 합니다.

- **점수(score) 계산**

  주인공 거북이가 먹이를 먹을 때마다 점수가 올라가도록 하는 부분입니다. 점수에 따라 악당 거북이의 속도를 변화시켜 게임 난이도를 조절합니다.

- **message 함수**

  화면에 게임 제목이나 점수, Game Over 등을 표시하는 함수입니다.

터틀런 2에 나오는 캐릭터의 시작 좌푯값, 먹이의 생성 위치, 제목과 점수를 출력하는 위치 등은 다음 그림을 참고하세요.

그림 18-2
터틀런 2의
설계 화면입니다.

● **예제 소스** 18A-trun2.py

```python
# 터틀런 2 만들기
import turtle as t
import random

score = 0                    # 점수를 저장하는 변수
playing = False              # 현재 게임이 플레이 중인지 확인하는 변수

te = t.Turtle()              # 악당 거북이(빨간색)
te.shape("turtle")
te.color("red")
te.speed(0)
te.up()
te.goto(0, 200)

ts = t.Turtle()              # 먹이(초록색 동그라미)
ts.shape("circle")
ts.color("green")
ts.speed(0)
ts.up()
ts.goto(0, -200)

def turn_right():            # 오른쪽으로 방향을 바꿉니다.
    t.setheading(0)

def turn_up():               # 위로 방향을 바꿉니다.
    t.setheading(90)
```

```
def turn_left():                        # 왼쪽으로 방향을 바꿉니다.
    t.setheading(180)


def turn_down():                        # 아래로 방향을 바꿉니다.
    t.setheading(270)


def start():                            # 게임을 시작하는 함수
    global playing
    if playing == False:
        playing = True
        t.clear()                       # 메시지를 지웁니다.
        play()


def play():                             # 게임을 실제로 플레이하는 함수
    global score
    global playing
    t.forward(10)                       # 주인공 거북이 10만큼 앞으로 이동합니다.
    if random.randint(1, 5) == 3:       # 1~5 사이에서 뽑은 수가 3이면(20% 확률)
        ang = te.towards(t.pos())
        te.setheading(ang)              # 악당 거북이가 주인공 거북이를 바라봅니다.
    speed = score + 5                   # 점수에 5를 더해서 속도를 올립니다
                                        # 점수가 올라가면 빨라집니다.
    if speed > 15:                      # 속도가 15를 넘지는 않도록 합니다.
        speed = 15
    te.forward(speed)
    if t.distance(te) < 12:             # 주인공과 악당의 거리가 12보다 작으면
                                        # 게임을 종료합니다.
        text = "Score : " + str(score)
        message("Game Over", text)
        playing = False
        score = 0
```

```python
        if t.distance(ts) < 12:          # 주인공과 먹이의 거리가 12보다 작으면(가까우면)
            score = score + 1            # 점수를 올립니다.
            t.write(score)               # 점수를 화면에 표시합니다.
            star_x = random.randint(-230, 230)
            star_y = random.randint(-230, 230)
            ts.goto(star_x, star_y)      # 먹이를 다른 곳으로 옮깁니다.
        if playing:
            t.ontimer(play, 100)         # 게임 플레이 중이면 0.1초 후
                                         # play 함수를 실행합니다.


def message(m1, m2):                     # 메시지를 화면에 표시하는 함수
    t.clear()
    t.goto(0, 100)
    t.write(m1, False, "center", ("", 20))
    t.goto(0, -100)
    t.write(m2, False, "center", ("", 15))
    t.home()


t.title("Turtle Run")
t.setup(500, 500)
t.bgcolor("orange")
t.shape("turtle")                        # 거북이 모양의 커서를 사용합니다.
t.speed(0)                               # 거북이 속도를 가장 빠르게 지정합니다.
t.up()
t.color("white")
t.onkeypress(turn_right, "Right")        # →를 누르면 turn_right 함수를 실행합니다.
t.onkeypress(turn_up, "Up")
t.onkeypress(turn_left, "Left")
t.onkeypress(turn_down, "Down")
t.onkeypress(start, "space")
t.listen()                               # 거북이 그래픽 창이 키보드 입력을 받도록 합니다.
message("Turtle Run", "[Space]")
```

실행
결과

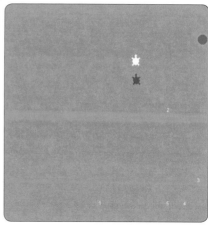

그림 18-3
게임을
플레이해 보세요.
먹이를 먹으면
점수가 올라갑니다.

에러
해결하기

- **t.write("표시할 글", False, "center", ("", 글자 크기)) 문장**

  화면에 문자열을 표시하는 거북이 그래픽 함수인 write를 사용할 때는 False와 "center"를 정확히 입력해야 합니다. 또한, ("", 글자 크기)에서 큰따옴표 두 개를 반드시 붙여야 합니다. 큰따옴표 두 개를 붙여 쓰면 내용이 없는 빈 문자열을 의미합니다.

  > **TIP**
  > 작은따옴표 두 개를 붙여 써도(`''`) 내용이 없는 빈 문자열을 의미합니다. 하지만 ESC 밑에 있는 백쿼트(`` ` ``)와 헷갈릴 수 있으니 큰따옴표를 사용할 것을 권장합니다.

- **키 이름 철자**

  t.onkeypress 함수로 특정 키가 눌릴 때 실행할 함수를 지정합니다. 이때 '키 이름'을 정확히 입력해야 합니다. "Up", "Down", "Left", "Right"의 첫 글자는 대문자이고, "space"는 모두 소문자라는 점을 주의하세요.

알아
보기

터틀런 2에는 점수를 기록하는 score 변수와 현재 플레이 중인지 아닌지를 기록하는 playing 변수가 추가되었습니다. 이 변수들은 '프로그램 전체'에서 사용되기 때문에 start 함수와 play 함수 안에서는 global로 선언하여 사용하고 있습니다.

SpaceBar 를 누르면 실행되는 start 함수는 playing 변수가 False일 때, 즉 현재 게임이 실행 중이 아닐 때 게임을 시작하는 함수입니다. playing 변수를 True로 바꿔 실행 중이라고 알리고, t.clear 함수로 화면에 있는 이름이나 글자를 지웁니다. 그런 다음 play 함수를 실행해서 게임을 시작합니다.

play 함수도 조금 바뀌었습니다. 점수가 올라갈수록 악당 거북이의 속도도 빨라지게 해서 게임의 긴장감을 높였습니다. 다만, 악당 거북이의 속도가 계속 빨라지면 주인공 거북이가 너무 빨리 잡힐 것입니다. 따라서 쫓아오는 악당 거북이의 방향을 가끔씩(다섯 번에 한 번 꼴로) 바꿔 난이도를 조절했습니다. 게임을 만들때는 이렇게 난이도를 잘 조절하는 것이 중요합니다.

악당 거북이가 주인공 거북이를 잡으면 게임을 멈춰 버린 터틀런 1과 달리 게임이 끝나면 화면에 Game Over라는 메시지와 함께 최종 점수(Score)를 표시하였습니다. 또한, 게임이 끝나면 playing 변수와 score 변수를 각각 처음 상태로 되돌립니다. 이것은 사용자가 SpaceBar 를 눌렀을 때 게임을 새로 시작하도록 하기 위해서입니다. 게임이 실행되고 있을 때는 SpaceBar 를 눌러도 아무런 변화가 없습니다.

마지막으로 주인공이 먹이를 먹으면 점수를 1씩 올리고 현재 거북이 위치에 점수를 표시하는 것도 play 함수에서 달라진 점입니다.

마무리

터틀런 2는 지금까지 작성한 프로그램 중 길이가 가장 깁니다. 90줄에 가깝습니다. 입력할 때 실수를 하면 찾아내서 고치는 것도 만만치 않습니다. 하지만 그동안 파이썬 여행을 꾸준하게 열심히 했다면 대부분 이해할 수 있을 것입니다.

터틀런 1과 터틀런 2를 배우는 과정에서 이 게임을 '이렇게 고치면 더 재밌을 것같아!'하는 아이디어나 방법이 생각났다면, 주저하지 말고 '터틀런 3 프로그램' 만들기에 도전해 보세요.

UNIT 19

파이썬으로 수학 문제 풀기 1

PYTHON & ALGORITHMS FOR EVERYONE

Unit 19와 20에서는 색다른 주제를 다루어 보겠습니다. 바로 수학과 파이썬을 연계한 프로그램입니다. 이 부분은 관련된 수학 지식은 물론 수학과 파이썬의 연관관계도 생각해야 하므로 다소 어려울 수 있는 주제지만, 관련된 수학 내용을 알고 있는 독자라면 한번 도전해 볼 만한 과제랍니다.

잠깐만요

아직 중학교 수학을 배우지 않았어요!

Unit 19와 20에서는 파이썬을 사용해서 중학교 과정의 수학 문제를 풀어보는 예제 프로그램을 만드는데, 구체적인 주제는 다음 다섯 가지입니다.

① 소인수분해
② 경우의 수와 확률
③ 도형에서의 확률
④ 이차방정식
⑤ 함수의 그래프

다섯 가지 주제를 아직 배우지 않은 초등학생이나 중학생이라면 194쪽으로 넘어가서 이 책을 마무리해도 됩니다. 배우긴 했지만 오래되어 기억나지 않는다면 '이렇게 하는구나' 정도로 실습을 따라할 것을 권합니다. 프로그래밍에 익숙해지는 데 분명 도움이 될 것입니다.

1 수학과 컴퓨터의 밀접한 관계

컴퓨터(Computer)가 '계산하다'를 뜻하는 Compute에서 나온 단어라고 배웠던 것을 기억하나요? 원래 컴퓨터라는 단어는 '돈을 받고 원하는 계산을 해주는 사람' 혹은 '계산을 전문으로 하는 직업'을 일컫는 말이었습니다. 현대식 컴퓨터가 없던 시절, 수학이나 과학 연구 혹은 군사 목적으로 복잡한 계산을 하려면 수학 지식을 갖춘 전문가를 고용해서 월급을 주고 복잡한 계산을 시켰는데, 이들이 바로 '최초의 컴퓨터'였습니다.

뛰어난 성능을 자랑하는 최신 컴퓨터부터 스마트폰, 태블릿 PC와 같이 최첨단 전자제품이 넘쳐나는 지금, '컴퓨터'라는 직업은 이미 사라진 지 오래입니다. 하지만 여전히 컴퓨터와 수학은 떼려야 뗄 수 없는 관계입니다. 애초에 수학 문제를 풀려고 만든 것이 컴퓨터였을 뿐만 아니라, 컴퓨터 역시 수학 이론을 바탕으로 만들어졌기 때문입니다.

잠깐 만요

현대식 컴퓨터의 아버지 앨런 튜링

앨런 튜링(Alan Turing, 1912~1954년)은 컴퓨터 역사를 이야기할 때 빠지지 않고 등장하는 영국의 수학자입니다. 그는 컴퓨터가 실제로 만들어지기 훨씬 이전에 머릿속으로 가상의 컴퓨터를 설계하였고, 그 가상의 컴퓨터를 바탕으로 현대식 컴퓨터의 이론을 만든 전설적인 수학자입니다. 또한, 독일군의 암호를 해독하는 기계식 컴퓨터를 만들어 제2차세계대전에서 연합군이 승리하도록 크게 공헌하였습니다. 뿐만 아니라 최근 인기가 많은 인공지능 분야에서도 쓰이는 '튜링테스트'를 제안하기도 했습니다. 하지만, 안타깝게도 자신이 꿈꾼 현대식 컴퓨터의 발전을 보지 못한 채 1954년에 자살로 생을 마감하였습니다. 최근에 앨런 튜링의 삶을 다룬 영화 《이미테이션 게임》이 나오기도 했습니다.

컴퓨터 과학의 노벨상이라 불리는 튜링상(Turing Award)은 이름 그대로 앨런 튜링을 기리기 위해 만들어진 상입니다. 미국의 검색 엔진 회사인 구글은 매년 튜링상 수상자에게 100만 불의 상금을 수여합니다.

소인수분해

어떤 정수를 소수의 곱만으로 표현하는 것을 소인수분해라고 합니다.
예를 들어 12를 소인수분해하면 2*2*3이 됩니다. 왜 이렇게 되는지 소인수분해
과정을 단계별로 풀어보면 다음과 같습니다.

1 | 12를 가장 작은 소수인 2로 나눕니다.

2 | 12는 2로 나누어지므로 2는 소인수입니다(2를 출력합니다).

3 | 12를 2로 나눈 몫인 6을 대상으로 다시 생각합니다.

4 | 6을 2로 나눕니다.

5 | 6은 2로 나누어지므로 2는 다시 소인수에 포함됩니다(2를 출력합니다).

6 | 6을 2로 나눈 몫인 3을 대상으로 다시 생각합니다.

7 | 3은 2로 나누어지지 않습니다.

8 | 이번에는 3으로 나눕니다.

9 | 3은 3으로 나누어지므로 3은 소인수입니다(3을 출력합니다).

10 | 3을 3으로 나누면 1이 되는데 제수(나누는 수)가 피제수(나뉘는 수)보다
크므로 계산을 멈춥니다.

지금부터 이 단계를 파이썬 프로그램으로 만들어 보겠습니다.

● 예제 소스 19A-prime.py

```python
# 소인수분해 프로그램
x = int(input("?"))          # 소인수분해할 숫자를 입력받아 정수로 바꿉니다.
d = 2                        # 가장 작은 소수인 2부터 나눕니다.


while d <= x:
    if x % d == 0:           # x가 d로 나누어지면(나머지가 0이면)
        print(d)             # d는 x의 약수이므로 출력합니다.
        x = x / d            # x를 d로 나눠서 다시 x에 저장합니다.
    else:
        d = d + 1            # 나누어지지 않으면 1을 더해서 반복합니다.
```

약수란 어떤 수를 나누어 떨어지게 하는 0이 아닌 정수를 의미합니다. 예를 들어 1은 모든 수의 약수이죠.

실행 결과

```
? 12
2
2
3
>>>
```

12처럼 작은 수를 넣었다면, 1800처럼 큰 수도 한 번 넣어보세요.

이 프로그램은 입력받은 정수를 소인수분해하는 과정을 파이썬 문장으로 작성한 것입니다.

먼저 소인수분해할 수를 입력받아 정수로 바꾸고 변수 x에 저장합니다. 그런 다음 변수 d에 가장 작은 소수인 2를 저장하고 while 반복문을 이용하여 x 값이 d로 나누어 떨어지는지 확인합니다. 만약 나누어 떨어진다면 d는 x의 약수이므로 d를 출력하고, x를 d로 나눈 몫을 다시 x에 저장합니다. 나누어 떨어지지 않는다면 d 값을 증가시킨 후 계속 약수를 찾습니다. 이 과정을 d가 x보다 작거나 같은 동안 반복하면(d <= x) 어느새 소인수분해가 끝납니다.

앞에서 한글로 적은 소인수분해 과정을 파이썬 문장과 비교해 보는 것도 도움이 될 것입니다.

3 경우의 수와 확률

컴퓨터는 복잡한 확률 문제를 풀거나 방대한 통계 자료를 정리하고 분석하는 일에 굉장히 중요한 역할을 합니다. 이번에는 파이썬으로 간단한 확률 실험을 하는 프로그램을 만들어 볼 텐데요, 프로그램을 만들기 전에 간단한 확률 문제를 풀어 보겠습니다.

'확률'이라고 하면 보통 동전이나 주사위가 떠오르지 않나요?

다음과 같이 1부터 6까지 적힌 주사위를 한 번 던졌을 때 2가 나올 확률은 얼마일까요? 혹시 주변에 주사위가 있다면 주사위를 꺼내서 직접 테스트해 보고, 없다면 머릿속으로 주사위를 던진다고 상상해 보세요.

그림 19-1
주사위를 던져서
2가 나올 확률은?

주사위를 던졌을 때 나올 수 있는 모든 경우의 수는 1, 2, 3, 4, 5, 6 이렇게 총 6 가지입니다. 이 중에서 2가 나오는 경우는 단 한 가지뿐이므로 확률은 $\frac{1}{6}$입니다. 그런데 정말 그럴까요? 주사위를 여러 번 던졌을 때 정말 $\frac{1}{6}$의 확률로 2가 나올 까요? 주사위를 가능한 여러 번 던져서 2가 나온 횟수를 내가 주사위를 던진 총 횟수로 나눠 보세요. 그리고 이 값이 $\frac{1}{6}$에 근접하는지 계산해 보세요.

만약 주사위를 열 번 던져서 2가 세 번 나왔다면, 3 나누기 10을 하면 되겠지요. $\frac{3}{10}$은 0.3이고, $\frac{1}{6}$은 약 0.166667입니다. 차이가 조금 나죠?

열 번보다 많이 던지면 결과가 달라질까요? 궁금하긴 하지만, 이렇게 일일이 확인하면서 천 번, 만 번씩 주사위를 던지려면 팔도 아프고 시간도 너무 오래 걸릴 것 같습니다. 따라서 이번에는 컴퓨터의 주특기 중 하나인 '반복하기' 기능을 이용해서 주사위 실험을 하는 프로그램을 만들어 보겠습니다.

Unit 9에서 배웠던 임의의 수 뽑기를 이용하면 주사위를 흉내 낼 수 있습니다. random.randint(1, 6)은 1, 2, 3, 4, 5, 6 중에 하나의 수를 임의로 뽑는 기능을 합니다. 이 값을 2와 비교해 보면 '주사위를 던져서 2가 나오는 경우의 수'를 확인할 수 있습니다.

이제 주사위 실험 프로그램을 살펴 봅시다.

주사위 실험 프로그램

무작정 따라하기 19-2

● 예제 소스 19B-dice.py

```
import random


total = 1000000        # 주사위를 백만 번 던집니다.
ev = 0                 # 주사위를 던져 2가 나온 횟수를 저장할 변수
```

```
for i in range(total):                    # total 횟수만큼 반복
    if random.randint(1, 6) == 2:         # 주사위를 던져 2가 나온 경우
        ev = ev + 1                       # 2가 나온 횟수를 1 증가시킵니다.

print(ev / total)            # 2가 나온 횟수를 전체 실험 횟수로 나누어 표시합니다.
```

실행
결과

```
0.167258
>>>
```

```
0.166658
>>>
```

```
0.166476
>>>
```

TIP
총 세 번 실행하여 얻은 각각의 결과입니다. 여러분이 실행한 결과와 값이 조금씩 다를 것입니다.

알아
보기

random 모듈을 사용하면 실행할 때마다 결과가 달라지므로 실험의 결과로 얻을 확률도 매번 달라집니다. 하지만 대체로 이론적 확률인 $\frac{1}{6}$, 즉 0.166667과 비슷한 값이 얻어진다는 것을 확인할 수 있습니다.

호기심이 생긴 독자라면 total 값을 바꿔서 실험해 보세요. total 값이 작을수록 실험 횟수가 적으므로 오차가 커지고, total 값을 키우면 계산 시간은 늘어나지만 이론적 확률 값에 좀 더 접근한다는 것을 알 수 있을 것입니다

단, 너무 큰 수를 입력하면 에러가 나거나, 굉장히 오랜 시간을 기다려도 프로그램이 멈추지 않을 수 있으니 주의하세요.

TIP 프로그램을 강제로 멈추려면 Ctrl + C 를 누르세요(50쪽 '반복을 멈추려면?' 참고).

4 도형에서의 확률

이번에는 약간 더 복잡하지만, 재미있는 결과를 얻을 수 있는 확률 실험을 해보 겠습니다. 짧은 파이썬 프로그램으로 독특한 실험을 해 볼 수 있는 예제입니다. 하지만 수학적으로는 다소 어려울 수도 있는 내용입니다. 혹시 이해가 안 가는 부분이 있다면 오래 고민하지 말고, 프로그램을 직접 입력해 여러 번 실행해 보 면서 결과를 관찰해 보기 바랍니다.

도형에서의 확률이란 어떤 사건에 해당하는 '부분'의 넓이를, 실험 대상 '전체'의 넓이로 나눈 것입니다.

$$\text{도형에서의 확률} = \frac{\text{사건에 해당하는 부분의 넓이}}{\text{도형(실험 대상)의 전체 넓이}}$$

예를 들어 그림 19-2와 같이 정확히 3등분된 원판이 있다고 합시다. 이 원판에 아무렇게나 다트를 던졌을 때 치킨이 당첨될 확률은 얼마일까요?

그림 19-2
아무렇게나 다트를 던져 치킨이 걸릴 확률은?

치킨에 해당하는 영역은 전체 원 넓이의 $\frac{1}{3}$이므로, 구하는 확률은 $\frac{1}{3}$이라는 것을 쉽게 알 수 있습니다.

그러면 이번에는 한 변의 길이가 1인 정사각형 안에 사분원이 그려진 경우를 생각해 봅시다.

TIP 사분원이란 한 개의 원을 직교하는 두 지름으로 나눈 네 부분 중에서 하나를 의미합니다.

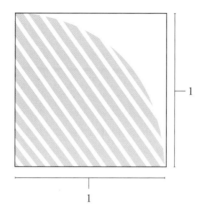

그림 19-3
정사각형 안에
사분원이 있는 경우

이 정사각형에서 아무렇게나 한 점을 뽑았을 때, 이 점이 사분원 즉, 빗금친 부분 안에 있을 확률을 계산해 보려고 합니다.

우선 길이가 1인 정사각형의 넓이는 $1 \times 1 = 1$입니다. 반지름이 1인 원의 넓이는 $\pi \times 1 \times 1 = \pi$이고, 그림 19-3에서 빗금 친 부분의 넓이는 원의 $\frac{1}{4}$에 해당하므로 $\pi \times \frac{1}{4} = \frac{\pi}{4}$입니다.

TIP 반지름이 r인 원의 넓이(S)를 구하는 공식은 다음과 같습니다.
$S = \pi r^2$

따라서 한 변의 길이가 1인 이 정사각형에서 한 점을 뽑았을 때, 이 점이 빗금 친 부분에 있을 확률은 다음과 같습니다.

$$\text{도형에서의 확률} \;=\; \frac{\frac{\pi}{4}}{1} \;=\; \frac{\pi}{4}$$

random 모듈의 random.random( )을 이용하면 그 결과로 0~1 사이의 실수를 얻을 수 있습니다. 이 기능을 두 번 이용해 정사각형에서 한 점 (x, y)를 뽑은 후, 이 점과 원점 (0, 0) 사이의 거리가 1 이하인지 따져보면 이 점이 빗금 친 부분 안에 있는지 알 수 있습니다.

이해를 돕기 위해 그림 19-3을 다음과 같이 좌표 평면 위에 표현해 볼까요?

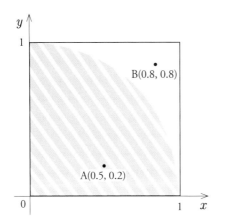

그림 19-4
좌표 평면 위에
표현한 경우

random 모듈의 random.random( )을 이용하면 그 결과로 0~1 사이의 실수를 얻을 수 있습니다. 이 기능을 두 번 이용해 결과를 각각 x와 y에 저장한 좌표 (x, y)는 그림 19-4에서 정사각형 안의 한 점이 됩니다.

이 점과 원점 (0, 0) 사이의 거리가 1 이하인지 따져 보면 이 점이 빗금 친 부분 안에 있는지 알 수 있습니다.

원점에서 점(x, y) 까지의 거리 d를 구하는 공식은 다음과 같습니다.

$$d = \sqrt{x^2 + y^2}$$

하지만 이 경우 거리가 1 이하인지를 비교하는 것이 목적이므로 굳이 제곱근을 구할 필요 없이 $x^2 + y^2$의 값을 1.0과 비교하면 됩니다.

예를 들어 점 A(0.5, 0.2)를 이 공식에 대입하면, 원점과의 거리가 1 이하이므로 A는 사분원 안에 있는 점입니다.

$$x^2 + y^2 = 0.5 \times 0.5 + 0.2 \times 0.2 = 0.29 \leq 1.0$$

반면, B(0.8, 0.8)의 경우 원점과의 거리가 1보다 크기 때문에 사분원 밖의 점이 됩니다.

$$x^2 + y^2 = 0.8 \times 0.8 + 0.8 \times 0.8 = 1.28 > 1.0$$

이러한 방식으로 정사각형에서 아무렇게나 한 점을 뽑았을 때, 이 점이 사분원 안에 있을 확률을 구해 보겠습니다. 실험 결과가 $\frac{\pi}{4}$와 비슷하다면, 이 결과에 4를 곱하면 π와 비슷해야 할 것입니다. 정말 그런지 random 모듈을 사용해서 백만 번 실험한 평균을 구해 봅시다.

도형에서의 확률 실험 프로그램

무작정 따라하기 19-3

● 예제 소스 19C-pi.py

```python
import random

total = 1000000          # 실험을 백만 번 합니다.
ev = 0                   # 뽑힌 점이 사분원 안에 있는 횟수

for i in range(total):   # total 횟수만큼 반복
    x = random.random()  # 0.0 <= x < 1.0 인 실수(예: x = 0.878313)
    y = random.random()  # 0.0 <= y < 1.0 인 실수(예: y = 0.398144)

    if x * x + y * y <= 1.0:  # 원점과의 거리가 1 이하인 경우
        ev = ev + 1           # 사분원 안에 있는 횟수를 1 증가시킵니다.

print((ev / total) * 4)  # ev를 total로 나눈 평균에 4를 곱해서 출력합니다.
```

3.141917

>>>

3.140396

>>>

3.141592

>>>

실행할 때마다 결과가 달라지고 오차가 있긴 하지만, 신기하게도 우리가 알고 있는 원주율 π 값인 3.14와 대체로 비슷한 값이 얻어진다는 것을 확인할 수 있습니다. 호기심이 생긴 독자라면 total 값을 바꿔서 실험해 보아도 좋습니다.

어떤가요? 꽤 어려웠나요? 이번 시간에 만든 파이썬 프로그램은 대체로 간단했지만, 여러분이 알고 있는 수학 지식을 프로그램으로 바꿔서 표현하는 과정이 그렇게 간단하지만은 않았을 겁니다.

Unit 20에서는 방정식을 풀어 보고 직접 그래프도 그려 보려고 합니다. 복잡하게 느껴질 수도 있지만 이번 시간에 배운 내용보다 좀 더 나아간 예제를 만난다고 생각하면 됩니다.

UNIT 20 파이썬으로 수학 문제 풀기 2

PYTHON & ALGORITHMS FOR EVERYONE

지난 시간에 이어 파이썬으로 수학 문제를 풀어 보려고 하는데, 이차방정식과 함수의 그래프를 이용하는 프로그램을 만들 것입니다. 프로그램을 만들어 이차방정식의 답을 구하거나 원하는 함수의 그래프를 그려 보면 컴퓨터 프로그래밍이 어려운 수학 문제나 과학 문제를 푸는 데 어떻게 도움이 되는지 어렴풋이 짐작할 수 있을 것입니다.

1 이차방정식

이차방정식에서 근의 공식은 다음과 같습니다.

$$ax^2 + bx + c = 0 \, (a \neq 0)$$

판별식 : $D = b^2 - 4ac$

- **D ⟩ 0 : 근이 두 개일 때**

$$x = \frac{-b \pm \sqrt{b^2 - 4ac}}{2a}$$

- **D = 0 : 근이 한 개일 때**

$$x = -\frac{b}{2a}$$

- **D ⟨ 0 : 근이 없을 때**

근의 공식을 파이썬 프로그램으로 옮기면 어떻게 되는지 지금부터 살펴봅시다.

● **예제 소스** 20A-quad.py

```python
import math
import sys

print("ax2 + bx + c = 0")

# 계수 a, b, c를 입력받고, 입력받은 문자열을 소수로 바꿉니다.
a = float(input("a? "))
b = float(input("b? "))
c = float(input("c? "))

if a == 0:
    print("a = 0 :이차방정식이 아닙니다.")
    sys.exit()              # 이차방정식이 아니면 프로그램 실행을 멈춥니다.

D = b*b-4*a*c              # 판별식

if D > 0:
    x1 = (-b+math.sqrt(D))/(2*a)
    x2 = (-b-math.sqrt(D))/(2*a)
    print("2개의 해 :", x1, x2)
if D == 0:
    x = -b/(2*a)
    print("1개의 해 :", x)
if D < 0:
    print("해가 없습니다.")
```

계수란 단항식이나 다항식에서 변수 이외의 부분을 의미합니다.

ax2 + bx + c = 0

a? 1

b? −3

c? 2

2개의 해 : 2.0 1.0

>>>

---

ax2 + bx + c = 0

a? 1

b? −2

c? 1

1개의 해 : 1.0

>>>

---

ax2 + bx + c = 0

a? 1

b? 1

c? 1

해가 없습니다.

>>>

앞에서 입력한 세 가지 실행 결과를 우리가 배운 수학식으로 표현하면 다음과 같습니다.

$$x^2 - 3x + 2 = 0 : x = 2\ or\ 1$$

$$x^2 - 2x + 1 = 0 : x = 1$$

$$x^2 + x + 1 = 0 : 근\ 없음$$

이 프로그램은 이차방정식의 각 계수에 해당하는 값 a, b, c를 키보드로 입력받아 소수(float)로 바꾸고, 판별식 D를 계산하여 그 결과를 if 명령으로 판단하여 방정식의 답을 표시하는 프로그램입니다.

잠깐만요

파이썬의 math 모듈

math 모듈은 이름에서 알 수 있듯이 수학 계산에 필요한 여러 가지 함수를 제공하는 모듈입니다. 앞에서 살펴본 이차방정식을 푸는 프로그램은 import math로 math 모듈을 사용합니다. 근의 공식을 풀려면 제곱근($\sqrt{x}$)을 구하는 함수인 math.sqrt(x)가 필요하기 때문입니다.

math 모듈에는 원주율을 의미하는 math.pi(=3.1415926⋯)와 같은 숫자값도 정의되어 있습니다. 뿐만 아니라 sin(x), cos(x), tan(x)와 같은 삼각함수, UNIT 12에서 만든 factorial(x) 함수 등 수학 계산에 필요한 여러 가지 기능이 있습니다.

수학 문제에 관심이 많은 사람은 math 모듈의 내용을 한 번 찾아보는 것도 재미있을 것입니다.

· 참고 사이트 : https://docs.python.org/3/library/math.html

2 함수의 그래프

거북이 그래픽을 이용하면 원하는 함수의 그래프를 그리는 프로그램을 만들 수 있습니다. 다음 예제를 우선 입력하고 실행해 봅시다.

함수의 그래프를 그리는 프로그램

무작정 따라하기 20-2

● **예제 소스** 20B-graph.py

```python
import turtle as t

# 그래프를 그릴 x 좌표 범위
x_min = -5
x_max = +5

# 그래프를 그릴 y 좌표 범위
y_min = -5
y_max = +5

# 그래프를 그릴 간격
space = 0.1

# 그릴 함수의 리스트
func_list = ["y = x*x", "y = abs(x)", "y = 0.5*x + 1"]

# 좌표 설정, 거북이 속도, 선 굵기
t.setworldcoordinates(x_min, y_min, x_max, y_max)
t.speed(0)
t.pensize(2)
```

```python
# x 축 그리기
t.up()
t.goto(x_min, 0)
t.down()
t.goto(x_max, 0)

# y 축 그리기
t.up()
t.goto(0, y_min)
t.down()
t.goto(0, y_max)

# 그래프 그리기
t.color("green")
for func in func_list:          # func_list에 있는 함수를 하나씩 그립니다.
    x = x_min                   # x_min부터 계산을 시작합니다.
    exec(func)                  # 수식을 계산합니다.
    t.up()
    t.goto(x, y)                # 계산된 좌표로 이동합니다.
    t.down()
    while x <= x_max:           # x_max까지 그래프를 그립니다.
        x = x + space           # space만큼 x를 증가시킨 후
        exec(func)              # 수식을 계산합니다.
        t.goto(x, y)            # 계산된 좌표로 이동합니다.
```

실행
결과

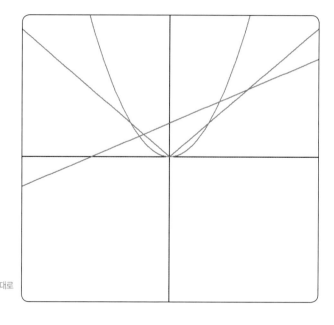

그림 20-1

세 가지 함수가 차례대로
그려집니다.

알아
보기

이 프로그램은 func_list라는 리스트에 저장된 파이썬 연산 수식을 exec 함수를 실행해서 계산한 후, 거북이를 움직여 그래프를 그리는 프로그램입니다. exec 함수는 인자로 주어진 문자열을 파이썬에게 실행하라고 알려주는 기능을 합니다.

프로그램 앞부분에 정의된 x_min, x_max, y_min, y_max는 전체 그래프에서 어디까지 화면에 그릴지 범위를 결정하는 값입니다. 이 프로그램에서는 각각 -5, 5, -5, 5로 지정하였으므로 화면에는 x, y 값 모두 -5에서 5까지 그려집니다.

그래프를 그릴 함수는 다음과 같이 func_list에 넣어 둡니다.

```
func_list = ["y = x*x", "y = abs(x)", "y = 0.5*x + 1"]
```

그럼 이 세 가지 함수를 우리가 알고 있는 수학식으로 표현하면 어떻게 될까요?

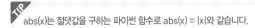

$$y = x^2$$

$$y = |x|$$

$$y = \frac{x}{2} + 1$$

TIP

abs(x)는 절댓값을 구하는 파이썬 함수로 abs(x) = |x|와 같습니다.

응용하기

프로그램의 func_list에 그리고 싶은 함수를 추가해 보세요. 아니면 x_min, x_max, y_min, y_max 값을 고쳐서 그래프의 다른 부분을 화면에 그려 볼 수도 있습니다.

이때 그래프를 그리는 속도가 너무 느리면 0.1로 지정된 space 값을 키워 보세요. 이 프로그램은 x 값을 x_min부터 x_max까지 space 간격으로 증가시키면서 함수의 그래프를 그리는 프로그램이란 점을 명심하세요.

마무리

컴퓨터 프로그램으로 수학 문제를 직접 풀어본 소감이 어떤가요? 너무 어렵고 복잡했나요? 아니면 흥미로웠나요? 쉽지 않은 주제지만, 흥미를 느낀 사람이 많았기를 기대합니다.

컴퓨터로 수학 문제를 푸는 데 좀 더 관심이 있는 사람이라면 울프럼 알파(WolframAlpha)라는 계산 전문 검색 엔진을 사용해 보세요. 영어로 된 사이트라 조금 불편할 수 있지만, 여러분이 알고 싶은 웬만한 수학 질문은 입력하자마자 바로 계산 결과를 볼 수 있습니다.

- 울프럼 알파 사이트 : http://www.wolframalpha.com/

검색 창에 '12 소인수분해'를 입력하면 '한글로 된 소인수분해라는 단어를 이해하지 못하겠다'라고 경고 메시지가 뜨지만, 친절하게 소인수분해한 결과를 보여줍니다.

그림 20-2
울프럼 알파의 검색 창에
'12 소인수분해'를 입력
해 보세요.

마찬가지로 'y = |x|'를 입력하면 함수의 그래프는 물론이고 다른 수식, 정의역, 치역, 심지어 미분값까지 알려줍니다.

그림 20-3
'y = |x|'를
검색해 보세요.

마치는 글

어느새 준비한 내용을 모두 마쳤습니다. 우리는 파이썬을 설치하는 것부터 시작하여 수식 계산, 변수 사용, 반복해서 일을 처리하는 for와 while명령어, if 명령어를 이용한 참과 거짓 판단, 함수를 만들어서 사용하는 방법까지 배웠습니다. 게다가 거북이 그래픽을 사용해서 다양한 예제와 간단한 게임 프로젝트도 실행해 보았습니다.

모든 프로그램을 성공적으로 실행하고 프로그램이 어떻게 동작하는지 이해했다면 굉장히 기쁘고 보람찰 것입니다. 혹시 에러 때문에 프로그램 몇 개를 실행하지 못했거나 프로그램의 동작 원리를 전부 이해하지 못했더라도 걱정하지 마세요. 컴퓨터 프로그래밍은 책 한 권에 수록된 간단한 예제 프로그램만으로 다 이해하기에는 꽤 어렵고 깊은 내용이기 때문입니다.

대신 시간을 내서 이 책에서 살펴본 예제 프로그램을 한 번 더 입력해 보길 권합니다. 책을 처음 읽었을 때보다 훨씬 더 많은 것이 보일 것입니다. 예제 프로그램을 재미있게 수정할 아이디어가 떠오르거나 새 프로그램을 만들고 싶은 마음이 들 수도 있습니다. 우리가 만든 예제 프로그램이나 인터넷에서 검색하면 찾을 수 있는 파이썬 예제 프로그램을 수정해 보는 것만으로도 새롭고 재미있는 프로그램을 정말 많이 만들어 볼 수 있습니다.

컴퓨터 프로그래밍은 여러분의 번뜩이는 아이디어를 직접 실현할 수 있는 가장 손쉬운 방법이라는 것을 잊지 마세요.

마지막으로 거북이 그래픽을 사용해서 예쁜 그림을 그려 보겠습니다. 복잡한 수학 공식과 math 모듈 함수를 많이 사용하지만, 너무 신경 쓰지 말고 프로그램을 따라 입력하고 실행해 보세요.

● **예제 소스** 21A-redshape.py

```python
import turtle as t
import math as m

t.color("red")              # 펜 색을 빨간색으로 설정합니다.
t.begin_fill()              # 내부를 칠하도록 명령합니다.
for x in range(100):        # 100개의 점으로 나누어 그립니다.
    h = m.pi*x/50
    x = 160*m.sin(h)**3
    y = 130*m.cos(h) - 50*m.cos(2*h) - 20*m.cos(3*h) - 10*m.cos(4*h)
    t.goto(x, y)            # 계산된 (x, y) 위치로 거북이가 이동합니다.
t.end_fill()
```

**실행
결과**

빨간 하트가
그려집니다!.

하트를 그리는 방정식은 여러 가지가 있지만, 여기서는 삼각함수(sin, cos)를 사용했습니다. 삼각함수와 원주율(PI)을 이용하기 위해 파이썬에서 기본으로 제공하는 수학 모듈인 math 모듈을 사용했습니다. 하트 방정식이나 math 모듈의 삼각함수에 관한 자세한 설명은 이 책의 범위를 넘어서는 내용이므로 생략합니다. 거북이 그래픽으로 하트를 그리는 것이 이 프로그램의 목표니까요.

에러 해결 모음

에러는 흔적을 남긴다

에러는 복잡하든 간단하든 컴퓨터 프로그래밍 초보자에게 당황스러운 존재입니다. 생소한 프로그램을 따라 입력하는 것만으로도 힘든데, 예상치 않은 예외 상황이 발생하면 프로그래밍 공부를 포기하고 싶어질 수 있습니다.

하지만 다행인 것은 대부분의 에러는 흔적을 남긴다는 점입니다. 이 책에 나오는 프로그램은 대체로 짧기 때문에 파이썬이 제공하는 흔적이나 힌트만으로도 충분히 문제를 해결할 수 있습니다.

다음 에러 메시지를 보면서 흔적과 힌트를 찾아보겠습니다.

```
Traceback (most recent call last):
  File "C:\Users\Work\09C-calc.py", line 11, in <module>   —①
    if a+b == d:                                            —②
NameError: name 'd' is not defined
>>>
```

이 에러는 예제 프로그램 09C-calc.py(93쪽)의 판단문에서 변수 c를 일부러 d로 바꿔서 만든 에러입니다.

①을 보면 09C-calc.py 파일의 열한 번째 줄에서 에러가 났다고 알려줍니다. ②에서는 에러가 난 곳이 if a+b == d: 부분이라고 알려줍니다. 여기에 그치지 않고 마지막 줄에서는 NameError:라고 에러의 종류까지 알려줍니다. 이 정도면 '친절한 파이썬씨'라 불릴 만하지 않나요?

내가 뭔가 크게 잘못한 게 아닌가 싶을 정도로 많은 빨간색 영어 메시지가 우르르 쏟아져 나와도 당황하거나 기죽지 말고 차근차근 살펴보세요. 에러를 해결하도록 도와줄 힌트가 하나둘씩 눈에 띌 것입니다. 복잡한 영어 메시지를 모두 다 이해하려고 노력할 필요도 없습니다. 그저 '힌트'만 얻어내면 충분합니다.

2 참고할 에러 목록

이 책에서 다루는 예제 프로그램을 실행하면 만날 수 있는 에러를 종류, 메시지, 발생 이유, 해결 방법 순으로 구분하여 정리하였습니다.

먼저 프로그램을 제대로 입력했는지 확인한 다음 예제 프로그램 뒤에 나오는 '에러 해결하기'를 참고하면 대부분 어렵지 않게 해결할 수 있을 것입니다.

그래도 해결되지 않는 부분이 있다면 다음 목록에 해당하는 에러가 있는지 찾아보세요.

에러 종류	이름 에러 : NameError: name '…' is not defined
에러 메시지	Traceback (most recent call last): 　File "\<pyshell#7\>", line 1, in \<module\> 　　PRINT("Hello?") NameError: name 'PRINT' is not defined
발생 이유	명령어 철자가 틀렸을 때 발생합니다. 파이썬은 알파벳 대소문자를 구분하므로 주의해야 합니다. 파이썬의 명령어와 함수는 보통 소문자로 되어 있습니다.
해결 방법	빨간색 에러 메시지에서 프로그램의 몇 번째 줄(line 1)의 어느 단어("PRINT") 때문에 에러가 발생했는지 찾을 수 있습니다. 그 부분을 찾아 철자와 대소문자를 올바르게 수정합니다.

에러 종류	구문 에러 : SyntaxError: EOL while scanning string literal
에러 메시지	SyntaxError: EOL while scanning string literal
발생 이유	프로그램 구문이 잘못 쓰였을 때 발생합니다. 위의 구문 에러는 따옴표를 제대로 여닫지 않았을 때 발생합니다. 구문 에러가 발생하면 철자를 확인하고, 따옴표나 괄호 여닫기를 제대로 했는지 확인합니다.
해결 방법	문자열을 표현하는 따옴표를 제대로 여닫았는지 확인합니다. 빠진 따옴표가 있다면 입력하고, 필요 없는 따옴표가 있으면 지웁니다.

에러 종류	임포트 에러 : ImportError: No module named …

에러 메시지	```
	Traceback (most recent call last):
	  File "<pyshell#10>", line 1, in <module>
	    import turtl as t
	ImportError: No module named 'turtl'
	``

발생 이유	import 명령으로 외부 모듈을 가져올 때 모듈의 이름이 잘못된 경우 발생합니다.
해결 방법	에러 메시지에서 에러가 난 프로그램의 행 번호와 모듈 이름을 참고하여 잘못된 철자나 대소문자를 올바르게 고칩니다.

에러 종류	거북이 모양 에러 : TurtleGraphicError: There is no shape named …

에러 메시지	```
	Traceback (most recent call last):
	  File "<pyshell#12>", line 1, in <module>
	    t.shape("turtl")
	  File "<string>", line 1, in shape
	  File "turtle.py", line 2776, in shape
	    raise TurtleGraphicsError("There is no shape named %s" % name)
	turtle.TurtleGraphicsError: There is no shape named turtle
	``

발생 이유	t.shape("turtle") 명령의 "turtle"이나 다른 거북이 모양 이름이 잘못됐을 때 발생합니다.
해결 방법	t.shape("turtle")에서 turtle 철자를 올바르게 수정합니다.

에러 종류	속성 에러 : AttributeError: 'module' object has no attribute …

에러 메시지	```
	Traceback (most recent call last):
	  File "<pyshell#18>", line 1, in <module>
	    t.foward(50)
	AttributeError: 'module' object has no attribute 'foward'
	``

발생 이유	모듈의 함수나 변수를 잘못 입력했을 때 발생합니다.
해결 방법	함수나 변수의 철자와 대소문자가 올바른지 확인한 후 수정합니다.

에러 종류	속성 에러 : AttributeError: module 'turtle' has no attribute …

에러 메시지	```
	Traceback (most recent call last):
	  File ".../turtle.py", line 1, in <module>
	    import turtle as t
	  File ".../turtle.py", line 3, in <module>
	    t.forward(100)
	AttributeError: module 'turtle' has no attribute ...
	``

발생 이유	입력한 파일을 turtle.py라는 이름으로 저장했을 때 발생합니다.
해결 방법	파일명 turtle.py는 거북이 모듈과 이름이 같아 충돌이 발생하기 때문에 turtle.py가 아닌 다른 이름으로 다시 저장하고, 이미 저장된 turtle.py를 삭제해야 합니다.

에러 종류	구문 에러 : SyntaxError: unexpected EOF while parsing
에러 메시지	SyntaxError: unexpected EOF while parsing
발생 이유	프로그램 구문이 잘못됐을 때 발생합니다. 위의 구문 에러는 특히 따옴표를 제대로 여닫지 않았을 때 발생합니다. 구문 에러가 발생하면 철자, 따옴표 여닫기, 괄호 여닫기가 제대로 되었는지 확인합니다.
해결 방법	괄호 짝이 맞는지, 닫는 괄호를 빠트리지 않았는지 확인합니다.

에러 종류	구문 에러 : SyntaxError: invalid syntax
에러 메시지	SyntaxError: invalid syntax
발생 이유	프로그램 구문이 잘못 쓰였을 때 발생합니다. 철자가 정확하지 않거나 따옴표와 괄호 여닫기를 제대로 하지 않았거나, 콜론(:) 등을 빠트렸을 때 발생합니다.
해결 방법	철자가 올바른지, 괄호나 따옴표의 짝이 맞는지, 마침표(.)나 콜론(:) 등의 특수 기호를 빠트리지 않았는지 확인합니다.

에러 종류	거북이 색 에러 : TurtleGraphicError: bad color string: …
에러 메시지	Traceback (most recent call last): 　File "", line 23, in <module> 　　t.color("…") File "turtle.py", line 1158, in _colorstr 　　raise TurtleGraphicsError("bad color string: %s" % str(color)) turtle.TurtleGraphicsError: bad color string: …
발생 이유	t.color 함수에서 괄호 안의 색 이름을 잘못 지정했을 때 발생합니다.
해결 방법	t.color 함수의 괄호 안에 입력한 색 이름의 철자가 틀리지 않았는지 확인합니다.

에러 종류	타입 에러 : TypeError: … missing … required positional argument: …
에러 메시지	TypeError: … missing … required positional argument: …
발생 이유	함수에 전달할 인자가 빠졌을 때 발생합니다. 함수 이름 뒤에 붙는 괄호 안에 필요한 값을 빠트렸거나 부족할 때 발생합니다.
해결 방법	괄호 안에 필요한 값을 빠트리지 않았는지 확인하고 수정합니다.

에러 종류	구문 에러 : SyntaxError: expected an indented block
에러 메시지	SyntaxError: expected an indented block
발생 이유	반복 블록의 들여쓰기(띄어쓰기 네 칸)가 올바르지 않을 때 발생합니다. 콜론(:)으로 블록을 시작하면 다음 줄은 네 칸 띄어쓰기를 해야 합니다.
해결 방법	들여쓰기를 바르게 했는지 확인하고 수정합니다.

에러 종류	구문 에러 : SyntaxError: unindent does not match any outer indentation level
에러 메시지	SyntaxError: unindent does not match any outer indentation level
발생 이유	반복 블록에 들여쓰기가 일정하지 않거나 중첩 블록에서 들여쓰기가 올바르지 않을 때 발생합니다.
해결 방법	블록의 시작과 끝을 확인하고, 띄어쓰기 칸 수가 올바른지 확인한 후 수정합니다.

에러 종류	구문 에러 : SyntaxError: unexpected indent
에러 메시지	SyntaxError: unexpected indent
발생 이유	들여쓰기를 하지 말아야 하는 곳을 들여 썼을 때 발생합니다.
해결 방법	불필요한 곳을 띄어 쓰지 않았는지 확인하고 수정합니다.

에러 종류	값 에러 : ValueError: invalid literal for …()
에러 메시지	ValueError: invalid literal for …():
발생 이유	정수, 소수, 문자열 등 다른 자료형 사이에서 값을 변환할 때 변환이 불가능하면 발생하는 에러입니다. 예를 들어 a = int("abc")와 같은 문장은 문자열 abc를 정수로 바꿀 방법이 없으므로 에러가 발생합니다.
해결 방법	값을 다른 자료형으로 변환할 때는 서로 변환이 가능한 값을 넣어야 합니다.

에러 종류	이벤트 타입/키 이름 에러 : _tkinter.TclError: bad event type or keysym …

에러 메시지	Traceback (most recent call last):
	  File "", line 28, in <module>
	    t.onkeypress(turn_down, "down")
	  File "<string>", line 8, in onkeypress
	    … 〈중간 생략〉 …
	    self.tk.call(what + (sequence, cmd))
	_tkinter.TclError: bad event type or keysym "키 이름"

발생 이유	t.onkeypress 함수에서 키 이름을 틀리게 입력했을 때 발생합니다. 함수의 두 번째 인자로 전달한 "키 이름"의 대소문자와 철자가 올바른지 확인합니다.
해결 방법	t.onkeypress 함수에서 두 번째 인자의 키 이름을 확인하고 수정합니다.

파이썬 표준 라이브러리 함수

PYTHON & ALGORITHMS FOR EVERYONE

부록 B에서는 이 책의 예제 프로그램에서 사용했거나 사용하지 않았더라도 프로그램을 작성할 때 참고하면 좋을 만한 파이썬 표준 라이브러리 함수를 정리했습니다.

표 B-1
turtle 모듈
(import turtle as t)

함수	설명	사용 예
forward(거리)/ fd(거리)	거북이가 앞으로 이동합니다.	t.forward(100) # 거북이가 100만큼 앞으로 이동합니다.
backward(거리) / back(거리)	거북이가 뒤로 이동합니다.	t.back(50) # 거북이가 50만큼 뒤로 이동합니다.
left(각도) / lt(각도)	거북이가 왼쪽으로 회전합니다.	t.left(45) # 거북이가 45도 왼쪽으로 회전합니다.
right(각도) / rt(각도)	거북이가 오른쪽으로 회전합니다.	t.right(45) # 거북이가 45도 오른쪽으로 회전합니다.
circle(반지름)	현재 위치에서 원을 그립니다.	t.circle(50) # 반지름이 50인 원을 그립니다.
down( ) / pendown( )	펜(잉크 묻힌 꼬리)을 내립니다.	t.down( ) # 이제 움직이면 그림이 그려집니다.
up( ) / penup( )	펜(잉크 묻힌 꼬리)을 올립니다.	t.up( ) # 거북이가 움직여도 선이 그려지지 않습니다.
shape("모양")	거북이 모양을 바꿉니다.	t.shape("turtle") # 진짜 거북이 모양으로 지정합니다. t.shape("arrow") # 화살표 모양의 거북이로 지정합니다. ※ 거북이 모양으로 "circle", "square", "triangle"도 사용할 수 있습니다.
speed(속도)	거북이 속도를 바꿉니다.	t.speed(1) # 가장 느린 속도 t.speed(10) # 빠른 속도 t.speed(0) # 최고 속도
pensize(굵기) / width	펜 굵기를 바꿉니다.	t.pensize(3) # 굵은 선으로 선을 그립니다.
color("색 이름")	펜 색을 바꿉니다.	t.color("red") # 빨간색으로 선을 그립니다.
bgcolor("색 이름")	화면의 배경색을 바꿉니다.	t.bgcolor("black") # 배경색을 흰색에서 검은색으로 바꿉니다.
fillcolor("색 이름")	도형 내부를 칠하는 색을 바꿉니다.	t.fillcolor("green") # 녹색으로 도형 내부를 칠합니다. ※ 색상을 따로 지정하지 않으면 현재 색으로 칠합니다.

begin_fill( )	도형 내부를 색칠할 준비를 합니다.	t.begin_fill( ) # 거북이 움직임을 색칠할 준비를 합니다.
end_fill( )	도형 내부를 색칠합니다.	t.end_fill( ) # begin_fill( ) 이후부터 지금까지 그려진 그림에 맞춰 내부를 색칠합니다.
showturtle( ) / st( )	거북이를 화면에 표시합니다.	t.st( ) # 거북이를 화면에 표시합니다(원래 상태).
hideturtle( ) / ht( )	거북이를 화면에서 가립니다.	t.ht( ) # 거북이를 숨깁니다.
clear( )	거북이를 그대로 둔 채 화면을 지웁니다.	t.clear( )
reset( )	화면을 지우고 거북이도 원래 자리와 상태로 되돌립니다.	t.reset( )
pos( ) / position( )	거북이의 현재 위치(좌표)를 구합니다(x, y 둘 다).	t.pos( )
xcor( ), ycor( )	거북이의 x 좌표나 y 좌표를 구합니다(x, y 중 하나만).	a = t.ycor( ) # 거북이의 y 좌표를 구해 a에 저장합니다.
goto(x, y), setpos(x, y)	거북이를 특정 위치(좌표)로 보냅니다(x, y 둘 다).	t.goto(100,50)
setx(x), sety(y)	거북이의 x 좌표나 y 좌표를 지정한 위치로 이동합니다(x, y 중 하나만).	t.sety(50) # 거북이의 y 좌표를 50만큼 이동합니다. x 좌표는 그대로 둡니다.
distance(x, y)	현재 거북이가 있는 위치에서 특정 위치까지 거리를 구합니다.	d = t.distance(100,100) # 현재 위치에서 (100, 100)까지의 거리를 구해서 d에 저장합니다.
heading( )	거북이가 현재 바라보는 각도를 구합니다.	ang = t.heading( )
towards(x, y)	현재 거북이가 있는 위치에서 특정 위치까지 바라보는 각도를 구합니다.	ang = t.towards(10,10) # 현재 위치에서 (10, 10)까지 가는 데 필요한 각도를 구해 ang에 저장합니다.
setheading(각도) / seth(각도)	거북이가 바라보는 방향을 바꿉니다.	t.setheading(90) # 거북이가 화면 위쪽을 바라봅니다. ※ 거북이가 오른쪽을 바라볼 때의 각도가 0°이며, 시계 반대 방향으로 돌면서 각도가 커집니다.
home( )	거북이의 위치와 방향을 처음 상태로 돌립니다.	t.home( ) # 거북이가 화면 가운데인 (0, 0)에서 오른쪽(0도)을 바라봅니다.
onkeypress(함수, "키 이름")	키보드를 눌렀을 때 실행할 함수를 정합니다.	def f(): t.forward(10) t.onkeypress(f,"Up") # 위쪽 방향키 ↑ 를 누르면 f 함수를 호출합니다(f 함수는 거북이를 10만큼 앞으로 이동시킵니다).

onscreenclick(함수)	마우스 버튼을 눌렀을 때 실행할 함수를 정합니다.	t.onscreenclick(t.goto) # 마우스 버튼을 누르면 앞에서 정의한 goto 함수를 호출합니다(goto 함수는 거북이를 마우스 버튼을 누른 위치로 이동시킵니다).
ontimer(함수, 시간)	일정한 시간이 지난 뒤 실행할 함수를 정합니다.	def f(): t.forward(10) t.ontimer(f, 1000) # 1000밀리초(1초) 후에 f 함수를 호출합니다(f 함수는 거북이를 10만큼 앞으로 이동시킵니다.)
listen( )	사용자 입력이 잘 처리되도록 거북이 그래픽 창에 포커스를 줍니다.	t.listen()
title("창 이름")	거북이 그래픽 창의 이름을 지정합니다.	t.title("welcome") # 거북이 그래픽 창의 이름이 Untitle에서 welcome으로 바뀝니다.

write("문자열")	현재 거북이 위치에 문자를 출력합니다.	t.write("Hello")
		# 현재 거북이 위치에 Hello를 출력합니다.
		t.write("Hello", False, "center", ("", 20))
		# 현재 거북이 위치에 가운데 정렬로 크기가 20인 Hello를 출력합니다.

표 B-2
random 모듈(import random)

함수	설명	사용 예
random( )	0.0 이상 1.0 미만의 소수 한 개를 임의로 뽑아 줍니다.	>>> random.random( ) 0.9013164080966248
randint(a, b)	a 이상 b 이하의 정수 한 개를 임의로 뽑아 줍니다.	>>> random.randint(1, 10) 2 # 1과 10을 모두 포함하여 선택합니다.

choice(seq)	주어진 seq 안에서 한 개의 값을 임의로 뽑습니다.	>>> a = [1, 2, 3, 4, 5]
		>>> random.choice(a)
		3

randrange(n) / randrange(a, b)	0부터 n-1까지 중 한 개 / a부터 b-1까지 중 한 개의 정수를 임의로 뽑습니다. range( ) 함수와 선택 범위가 같습니다.	>>> random.randrange(10) 6 # 0, 1, 2, …, 9 중 하나를 뽑습니다.

표 B-3

time 모듈(import time)

함수	설명	사용 예
time( )	1970년 1월 1일 자정 12시부터 현재 시각까지 몇 초 지났는지 알려줍니다.	`>>> time.time( )` 1442101084.201666 # 1970년 1월 1일 자정부터 현재 시각까지 약 14억 4천만초 지났습니다. ※ 이 자체로는 큰 의미가 없는 숫자지만, 두 시각의 time.time( ) 값을 구해서 빼면 두 시각의 차이를 구할 수 있습니다.

sleep(secs)	주어진 시간(초)만큼 프로그램의 실행을 멈춥니다.	`>>> time.sleep(5)`
		`>>>`
		# 5초 동안 멈춘 다음 >>>이 다시 표시됩니다.

localtime( )	time.time( )을 사용해서 구한 값(초 단위)을 연월일/시분초로 표시합니다.	`>>> time.localtime(time.time())`
		`time.struct_time(tm_year = 2015, tm_mon = 9,`
		`tm_mday = 13, tm_hour = 8, tm_min = 42,`
		`tm_sec = 28, tm_wday = 6, tm_yday = 256,`
		`tm_isdst = 0)`
		# 1970년부터 약 14억 4천만 초가 흐른 지금은 '2015년 9월 13일 오전 8시 42분 28초'입니다.

표 B-4

calendar 모듈(import calendar)

함수	설명	사용 예

prmonth(y, m)	지정한 연과 월에 해당하는 달력을 출력합니다.	`>>> calendar.prmonth(2015, 9)`
		`    September 2015`
		`Mo Tu We Th Fr Sa Su`
		`    1  2  3  4  5  6`
		`7  8  9 10 11 12 13`
		`14 15 16 17 18 19 20`
		`21 22 23 24 25 26 27`
		`28 29 30`

prcal(y)	지정한 해의 전체 달력을 출력합니다.	`>>> calendar.prcal(2015)` # 2015년 달력을 출력합니다.

모두의 파이′썬 × 알고리즘

A

VOL 02 알고리즘

들어가는 글

본격적인 알고리즘 공부에 앞서 알고리즘과 알고리즘 분석이 무엇인지 알아보고, 알고리즘을 학습하는 데 필요한 파이썬 프로그래밍 언어를 준비해 봅니다.

1 알고리즘

알고리즘이란 간단히 말해 '어떤 문제를 풀기 위한 절차나 방법'입니다. 좀 더 구체적으로 얘기하면 어떤 문제가 있을 때 주어진 '입력' 정보를 원하는 '출력(답)' 정보로 만드는 일련의 과정을 구체적이고 명료하게 적은 것입니다.

- 알고리즘은 어떤 문제를 풀기 위한 절차나 방법입니다.
- 알고리즘은 주어진 '입력'을 '출력'으로 만드는 과정입니다.
- 알고리즘의 각 단계는 구체적이고 명료해야 합니다.

그림 0-1
알고리즘

중학교 때 배우는 '절댓값 구하기'를 예로 들어 알고리즘을 설명해 보겠습니다.

- 문제: 어떤 숫자의 절댓값 구하기
- 입력: 절댓값을 구할 실수 a
- 출력: a의 절댓값

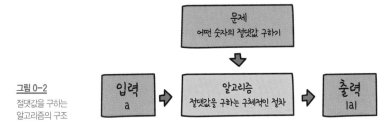

그림 0-2
절댓값을 구하는
알고리즘의 구조

절댓값이란 0부터 그 수까지의 거리에 해당하는 값입니다. |a|와 같이 절댓값을 나타내는 기호인 세로 선(|)으로 수를 둘러싸서 표현합니다. 주어진 실수 a가 양수 혹은 0이면 a 값이 그대로 절댓값이 됩니다. a가 음수이면 a에 마이너스(−)를 붙이면 절댓값이 됩니다.

a의 절댓값을 구하는 과정을 좀 더 명료하게 적어 보겠습니다.

1 │ a가 0보다 크거나 같은지 확인합니다. 만약 그렇다면 a를 결과로 돌려줍니다.
2 │ **1**의 경우가 아니라면(a가 0보다 작으면) −a를 결과로 돌려줍니다.

$$|\,a\,| = \begin{cases} a, & a \geqq 0 \\ -a, & a < 0 \end{cases}$$

위 두 문장이 바로 '실수의 절댓값을 구하는 알고리즘'입니다. 각 단계가 매우 명료하고 정확하게 적혀 있는 것을 알 수 있습니다.

a에 5와 −3을 각각 대입해서 위의 알고리즘을 수행해 봅시다. 먼저 a = 5일 때는 a가 0보다 크거나 같으므로(a >= 0) 위 알고리즘의 **1**에 해당합니다. 즉, a 값인 5가 결과입니다. a = −3일 때는 a가 0보다 작으므로(a < 0) 위 알고리즘의 **2**에 해당합니다. 즉, −a 값인 −(−3) = 3이므로 3이 결과입니다.

이처럼 컴퓨터 프로그램을 만들기 위한 알고리즘은 계산 과정을 최대한 구체적이고 명료하게 적어야 합니다. 사람은 어떤 문제에 관해 설명을 듣고 그것을 이해하고 나면 비슷한 문제를 만나도 융통성을 발휘해 쉽게 풀 수 있습니다. 하지만 컴퓨터는 주어진 명령에 따라 계산을 수행하는 기계이므로 알고리즘이 구체적이지 않으면 올바르게 계산할 수 없습니다.

잠깐만요

알고리즘의 어원

발음하기도 어렵고 철자도 복잡한 알고리즘(algorithm)이란 단어는 어떻게 생겨났을까요? 알고리즘은 중세시대에 페르시아에서 살았던 알-콰리즈미(al-Khwarizmi, 780~850년경)라는 수학자의 이름에서 나온 말입니다. 알-콰리즈미는 이차방정식의 풀잇법과 인수분해를 개발한 사람으로도 유명합니다. 알-콰리즈미의 학문적 발견은 이후 수학에 막대한 영향을 끼쳤고, 알-콰리즈미라는 이름은 계산 방법을 뜻하는 알고리즘이라는 단어로 쓰이고 있습니다.

2 알고리즘 분석

알고리즘이란 '문제를 푸는 방법이나 절차'라고 배웠습니다. 그런데 어떤 문제를 푸는 방법이 꼭 한 가지만 있는 것은 아닙니다. 우리는 앞에서 절댓값을 구할 때 0보다 큰지 작은지를 비교해 부호를 확인하는 방법으로 문제를 풀었습니다. 하지만 또 다른 방법이 있습니다.

$$|a| = \sqrt{a^2}$$

위 방법을 이용해 주어진 a를 제곱한 다음 그 값의 제곱근을 취하는 방법으로도 절댓값을 구할 수 있습니다.

한 가지 문제를 푸는 여러 가지 방법, 즉 여러 가지 알고리즘 중에 상황에 맞는 적당한 알고리즘을 골라 쓰려면 어떤 알고리즘이 어떤 특징을 지니고 있으며 얼마나 계산이 빠르고 편한지 등을 알아야 합니다.

이처럼 알고리즘의 성능이나 특징을 분석하는 것을 '알고리즘 분석'이라고 합니다. 알고리즘 분석을 본격적으로 공부하려면 어려운 수학 지식이 필요합니다. 하지만 이 책은 알고리즘 전공 서적이 아니므로 각 문제에 대한 알고리즘 분석을 복잡한 수학적 증명 없이 간략히 설명합니다.

직접 문제를 다루어 보면 알고리즘을 분석하는 감을 익힐 수 있을 것입니다.

3 파이썬 예제 프로그램

파이썬 프로그래밍을 할 준비가 되었으므로 예로 살펴본 절댓값 구하기 알고리즘을 각각 abs_sign(a)와 abs_square(a)라는 파이썬 함수로 만들어 보겠습니다. 프로그램을 작성하기 전에 알고리즘을 '사람의 언어'로 최대한 자세히 적어 두면, 알고리즘을 프로그램으로 옮기는 과정이 더 쉬워집니다.

알고리즘과 실제로 만들어진 프로그램을 비교해 보면서 '사람의 언어'로 적은 알고리즘이 '컴퓨터의 언어'인 파이썬으로 어떻게 바뀌는지 살펴봅시다.

1 | a의 절댓값 구하기 알고리즘 ①: 부호 판단

- a가 0보다 크거나 같은지 확인합니다. 만약 그렇다면 a를 결과로 돌려줍니다.
- 위의 경우가 아니라면(a가 0보다 작다면) −a를 결과로 돌려줍니다.

$$|a| = \begin{cases} a, & a \geqq 0 \\ -a, & a < 0 \end{cases}$$

2 | a의 절댓값 구하기 알고리즘 ②: 제곱 후 제곱근

- a를 제곱하여 변수 b에 저장합니다.
- b의 제곱근을 구해 결과로 돌려줍니다.

$$b = a^2$$
$$|a| = \sqrt{b}$$

절댓값 구하기 알고리즘

프로그램 0-1

⊙ **예제 소스** p00-1-abs.py

```
import math            # 수학 모듈 사용


# 절댓값 알고리즘 1(부호 판단)
```

```
# 입력: 실수 a
# 출력: a의 절댓값

def abs_sign(a):
    if a >= 0:
        return a
    else:
        return -a

# 절댓값 알고리즘 2(제곱-제곱근)
# 입력: 실수 a
# 출력: a의 절댓값

def abs_square(a):
    b = a * a
    return math.sqrt(b)    # 수학 모듈의 제곱근 함수

print(abs_sign(5))
print(abs_sign(-3))
print()
print(abs_square(5))
print(abs_square(-3))
```

실행
결과

```
5
3

5.0
3.0
```

알아
보기

실행 결과가 제대로 나왔나요? 혹시 에러를 만났다면 에러 메시지를 읽고 프로
그램을 천천히 다시 확인하면서 버그를 찾아보세요.

참고로 두 번째 결괏값이 5와 3이 아니라 5.0과 3.0으로 출력된 이유는 파이썬의
제곱근 함수인 math.sqrt(b)가 소수점이 붙은 값을 돌려주기 때문입니다. 물론
5는 5.0과 같고 3은 3.0과 같은 결과라고 보면 됩니다.

자, 이제 그럼 본격적으로 알고리즘을 공부해 보겠습니다!

1부터 n까지의 합 구하기

PYTHON & ALGORITHMS FOR EVERYONE

1부터 n까지 연속한 정수의 합을 구하는 알고리즘을 만들어 보세요.

1부터 10까지의 수를 모두 더하면? 55
1부터 100까지의 수를 모두 더하면? 5050

초등학교 시절에 한 번쯤 풀어 봤을 법한 쉬운 문제를 첫 번째 문제로 골랐습니다. 간단한 문제지만, 이 문제로 알고리즘과 알고리즘 분석의 중요한 개념을 설명해 보겠습니다.

알고리즘의 중요 포인트

알고리즘은 어떤 문제를 풀기 위한 절차나 방법입니다. 주어진 입력을 출력으로 만드는 과정을 구체적이고 명료하게 표현한 것이라고 앞에서 배웠습니다. 알고리즘의 정의를 이 문제에 적용하면서 알고리즘의 중요 포인트를 짚어 보겠습니다.

■ 문제

알고리즘은 주어진 문제를 풀기 위한 절차나 방법이므로, 알고리즘이 있으려면 반드시 문제가 필요합니다. 여기서는 '1부터 n까지 연속한 숫자의 합 구하기'가 바로 문제입니다.

■ 입력

알고리즘은 주어진 '입력'을 '출력'으로 만드는 과정이라고 했습니다. 이 문제에서 입력은 'n까지'에 해당하는 n입니다. 만약 문제를 '1부터 100까지의 합을 구하시

오'라고 적었다면 입력 n이 따로 없어도 5050이라는 결과(출력)를 얻을 수 있습니다. 하지만 이렇게 입력 값을 한정할 경우 10까지 합이나 1000까지 합을 구하려면 따로 문제를 정의하고 알고리즘을 새로 만들어야 하므로 응용하기 어렵습니다. 반면에 n을 입력으로 하는 문제를 만들면 만들어진 알고리즘으로 다양한 입력에 대한 결과를 얻을 수 있습니다.

■ 출력

n = 10이면 1부터 10까지의 합은 55, n = 100이면 1부터 100까지의 합은 5050입니다. 55와 5050이 각각의 입력에 대한 출력입니다.

2 구체적이고 명료한 계산 과정

앞의 문제를 보면서 무의식적으로 덧셈을 시작한 사람이 많을 것입니다. 평소 우리가 생각하는 방식을 곰곰이 따져 보면 다음과 같은 방식으로 1부터 10까지의 합을 구하고 있다는 것을 알 수 있습니다.

1 │ 1 더하기 2를 계산한 결과인 3을 머릿속에 기억합니다.

2 │ 기억해 둔 3에 다음 숫자 3을 더해 6을 기억합니다.

3 │ 기억해 둔 6에 다음 숫자 4를 더해 10을 기억합니다.

4 │ 기억해 둔 10에 다음 숫자 5를 더해 15를 기억합니다.

5~8 │ 같은 과정 반복

9 │ 기억해 둔 45에 다음 숫자인 10을 더해 55를 기억합니다.

10 │ 10까지 다 더했으므로 마지막에 기억된 55를 답으로 제시합니다.

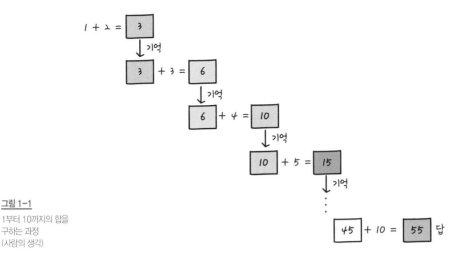

$1 + 2 = 3$

기억

$3 + 3 = 6$

기억

$6 + 4 = 10$

기억

$10 + 5 = 15$

기억

⋮

$45 + 10 = 55$ 답

그림 1-1
1부터 10까지의 합을
구하는 과정
(사람의 생각)

잘 생각해 보면 우리도 어떤 문제를 본 순간 무의식적으로 알고리즘을 만들고, 그 만들어진 알고리즘을 수행하는 컴퓨터와 같은 일을 하고 있습니다. 다만 사람은 지능과 융통성을 발휘해 굉장히 구체적인 알고리즘을 종이에 적지 않고도 머릿속으로 적당히 계산법을 찾아내 문제를 풀 수 있습니다. 사람과 달리 컴퓨터는 주어진 명령을 기계적으로 수행하는 장치이므로 기계가 알아들을 수 있는 명료하고 구체적인 알고리즘이 있어야만 문제를 풀 수 있습니다.

3 1부터 n까지의 합을 구하는 알고리즘

이제 1부터 n까지의 합을 구하는 문제를 푸는 알고리즘을 적어 보고, 이 알고리즘을 다듬어 파이썬 프로그램으로 만들어 봅시다.

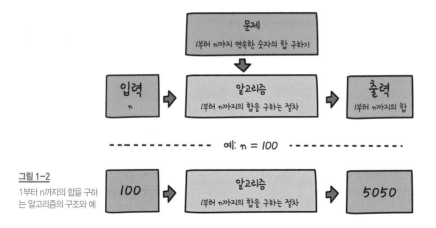

그림 1-2
1부터 n까지의 합을 구하는 알고리즘의 구조와 예

1부터 n까지 연속한 숫자의 합을 구하는 문제를 풀기 위한 알고리즘을 최대한 구체적으로 적으면 다음과 같습니다.

1 │ 합을 기록할 변수 s를 만들고 0을 저장합니다.

2 │ 변수 i를 만들어 1부터 n까지의 숫자를 1씩 증가시키며 반복합니다.

3 │ [반복 블록] 기존의 s에 i를 더하여 얻은 값을 다시 s에 저장합니다.

4 │ 반복이 끝났을 때 s에 저장된 값이 결괏값입니다.

이제 이 알고리즘을 파이썬 프로그램으로 바꿔 볼 차례입니다. 알고리즘을 하나의 함수로 만들어 입력은 인자로 전달하고, 출력은 함수의 결괏값(return 값)으로 만들면, 알고리즘이 '입력 → 알고리즘 → 출력'을 수행하는 과정이라는 것을 더 직관적으로 이해할 수 있을 것입니다.

프로그램 1-1

◉ **예제 소스** p01-1-sum.py

```
# 1부터 n까지 연속한 숫자의 합을 구하는 알고리즘 1
# 입력: n
# 출력: 1부터 n까지의 숫자를 더한 값


def sum_n(n):
    s = 0                              # 합을 계산할 변수
    for i in range(1, n + 1):          # 1부터 n까지 반복(n + 1은 제외)
        s = s + i
    return s


print(sum_n(10))                       # 1부터 10까지의 합(입력: 10, 출력: 55)
print(sum_n(100))                      # 1부터 100까지의 합(입력: 100, 출력: 5050)
```

실행
결과

```
55
5050
```

어땠나요? 어렵지 않게 프로그램을 이해하고 입력해서 실행해 볼 수 있었을 것입니다.

TIP
프로그램 1-1의 알고리즘은 합을 계산할 변수 s에 0을 넣고 첫 번째 수인 1을 더하는 것으로 계산을 시작하였습니다.
즉, 1 + 2 = 3이 아니라 0 + 1 = 1이 첫 덧셈입니다.

4 알고리즘 분석

알고리즘은 문제를 푸는 절차나 방법입니다. 그런데 어떤 문제를 푸는 방법이 한 가지만 있을까요? 보통은 그렇지 않습니다. 1부터 100까지의 합을 구하는 문제 만 해도 최소 두 가지 방법이 있습니다.

하나는 앞에서 만든 프로그램처럼 1부터 100까지의 숫자를 차례로 더하는 방법 이고, 다른 하나는 수학 천재 가우스가 어렸을 적 주변을 놀라게 했다는 방법입 니다(가우스보다 훨씬 더 오래 전인 피타고라스 시절부터 알려진 방법이라는 설 도 있습니다).

다른 친구들이 숫자를 하나씩 더하느라 고생할 때 가우스는 그림 1-3과 같은 원 리를 이용해 순식간에 답을 구했다고 합니다.

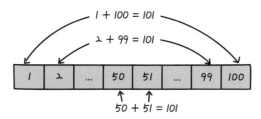

그림 1-3
가우스의 방법

이러한 발견을 일반화해서 만든 1부터 n까지의 합 공식은 다음과 같습니다.

$$\frac{n(n+1)}{2}$$

이 공식을 이용해 '1부터 n까지 연속한 숫자의 합 구하기' 문제를 푸는 파이썬 프 로그램을 만들면 다음과 같습니다.

● **예제 소스** p01-2-sum.py

```python
# 1부터 n까지 연속한 숫자의 합을 구하는 알고리즘 2
# 입력: n
# 출력: 1부터 n까지의 숫자를 더한 값


def sum_n(n):
    return n * (n + 1) // 2      # 슬래시 두 개(//)는 정수 나눗셈을 의미


print(sum_n(10))     # 1부터 10까지의 합(입력: 10, 출력: 55)
print(sum_n(100))    # 1부터 100까지의 합(입력: 100, 출력: 5050)
```

실행 결과

```
55
5050
```

알아 보기

자, 우리는 이렇게 1부터 n까지의 합을 구하는 알고리즘을 두 개 만들어 보았습니다. 여러분은 앞에서 살펴본 두 알고리즘 중 어떤 알고리즘을 사용하고 싶나요? 당연히 두 번째 방법이 더 좋은 방법이라 여길 것입니다. 왜냐하면 첫 번째 방법은 입력 값 n이 커질수록 덧셈을 훨씬 더 많이 반복해야 하지만, 두 번째 방법은 n 값의 크기와 관계없이 덧셈, 곱셈, 나눗셈을 각각 한 번씩만 하면 답을 얻을 수 있기 때문입니다.

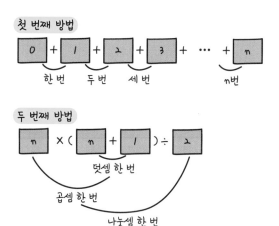

첫 번째 방법

$$0 + 1 + 2 + 3 + \cdots + n$$

한 번 두 번 세 번 n 번

두 번째 방법

$$n \times (n + 1) \div 2$$

덧셈 한 번

곱셈 한 번

나눗셈 한 번

그림 1-4
1부터 n까지
연속한 숫자의 합을
구하는 두 가지 방법

이렇게 주어진 문제를 푸는 여러 가지 방법 중 어떤 방법이 더 좋은 것인지 판단할 때 필요한 것이 '알고리즘 분석'입니다.

알고리즘 분석은 알고리즘 작성 못지않게 중요하지만, 안타깝게도 복잡한 수학 이론이 필요한 경우가 많습니다. 하지만 이 책에서는 되도록 수학 이론이나 증명을 생략하고 개념만 설명하려고 합니다.

5 입력 크기와 계산 횟수

알고리즘에는 입력이 필요한데 입력 크기가 알고리즘의 수행 성능에 영향을 미칠 때가 많습니다. 입력 크기가 커지면 당연히 알고리즘의 계산도 복잡해지겠죠? 1부터 n까지의 합을 구하는 문제를 통해서 입력 크기와 계산 횟수의 관계를 생각해 봅시다.

1부터 n까지의 합을 구하는 문제에서는 n의 크기가 바로 입력 크기입니다. 첫 번째 알고리즘, 즉 s에 0을 넣고 차례로 1, 2, 3 …을 더해서 합계를 구하는 프로그램의 경우 10까지의 합을 구하려면 덧셈을 열 번, 100까지의 합을 구하려면 덧셈을 백 번 해야 합니다. 하지만 두 번째 알고리즘은 어떤가요? 입력 크기 n이 아무리 큰 수라도 덧셈을 한 번, 곱셈을 한 번, 나눗셈을 한 번 하면 결과를 얻을 수 있습니다.

계산하는 데 필요한 사칙연산의 횟수는 다음과 같습니다.

- 첫 번째 알고리즘(프로그램 1-1): 덧셈 n번
- 두 번째 알고리즘(프로그램 1-2): 덧셈, 곱셈, 나눗셈 각 한 번(총 세 번)

입력 크기 n이 작을 때는 두 가지 방법이 큰 차이가 나지 않습니다. 하지만 n이 커지면 커질수록 엄청난 차이가 납니다. n = 1000이 되면 첫 번째 알고리즘은 덧셈을 천 번 해야 하므로 세 번만 계산해도 되는 두 번째 알고리즘과 엄청나게 차이가 납니다.

보통 컴퓨터를 이용해서 계산할 때는 입력 크기 n이 매우 큰 경우가 많습니다. 알고리즘 분석에서는 입력 크기가 매우 큰 n에 대해서 따져 보는 것이 중요합니다. 예를 들어 우리나라 전 국민의 평균 나이를 계산하는 문제라고 하면 입력 크기 n은 우리나라 전 국민에 해당하는 50,000,000이 넘는 수입니다.

6 대문자 O 표기법: 계산 복잡도 표현

어떤 알고리즘이 문제를 풀기 위해 해야 하는 계산이 얼마나 복잡한지 나타낸 정도를 '계산 복잡도(complexity)'라고 합니다. 계산 복잡도를 표현하는 방법에는 여러 가지가 있는데, 그 중 대문자 O 표기법을 가장 많이 사용합니다(대문자 O 표기법은 '빅 오' 표기법이라고도 부릅니다).

대문자 O 표기법의 정확한 정의와 설명은 일단 생략하고, 앞에서 살펴본 예제 프로그램의 계산 복잡도를 대문자 O로 표기하는 방법부터 설명하겠습니다.

첫 번째 알고리즘은 입력 크기 n에 대해 사칙 연산(덧셈)을 n번 해야 합니다. 이때 이 알고리즘의 계산 복잡도를 O(n)이라고 표현합니다. 필요한 계산 횟수가 입력 크기에 '정비례'할 때는 O(n)이라고 표현합니다.

입력 크기 n에 따라 덧셈을 두 번씩 하는 알고리즘이 있다면 어떨까요? 얼핏 생각하면 O(2n)으로 표현할 것 같지만, 그렇지 않습니다. 이때도 마찬가지로 그냥 O(n)으로 표현합니다. 대문자 O 표기법은 알고리즘에서 필요한 계산 횟수를 정확한 숫자로 표현하는 것이 아니라 입력 크기와의 관계로 표현하기 때문입니다.

예를 들어 n이 10에서 20으로 '2배'가 될 때 2n 역시 20에서 40으로 '2배'가 됩니다. 이처럼 필요한 계산 횟수가 입력 크기 n과 '정비례'하면 모두 O(n)으로 표기합니다.

두 번째 알고리즘은 입력 크기 n과 무관하게 사칙연산을 세 번해야 합니다. 이때 알고리즘의 계산 복잡도는 O(1)로 표현합니다. 왜 O(3)이 아니냐고요? 앞에서 O(2n)을 O(n)으로 표현하는 것과 같은 원리입니다. 입력 크기 n과 필요한 계산의 횟수가 무관하다면, 즉 입력 크기가 커져도 계산 시간이 더 늘어나지 않는다면 모두 O(1)로 표기합니다.

대문자 O 표기법은 알고리즘의 대략적인 성능을 표시하는 방법입니다. 따라서 굉장히 세밀한 계산 횟수나 소요 시간을 표현한다기보다 입력 크기 n과 필요한 계산 횟수와의 '관계'에 더 주목하는 표현이라고 기억해 두기 바랍니다.

- O(n): 필요한 계산 횟수가 입력 크기 n과 비례할 때
- O(1): 필요한 계산 횟수가 입력 크기 n과 무관할 때

어떤 문제를 푸는 알고리즘이 두 개 있는데 하나는 O(n)이고 다른 하나는 O(1)이라면 어떤 것을 골라야 할까요? 문제에 주어지는 평균 입력 크기나 각 알고리즘의 실제 계산 방식 등에 따라 차이는 있지만, 입력 크기가 큰 문제를 풀 때는 보통 O(1)인 알고리즘이 훨씬 더 빠릅니다.

잠깐만요

계산 복잡도: 시간 복잡도와 공간 복잡도 ①

알고리즘의 계산 복잡도는 시간 복잡도(time complexity)와 공간 복잡도(space complexity)로 나눌 수 있습니다.

이름에서 알 수 있듯이 시간 복잡도는 어떤 알고리즘을 수행하는 데 얼마나 오랜 시간이 걸리는지 분석한 것입니다. 마찬가지로 공간 복잡도는 어떤 알고리즘을 수행하는 데 얼마나 많은 공간(메모리/기억 장소)이 필요한지 분석한 것입니다.

앞에서 우리는 사칙연산 횟수로 계산 복잡도를 생각해 보았는데 이것은 시간 복잡도에 해당합니다. 어떤 알고리즘을 수행하는 데 필요한 사칙연산의 횟수가 많아지면 결국 알고리즘 전체를 수행하는 시간이 늘어나기 때문입니다.

이 책에서 나오는 '계산 복잡도'는 특별한 말이 없는 한 '시간 복잡도'를 의미합니다.

1-1 1부터 n까지 연속한 숫자의 제곱의 합을 구하는 프로그램을 for 반복문으로 만들어 보세요(예를 들어 n = 10이라면 $1^2 + 2^2 + 3^2 + \cdots + 10^2 = 385$를 계산하는 프로그램입니다).

1-2 연습 문제 1-1 프로그램의 계산 복잡도는 O(1)과 O(n) 중 무엇일까요?

1-3 1부터 n까지 연속한 숫자의 제곱의 합을 구하는 공식은 $\dfrac{n(n+1)(2n+1)}{6}$ 로 알려져 있습니다. for 반복문 대신 이 공식을 이용하면 알고리즘의 계산 복잡도는 O(1)과 O(n) 중 무엇이 될까요?

최댓값 찾기

PYTHON & ALGORITHMS FOR EVERYONE

주어진 숫자 n개 중 가장 큰 숫자를 찾는 알고리즘을 만들어 보세요.

이번 문제는 주어진 숫자 n개 중에서 가장 큰 숫자(최댓값)를 찾는 문제입니다. 예를 들어 17, 92, 18, 33, 58, 7, 33, 42와 같이 숫자가 여덟 개가 있을 때 최댓값은 92입니다.

최댓값 찾기 알고리즘을 살펴보기 전에 여러 숫자를 효율적으로 다루는 데 꼭 필요한 파이썬의 리스트 기능을 정리해 보겠습니다.

 리스트

17, 92, 18, 33, 58, 7, 33, 42와 같은 숫자 여러 개는 파이썬의 리스트 기능을 이용하면 쉽게 관리할 수 있습니다.

리스트(list)는 정보 여러 개를 하나로 묶어 저장하고 관리할 수 있는 기능입니다. 리스트를 만들려면 대괄호([ ]) 안에 정보 여러 개를 쉼표(,)로 구분하여 적어 주면 됩니다.

예제를 보면서 리스트의 사용법을 알아보겠습니다.

```
>>> a = [5, 7, 9]
>>> a
[5, 7, 9]
>>> a[0]
5
>>> a[2]
```

```
9
>>> a[-1]
9
>>> len(a)
3
```

첫 번째 문장의 a = [5, 7, 9]는 5, 7, 9라는 정수 세 개를 묶은 리스트를 만들어 a에 저장합니다. 두 번째 문장에서 a를 입력하면 [5, 7, 9]가 표시되면서 a가 5, 7, 9라는 정보 세 개를 묶어 놓은 리스트라고 알려 줍니다.

파이썬 리스트에서 가장 주의할 점은 자료 위치를 1이 아닌 0부터 센다는 점입니다. 예를 들어 a[0]은 리스트 a의 0번 위치 값을 의미하므로 5, 7, 9 중 맨 앞에 있는 값인 5가 표시됩니다. 따라서 이 리스트의 마지막 값인 9를 얻으려면 a[3]이 아닌 a[2]를 사용해야 합니다.

그렇다면 a[-1]은 무엇일까요? 파이썬 리스트에서 위치 번호 -1은 리스트의 끝에서 첫 번째 값, 즉 마지막 값을 의미합니다. 따라서 a[-1] = 9라는 결과를 얻을 수 있습니다. 예를 들어 자료가 n개 들어 있는 리스트 b가 있다면 첫 번째 값은 b[0], 마지막 값은 b[n-1] 또는 b[-1]로 표현할 수 있습니다.

> **TIP**
> 리스트에서 자료 값의 위치 번호는 1이 아닌 0부터 시작하므로 자료가 n개일 때 마지막 값의 위치 번호는 n이 아니라 n-1이 됩니다.

한편, len() 함수를 사용하면 어떤 리스트 안에 들어 있는 자료 개수를 알 수 있습니다. 리스트 a에는 세 개의 값인 [5, 7, 9]가 들어 있으므로 len(a)의 결과는 3입니다.

그림 2-1
리스트의 자료 값과
위치 번호

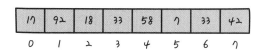

표 2-1
자주 쓰는 리스트 기능

함수	설명	사용 예
len(a)	리스트 길이(자료 개수)를 구합니다.	a = [] len(a)　　　　　# 빈 리스트이므로 0 len([1, 2, 3]) # 자료 개수가 세 개이므로 3
append(x)	자료 x를 리스트의 맨 뒤에 추가합니다.	a = [1, 2, 3] a.append(4)　　　# a는 [1, 2, 3, 4]가 됩니다.
insert(i, x)	리스트의 i번 위치에 x를 추가합니다.	a = [1, 2, 3] a.insert(0, 5)　　# 0번 위치(맨 앞)에 5를 추가합니다. 　　　　　　　　　# a = [5, 1, 2, 3]이 됩니다.
pop(i)	i번 위치에 있는 자료를 리스트에서 빼내면서 그 값을 함수의 결괏값으로 돌려줍니다. i를 지정하지 않으면 맨 마지막 값을 빼내서 돌려줍니다.	a = [1, 2, 3] print(a.pop()) # 3이 출력되고 a = [1, 2]가 됩니다.
clear()	리스트의 모든 자료를 지웁니다.	a = [1, 2, 3] a.clear()　　　　# a = [], 즉 빈 리스트가 됩니다.
x in a	어떤 자료 x가 리스트 a 안에 있는지 확인합니다(x not in a는 반대 결과).	a = [1, 2, 3] 2 in a　　　　　# 2가 리스트 a 안에 있으므로 True 5 in a　　　　　# 5가 리스트 a 안에 없으므로 False 5 not in a　　　# 5가 리스트 a 안에 없으므로 True

2 최댓값을 찾는 알고리즘

리스트에 대해 배웠으므로 다시 최댓값 찾기 문제로 돌아와 92라는 답을 얻기 위해 어떤 알고리즘을 사용했는지 살펴봅시다. 아마 의식하지 못했더라도 다음과 같은 방법으로 최댓값을 구했을 것입니다. 다음은 17, 92, 18, 33, 58, 7, 33, 42 중에서 최댓값을 찾는 알고리즘을 사람의 생각으로 정리한 것입니다.

1 | 첫 번째 숫자 17을 최댓값으로 기억합니다(최댓값: 17).

2 | 두 번째 숫자 92를 현재 최댓값 17과 비교합니다. 92는 17보다 크므로 최댓값을 92로 바꿔 기억합니다(최댓값: 92).

3 │ 세 번째 숫자 18을 현재 최댓값 92와 비교합니다. 18은 92보다 작으므로 지나갑니다(최댓값: 92).

4~7 │ 네 번째 숫자부터 일곱 번째 숫자까지 같은 과정 반복

8 │ 마지막 숫자 42를 현재 최댓값 92와 비교합니다. 42는 92보다 작으므로 지나갑니다(최댓값: 92).

9 │ 마지막으로 기억된 92가 주어진 숫자 중 최댓값입니다.

이 알고리즘을 파이썬 프로그램으로 만들면 다음과 같습니다.

최댓값을 구하는 알고리즘

프로그램 2-1

● **예제 소스** p02-1-findmax.py

```
# 최댓값 구하기
# 입력: 숫자가 n개 들어 있는 리스트
# 출력: 숫자 n개 중 최댓값

def find_max(a):
    n = len(a)                # 입력 크기 n
    max_v = a[0]              # 리스트의 첫 번째 값을 최댓값으로 기억
    for i in range(1, n):    # 1부터 n-1까지 반복
        if a[i] > max_v:     # 이번 값이 현재까지 기억된 최댓값보다 크면
            max_v = a[i]     # 최댓값을 변경
    return max_v

v = [17, 92, 18, 33, 58, 7, 33, 42]
print(find_max(v))
```

92

3 알고리즘 분석

최댓값 구하기 프로그램의 계산 복잡도(시간 복잡도)를 생각해 봅시다. 입력 크기가 n일 때, 즉 숫자 n개 중에서 최댓값을 구할 경우 자료 개수 n은 리스트 a의 크기인 len(a)로 쉽게 구할 수 있습니다.

그렇다면 최댓값을 구하는 데 컴퓨터가 해야 하는 가장 중요한 계산은 무엇일까요? 두 값 중 어느 것이 더 큰지를 판단하는 '비교'입니다. 프로그램 2-1에서는 for i in range(1, n): 반복문 안에 크기를 비교하는 판단 구문(if a[i] > max_v:)이 있어 자료 n개 중에서 최댓값을 찾으려면 비교를 n-1번 해야 합니다. 이때 계산 복잡도는 O(n-1)일까요? 정답은 O(n)입니다. Unit 1에서 설명한 것처럼 n이 굉장히 커질 때는 n번과 n-1번의 차이가 무의미하므로 간단히 O(n)으로 표현합니다.

계산 복잡도 O(n)의 가장 중요한 특징은 입력 크기와 계산 시간이 대체로 비례한다는 것입니다. 바꿔 말하면 숫자 10,000개 중 최댓값을 찾는 데 걸리는 시간이 10초였다면 20,000개를 입력할 때는 대략 20초가 걸릴 것으로 예상할 수 있다는 말입니다.

4 응용하기

이번에는 문제를 살짝 바꿔 보겠습니다.

리스트에 숫자가 n개 있을 때 가장 큰 값이 있는 위치 번호를 돌려주는 알고리즘을 만들어 보세요.

원래는 입력 자료 중에 최댓값이 무엇인지 알아내는 문제였는데, 이번에는 최댓값이 리스트의 어느 위치에 있는지 묻는 문제로 바뀌었습니다.

리스트 [17, 92, 18, 33, 58, 7, 33, 42]에서는 두 번째 나오는 값인 92가 최댓값이므로 이 문제의 결괏값은 1입니다.

왜 2가 아니냐고요? 파이썬에서 리스트의 위치 번호는 0부터 시작한다는 점을 명심하세요. 0번 위치가 17, 1번 위치가 92이므로 이 문제의 답은 1입니다.

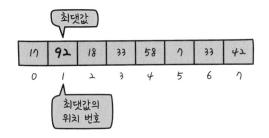

그림 2-2
최댓값과 최댓값의
위치 번호

최댓값의 위치를 구하는 알고리즘

프로그램 2-2

● **예제 소스** p02-2-findmaxidx.py

```python
# 최댓값의 위치 구하기
# 입력: 숫자가 n개 들어 있는 리스트
# 출력: 숫자 n개 중에서 최댓값이 있는 위치(0부터 n-1까지의 값)

def find_max_idx(a):
    n = len(a)                   # 입력 크기 n
    max_idx = 0                  # 리스트 중 0번 위치를 최댓값 위치로 기억
    for i in range(1, n):
        if a[i] > a[max_idx]:    # 이번 값이 현재까지 기억된 최댓값보다 크면
            max_idx = i          # 최댓값의 위치를 변경
    return max_idx
```

```
v = [17, 92, 18, 33, 58, 7, 33, 42]
print(find_max_idx(v))
```

```
1
```

앞으로 여러 가지 알고리즘을 접하다 보면 최댓값 또는 최솟값 자체를 구해야 할 때도 있지만, 최댓값 또는 최솟값의 위치 번호를 알아야 할 때도 많습니다. 물론 최댓값의 위치 번호를 알면 최댓값도 쉽게 구할 수 있습니다.

- a[최댓값의 위치 번호] = 최댓값
- 예시: a[1] = 92

2-1 숫자 n개를 리스트로 입력받아 최솟값을 구하는 프로그램을 만들어 보세요.

동명이인 찾기 ①

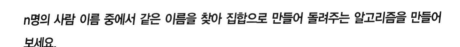

n명의 사람 이름 중에서 같은 이름을 찾아 집합으로 만들어 돌려주는 알고리즘을 만들어 보세요.

동명이인(同名異人)은 같은 이름을 가진 서로 다른 사람을 뜻합니다. 여러 사람의 이름 중에서 같은 이름이 있는지 확인하고, 있다면 같은 이름들을 새로 만든 결과 집합에 넣어 돌려주면 됩니다.

이 문제의 입력은 n명의 이름이 들어 있는 리스트이고, 결과는 같은 이름들이 들어 있는 집합(set)입니다. 예를 들어 사람 이름으로 구성된 리스트 ["Tom", "Jerry", "Mike", "Tom"]이 입력으로 주어졌다면 결과는 집합 {"Tom"}이 됩니다. 왜냐하면, Tom이란 이름이 두 번 나오기 때문입니다.

1 집합

이 문제의 출력은 같은 이름들이 들어 있는 '집합'입니다. 집합은 리스트와 같이 정보를 여러 개 넣어서 보관할 수 있는 파이썬의 기능입니다. 다만, 집합 하나에는 같은 자료가 중복되어 들어가지 않고, 자료의 순서도 의미가 없다는 점이 리스트와 다릅니다.

다음 예제를 통해 집합의 간단한 사용법을 살펴보겠습니다.

```
>>> s = set()
>>> s.add(1)
>>> s.add(2)
```

```
>>> s.add(2)          # 이미 2가 집합에 있으므로 중복해서 들어가지 않습니다.
>>> s
{1, 2}
>>> len(s)            # 집합 s에는 자료가 두 개 들어 있습니다.
2
>>> {1, 2} == {2, 1}  # 자료의 순서는 무관하므로 {1, 2}와 {2, 1}은 같은 집합입니다.
True
```

빈 집합을 만들려면 set( )를 이용하고, 집합에 자료를 추가하려면 add( ) 함수를 이용합니다. 또한, 집합 안에 자료가 몇 개 있는지 알려면 len( ) 함수를 이용합니다. 자주 쓰는 집합 기능은 표 3-1과 같습니다.

표 3-1
자주 쓰는 집합 기능

함수	설명	사용 예
len(s)	집합의 길이(자료 개수)를 구합니다.	s = set() len(s) # 빈 집합이므로 0 len({1, 2, 3}) # 자료 개수가 세 개이므로 3
add(x)	집합에 자료 x를 추가합니다.	s = {1, 2, 3} s.add(4) # s는 {1, 2, 3, 4}가 됩니다(순서는 다를 수 있음).
discard(x)	집합에 자료 x가 들어 있다면 삭제합니다(없으면 변화 없음).	s = {1, 2, 3} s.discard(2) # s는 {1, 3}이 됩니다.
clear()	집합의 모든 자료를 지웁니다.	s = {1, 2, 3} s.clear() # s = set(), 즉 빈 집합이 됩니다.
x in s	어떤 자료 x가 집합 s에 들어 있는지 확인합니다(x not in s는 반대 결과).	s = {1, 2, 3} 2 in s # 2가 집합 s 안에 있으므로 True 5 in s # 5가 집합 s 안에 없으므로 False 5 not in s # 5가 집합 s 안에 없으므로 True

2 동명이인을 찾는 알고리즘

결괏값을 저장할 집합을 알아보았으므로 지금부터는 문제를 실제로 풀어 보겠습니다.

앞의 예시처럼 단순히 이름이 네 개만 들어 있는 짧은 리스트라면 Tom이 두 번 나온다는 것을 바로 알 수 있습니다. 사람이 이 문제를 어떻게 풀지 생각해 보면 다음과 같을 것입니다.

1│ 첫 번째 Tom을 뒤에 있는 Jerry, Mike, Tom과 차례로 비교합니다.
2│ 첫 번째 Tom과 마지막 Tom이 같으므로 동명이인입니다(동명이인: Tom).
3│ 두 번째 Jerry를 뒤에 있는 Mike, Tom과 비교합니다(앞에 있는 Tom과는 이미 비교했음).
4│ 세 번째 Mike를 뒤에 있는 Tom과 비교합니다.
5│ 마지막 Tom은 비교하지 않아도 됩니다(이미 앞에서 비교했음).
6│ 같은 이름은 Tom 하나뿐입니다.

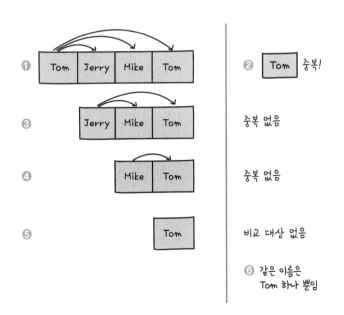

그림 3-1
동명이인을 찾는 과정

이 알고리즘에서 주의할 점은 다음과 같습니다.

첫째, 이번에 비교할 이름을 뽑은 다음에는 뽑은 이름보다 순서상 뒤에 있는 이름하고만 비교하면 됩니다. 자기 자신과 비교하는 것은 무의미하고 앞에 있는 이름과는 이미 비교가 끝났기 때문입니다.

둘째, 리스트의 마지막 이름을 기준으로는 비교하지 않아도 됩니다. 자신의 뒤에는 비교할 이름이 없고, 앞과는 이미 비교가 끝났기 때문입니다.

셋째, 같은 이름을 찾으면 결과 집합에 그 이름을 추가합니다.

주의사항을 명심하고 프로그램을 만들어 봅시다.

동명이인을 찾는 알고리즘

프로그램 3-1

● 예제 소스 p03-1-samename.py

```python
# 두 번 이상 나온 이름 찾기
# 입력: 이름이 n개 들어 있는 리스트
# 출력: 이름 n개 중 반복되는 이름의 집합

def find_same_name(a):
    n = len(a)                      # 리스트의 자료 개수를 n에 저장
    result = set()                  # 결과를 저장할 빈 집합
    for i in range(0, n - 1):       # 0부터 n-2까지 반복
        for j in range(i + 1, n):   # i+1부터 n-1까지 반복
            if a[i] == a[j]:        # 이름이 같으면
                result.add(a[i])    # 찾은 이름을 result에 추가
    return result

name = ["Tom", "Jerry", "Mike", "Tom"]  # 대소문자 유의! 파이썬은 대소문자를 구분함
print(find_same_name(name))
```

```
name2 = ["Tom", "Jerry", "Mike", "Tom", "Mike"]
print(find_same_name(name2))
```

{'Tom'}
{'Mike', 'Tom'}

집합에서는 어떤 자료가 집합에 들어 있는지가 중요할 뿐 그 자료들이 어떤 순서로 있는지는 중요하지 않습니다. 따라서 실행 결과의 두 번째 줄이 {'Tom', 'Mike'}로 출력되더라도 틀린 것이 아닙니다.

잠깐만요

예제 프로그램의 문자열이 영어인 이유

컴퓨터 시스템은 대부분 영어를 사용한다는 전제로 설계되었습니다. 컴퓨터가 전 세계로 보급되면서 한글을 사용할 때 생기는 문제가 많이 줄어들었지만, 여전히 특정 컴퓨터나 프로그램에서는 한글을 사용하는 데 어려움이 있습니다. 파이썬 역시 일부 컴퓨터 환경에서는 한글을 입출력할 때 문제가 생길 수 있어 책의 예제 프로그램에서는 주로 영어 문자열을 사용하였습니다.

프로그램 3-1에서 눈여겨볼 부분은 중첩된 반복문입니다. 리스트 안에 있는 자료를 서로 빠짐없이 비교하되 중복해서 비교하지 않도록 반복문을 두 개 겹쳐서 사용하였습니다.

첫 번째 반복문 for i in range(0, n - 1):은 i를 0부터 n-2까지 반복한다는 뜻입니다. 리스트의 마지막 값에 해당하는 a[n - 1]은 이미 앞에서 다른 자료와 한 번씩 다 비교했으므로 제외해도 됩니다(즉, 마지막 Tom을 기준으로는 비교하지 않아도 됩니다).

두 번째 반복문 for j in range(i + 1, n):은 비교 기준으로 정해진 i번째 위치에 1을 더한 위치의 값부터 끝까지 비교하는 것을 뜻합니다. 그림 3-2를 보면서 비교 과정을 머릿속으로 정리해 보면 이해하는 데 좀 더 도움이 될 것입니다.

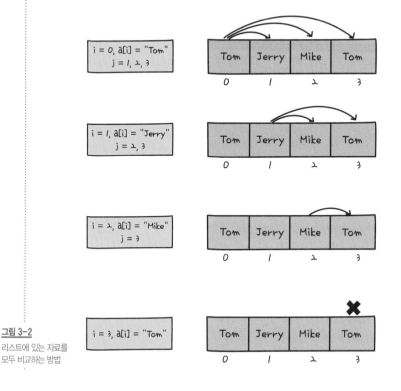

 3 알고리즘 분석

이 알고리즘의 계산 복잡도를 분석해 봅시다. 같은 이름을 찾는 알고리즘이므로 두 이름이 같은지 '비교'하는 횟수를 따져 보면 됩니다.
먼저 n = 4일 때 비교 횟수를 볼까요?

표 3-2

n = 4일 때 비교 횟수

위치	이름	비교 횟수	비교 대상
0	Tom	3	Jerry, Mike, Tom
1	Jerry	2	Mike, Tom
2	Mike	1	Tom
3	Tom	0	비교 안 함
전체 비교 횟수 = 3 + 2 + 1 + 0 = 6			

이제 일반적인 입력 크기인 n에 대해서 볼까요?

- 0번 위치 이름: n−1번 비교(자기를 제외한 모든 이름과 비교)
- 1번 위치 이름: n−2번 비교
- 2번 위치 이름: n−3번 비교
  …
- n−2번 위치 이름: 1번 비교
- n−1번 위치 이름: 0번 비교

결국, 전체 비교 횟수는 0 + 1 + 2 + 3 + 4 + ⋯ + (n−1)번, 즉 1부터 n−1까지의 합입니다.

Unit 1에서 배운 1부터 n까지의 합을 구하는 공식에 n 대신 n−1을 대입하면 다음과 같습니다.

$$1 + 2 + 3 + \cdots + (n-1) = \frac{(n-1)(n-1+1)}{2} = \frac{n(n-1)}{2} = \frac{1}{2}n^2 - \frac{1}{2}n$$

$\frac{1}{2}n^2 - \frac{1}{2}n$번 비교해야 한다는 것을 알 수 있습니다. 대문자 O 표기법으로는 $O(n^2)$이라고 표현합니다. n의 제곱에 비례해서 계산 시간이 변하는 것이 핵심이므로 n^2 앞의 계수 $\frac{1}{2}$이나 $-\frac{1}{2}n$은 무시하고 $O(n^2)$으로 표현한 것입니다.

계산 복잡도가 $O(n^2)$인 알고리즘은 입력 크기 n이 커지면 계산 시간은 그 제곱에 비례하므로 엄청난 차이로 증가합니다. 알고리즘 분석에 대문자 O 표기법이 중요한 이유는 이렇게 입력 크기가 커질 때 계산 시간이 얼마나 증가할지 가늠해 볼 수 있기 때문입니다.

3-1 n명 중 두 명을 뽑아 짝을 짓는다고 할 때 짝을 지을 수 있는 모든 조합을 출력하는 알고리즘을 만들어 보세요.

예를 들어 입력이 리스트 ["Tom", "Jerry", "Mike"]라면 다음과 같은 세 가지 경우를 출력합니다.

```
Tom — Jerry
Tom — Mike
Jerry — Mike
```

3-2 다음 식을 각각 대문자 O 표기법으로 표현해 보세요.

A 65536

B $n-1$

C $\dfrac{2n^2}{3} + 10000n$

D $3n^4 - 4n^3 + 5n^2 - 6n + 7$

UNIT 04

팩토리얼 구하기

PYTHON & ALGORITHMS FOR EVERYONE

재귀
호출

1부터 n까지 연속한 정수의 곱을 구하는 알고리즘을 만들어 보세요.

이번 문제는 1부터 n까지의 곱, 즉 팩토리얼(factorial)을 구하는 문제입니다.

1 팩토리얼

이미 알고 있는 사람도 있겠지만, 팩토리얼을 잠깐 정리하고 넘어가겠습니다. 팩토리얼은 숫자 뒤에 느낌표(!)를 붙여 표기하며 1부터 n까지 연속한 숫자를 차례로 곱한 값입니다. '계승'이라고도 합니다.

1! = 1
3! = 1 × 2 × 3 = 6
5! = 1 × 2 × 3 × 4 × 5 = 120
n! = 1 × 2 × 3 × ⋯ × (n−1) × n
단, 0!은 1이라고 약속합니다.

팩토리얼을 구하는 프로그램은 Unit 1에서 살펴본 1부터 n까지의 숫자 더하기를 조금 고치면 쉽게 만들 수 있습니다. 프로그램 1-1에서 덧셈 연산을 곱셈 연산으로 바꾸고, 계산의 초깃값을 0에서 1로만 고치면 팩토리얼 프로그램을 간단히 만들 수 있습니다.

◉ **예제 소스** p04-1-fact.py

```python
# 연속한 숫자의 곱을 구하는 알고리즘
# 입력: n
# 출력: 1부터 n까지 연속한 숫자를 곱한 값

def fact(n):
    f = 1                     # 곱을 계산할 변수, 초깃값은 1
    for i in range(1, n + 1): # 1부터 n까지 반복(n + 1은 제외)
        f = f * i             # 곱셈 연산으로 수정
    return f

print(fact(1))               # 1! = 1
print(fact(5))               # 5! = 120
print(fact(10))              # 10! = 3628800
```

```
1
120
3628800
```

특별히 설명할 내용이 없을 정도로 간단한 프로그램입니다. 다음으로 '재귀 호출' 방식으로 팩토리얼을 구하는 알고리즘을 만들어 보겠습니다.

2 러시아 인형

본격적으로 재귀 호출을 알아보기 전에 '마트료시카'라고 부르는 러시아 인형 얘기를 해 보겠습니다.

그림 4-1
러시아 인형

그림 4-1과 같은 러시아 인형을 본 적이 있나요? 큰 인형을 열면 그 안에 비슷하게 생긴 작은 인형이 있고, 또 그 안에 조금 더 작은 인형이 있고, 그 안에 조금 더 작은 인형이 들어 있습니다. 이처럼 인형이 계속 반복되어 나오다가 더 작게 만들기 힘들 정도로 작은 마지막 인형이 나오는데, 그 마지막 인형 안에는 작은 사탕이 들어 있기도 합니다.

다음은 러시아 인형의 특징입니다.

- 인형 안에는 자기 자신과 똑같이 생긴, 크기만 약간 작은 인형이 들어 있습니다.
- 인형 안에서 작은 인형이 반복되어 나오다가 인형을 더 작게 만들기 힘들어지면 마지막 인형이 나오면서 반복이 끝납니다.
- 마지막 인형 안에는 사탕이나 초콜릿 같은 작은 상품이 들어 있기도 합니다.

러시아 인형의 특징을 잘 기억하면서 재귀 호출이 무엇인지 공부해 봅시다.

3 재귀 호출: 다시 돌아가 부르기

재귀 호출(再歸呼出, recursion)은 어떤 함수 안에서 자기 자신을 부르는 것을 말합니다.

다음 프로그램을 한번 볼까요?

```
def hello():
    print("hello")
    hello()      # hello() 함수 안에서 다시 hello()를 호출


hello()          # hello() 함수를 호출
```

hello() 함수의 정의를 보면 "hello"라는 문장을 화면에 출력한 다음 자기 자신인 hello()를 다시 호출합니다. 이것이 바로 재귀 호출입니다.

"hello"를 출력한 후 다시 자기 자신을 호출하므로 또 다시 "hello"를 출력하고, 다시 자기 자신을 호출해서 "hello"를 출력하는 과정을 영원히 반복하는 것입니다.

```
hello
hello
hello
(…줄임…)
Traceback (most recent call last):
  File "〈pyshell#4〉", line 1, in 〈module〉
    hello()
  File "〈pyshell#3〉", line 3, in hello
    hello()
  File "〈pyshell#3〉", line 3, in hello
    hello()
  File "〈pyshell#3〉", line 3, in hello
    hello()
```

```
[Previous line repeated 974 more times]
File "〈pyshell#3〉", line 2, in hello
    print("hello")
RecursionError: maximum recursion depth exceeded while pickling an object
```

이 프로그램은 재귀 호출이 무엇인지 알려 주는 예제지만 올바른 재귀 호출 프로그램은 아닙니다. 영원히 hello() 함수를 반복해서 호출하므로 "hello"를 계속 출력하다가 함수 호출에 필요한 기억 장소를 다 써 버리고 나면 에러를 내고 정지해 버립니다(반복을 멈추려면 Ctrl + C 를 누릅니다).

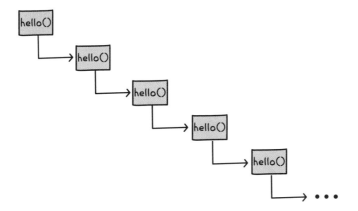

그림 4-2
hello() 함수의
재귀 호출 과정

재귀 호출 프로그램이 정상적으로 작동하려면 '종료 조건'이 필요합니다. 즉, 특정 조건이 되면 더는 자신을 호출하지 않고 멈추도록 설계되어야만 합니다. 그렇지 않으면 계속 반복하다가 재귀 에러가 나 버립니다(RecursionError가 발생합니다). 러시아 인형을 만들 때 더는 작은 인형을 만들 수 없을 만큼 작아졌는데도 계속 더 작게 만들려고 하다가는 눈과 손에 병이 날 수밖에 없는 것과 같습니다. 적당한 선에서 마지막 인형을 만들고 마무리를 지어야 합니다(기네스북에 따르면 러시아 인형 겹치기 세계 기록은 2003년에 세워진 51개라고 합니다).

재귀 호출 함수가 계산 결과를 돌려줄 때는 return 명령을 사용해서 종료 조건의 결괏값부터 돌려줍니다. 종료 조건의 결괏값은 곧 마지막으로 호출된 함수의 결괏값이므로 마지막 인형 안에 상품으로 들어 있는 사탕과 비슷한 개념입니다. 무슨 말인지 아직 감이 오지 않는다고요? 괜찮습니다. 재귀 호출은 한 번에 바로 이해하기에는 꽤 어려운 개념입니다. 팩토리얼 계산 알고리즘을 보면서 재귀 호출을 더 익혀 보겠습니다.

4 재귀 호출 알고리즘

팩토리얼은 1부터 n까지 연속한 숫자의 곱이라고 배웠습니다. 팩토리얼을 재귀 호출로 표현하면 다음과 같습니다.

> $1! = 1$
> $2! = 2 \times 1 = 2 \times 1!$
> $3! = 3 \times (2 \times 1) = 3 \times 2!$
> $4! = 4 \times (3 \times 2 \times 1) = 4 \times 3!$
> …
> $n! = n \times (n-1)!$ ← 팩토리얼을 구하려고 다시 팩토리얼을 구함(재귀적 정의)

여기서 $1! = 1$ 그리고 $n! = n \times (n-1)!$이라는 팩토리얼의 성질을 이용해서 팩토리얼을 구하는 프로그램을 만들어 보았습니다.

● **예제 소스** p04-2-fact.py

```python
# 연속한 숫자의 곱을 구하는 알고리즘
# 입력: n
# 출력: 1부터 n까지 연속한 숫자를 곱한 값


def fact(n):
    if n <= 1:
        return 1
    return n * fact(n - 1)


print(fact(1))    # 1! = 1
print(fact(5))    # 5! = 120
print(fact(10))   # 10! = 3628800
```

**실행
결과**

```
1
120
3628800
```

**알아
보기**

러시아 인형을 떠올리면서 프로그램 4-2를 해석해 볼까요?

우선 n이 1 이하인지 비교합니다. 1 이하(0 포함)는 아주 작아서 더는 계산하지
않아도 되는 '종료 조건'입니다(러시아 인형에서 가장 작은 마지막 인형에 해당합
니다). 이때 1을 결괏값으로 돌려줍니다(마지막 인형 안에 들어 있는 달콤한 사
탕에 해당합니다).

n이 1보다 크면 n! = n × (n-1)!이므로 n * fact(n-1)을 결괏값으로 돌려줍니다. 이 과정에서 n!을 구하기 위해서 약간 더 작은 값인 (n-1)!을 구하는 fact(n-1)이 재귀 호출됩니다(인형 안에 들어 있는 조금 더 작은 인형에 해당합니다).

여기서 궁금증이 하나 생깁니다. fact(n)을 풀기 위해서 fact(n-1)을 재귀 호출하였는데 호출된 fact(n-1)은 어떻게 실행될까요?

다시 종료 조건에 해당하는지 확인합니다. 종료 조건이 아니라면 이번에는 fact(n-2)를 호출합니다. 마찬가지로 fact(n-3), fact(n-4)… 이렇게 반복하다 보면 결국 fact(1)을 만나게 됩니다. 따라서 재귀 호출이 영원히 반복되지 않고 결국 답을 얻게 됩니다.

어떤가요? 조금 헷갈리지만 어떻게 계산되는지 알 것도 같습니다. 좀 더 확실히 이해하기 위해 fact(4)를 호출했을 때를 생각해 봅시다.

1│ fact(4)는 4 * fact(3)이므로 fact(3)을 호출하고
2│ fact(3)은 3 * fact(2)이므로 fact(2)를 호출하고
3│ fact(2)는 2 * fact(1)이므로 fact(1)을 호출합니다.
4│ fact(1)은 종료 조건이므로 fact() 함수를 더 이상 호출하지 않고 1을 돌려줍니다.
5│ fact(2)는 fact(1)에서 돌려받은 결괏값 1에 2를 곱해 2를 돌려주고
6│ fact(3)은 fact(2)에서 돌려받은 결괏값 2에 3을 곱해 6을 돌려주고
7│ fact(4)는 fact(3)에서 돌려받은 결괏값 6에 4를 곱해 24를 돌려줍니다(최종 결과).

종이와 연필을 꺼내 여러 번 호출되는 fact() 함수에 각각 어떤 값이 입력으로 들어가고 출력으로 반환되는지 직접 4!을 재귀 호출로 계산해 보세요.

```
fact(4)
  → 4 * fact(3)
        → 3 * fact(2)
```

$$\longrightarrow 2 * fact(1)$$
$$\longrightarrow 1 \, (n이 1이므로 종료 조건)$$
$$\longrightarrow 2 * 1$$
$$\longrightarrow 3 * 2 * 1$$
$$\longrightarrow 4 * 3 * 2 * 1 = 24 \, (최종 결과)$$

위 함수 호출을 4! 계산 수식으로 정리하면 다음과 같습니다.

```
4!
= 4×3!
= 4×3×2!
= 4×3×2×1!
= 4×3×2×1 (1은 종료 조건이므로 재귀 호출을 멈춤)
= 4×3×2
= 4×6
= 24
```

5 알고리즘 분석

팩토리얼은 연속한 수의 곱이므로 곱셈의 횟수를 기준으로 알고리즘 분석을 해 보겠습니다.

for 반복문을 이용한 프로그램 4-1의 경우 n!을 구하려면 곱셈이 n번 필요합니다. 그렇다면 재귀 호출 알고리즘으로 만들어진 프로그램 4-2는 어떨까요?

종이에 연필로 쓴 fact(4) 계산 과정을 보면 힌트가 보입니다. fact(4)를 구하려면 fact(1)의 종료 조건으로 돌려받은 1을 2와 곱하여 돌려줍니다. 그리고 그 값에 다시 3을 곱하여 돌려주고, 다시 그 값에 4를 곱하여 돌려주므로 곱셈이 모두 세 번 필요합니다. 마찬가지로 n!을 구하려면 곱셈이 모두 n-1번 필요하다는 것을 알 수 있습니다.

따라서 반복문을 이용한 알고리즘이나 재귀 호출을 이용한 알고리즘의 계산 복잡도는 모두 O(n)입니다.

재귀 호출의 일반적인 형태

재귀 호출을 이용해서 문제를 풀 때는 보통 다음과 같은 구조로 알고리즘을 만듭니다.

```
def func(입력 값):
    if 입력 값이 충분히 작으면:   # 종료 조건
        return 결괏값
    ...
    func(더 작은 입력 값)        # 더 작은 값으로 자기 자신을 호출
    ...
    return 결괏값
```

재귀 호출에는 종료 조건이 필요하다는 사실을 꼭 기억하세요. 종료 조건이 없으면 재귀 에러 (RecursionError)나 스택 오버플로(Stack Overflow) 등 프로그램 에러가 발생해 비정상적인 동작을 할 수도 있습니다.

연습
문제

4-1 Unit 1의 1부터 n까지의 합 구하기를 재귀 호출로 만들어 보세요.

4-2 Unit 2의 숫자 n개 중에서 최댓값 찾기를 재귀 호출로 만들어 보세요.

4-3 0과 1부터 시작해서 바로 앞의 두 수를 더한 값을 다음 값으로 추가하는 방식으로 만든 수열을 피보나치 수열이라고 합니다. 즉, 0+1=1, 1+1=2, 1+2=3이므로 피보나치 수열은 다음과 같습니다.

0, 1, 1, 2, 3, 5, 8, 13, 21, 34, 55 …

피보나치 수열이 파이썬의 리스트처럼 0번부터 시작한다고 가정할 때 n번째 피보나치 수를 구하는 알고리즘을 재귀 호출을 이용해서 구현해 보세요(힌트: 7번 값 = 5번 값 + 6번 값).

UNIT 05

재귀
호출

하노이의 탑 옮기기

PYTHON & ALGORITHMS FOR EVERYONE

원반이 n개인 하노이의 탑을 옮기기 위한 원반 이동 순서를 출력하는 알고리즘을 만들어 보세요.

수학과 컴퓨터 과학에서 굉장히 유명한 문제 중 하나인 '하노이의 탑'을 알아보고 재귀 호출을 이용해 이 문제를 풀어 보겠습니다.

1 하노이의 탑

하노이의 탑(Tower of Hanoi)은 간단한 원반(disk) 옮기기 퍼즐입니다. 규칙을 설명하기 전에 그림 5-1을 봅시다.

그림 5-1
하노이의 탑
(출처: https://
en.wikipedia.org/
wiki/Tower_of_
Hanoi)

그림만 봐도 대강 규칙이 떠오르지 않나요?

하노이의 탑에는 크기가 다른 원반이 n개 있고 원반을 끼울 수 있는 기둥이 세 개 있습니다. 하노이의 탑 문제는 어떻게 하면 원반 n개를 모두 가장 왼쪽 기둥(출발점, 즉 1번 기둥)에서 오른쪽 기둥(도착점, 즉 3번 기둥)으로 옮길 수 있을까 하는 문제입니다.

단, 하노이의 탑을 옮길 때는 세 가지 제약 사항이 있습니다. 원반은 한 번에 한 개씩만 옮길 수 있고, 각 기둥 맨 위의 원반을 다른 기둥의 맨 위로만 움직여야 합니다. 옮기는 과정에서 큰 원반을 작은 원반 위에 올려서는 안 됩니다. 이 규칙을 지키면서 원반을 옮기려면 중간에 여분으로 주어진 보조 기둥(2번 기둥)을 잘 활용해야 합니다.

지금까지 설명한 하노이의 탑 규칙을 정리하면 다음과 같습니다.

- 크기가 다른 원반 n개를 출발점 기둥에서 도착점 기둥으로 전부 옮겨야 합니다.
- 원반은 한 번에 한 개씩만 옮길 수 있습니다.
- 원반을 옮길 때는 한 기둥의 맨 위 원반을 뽑아, 다른 기둥의 맨 위로만 옮길 수 있습니다(기둥의 중간에서 원반을 빼내거나 빼낸 원반을 다른 기둥의 중간으로 끼워 넣을 수 없습니다).
- 원반을 옮기는 과정에서 큰 원반을 작은 원반 위로 올릴 수 없습니다.

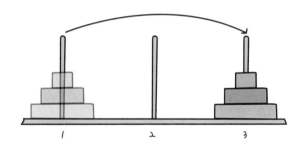

하노이의 탑에 있는 모든 원반을 출발점에서 도착점으로 옮겨야 함

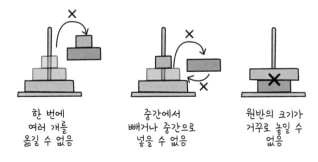

그림 5-2
하노이의 탑 규칙

한 번에 여러 개를 옮길 수 없음

중간에서 빼거나 중간으로 넣을 수 없음

원반의 크기가 거꾸로 놓일 수 없음

원반을 맨 위에서 하나씩만 꺼내서 옮겨야 한다는 제약이 없다면 원반을 한꺼번에 다 뽑아서 3번 기둥으로 옮기면 됩니다. 그리고 작은 원반 위에 큰 원반을 올릴 수 있다면 1번 기둥에 있는 원반을 하나씩 빼서 2번 기둥으로 다 옮긴 다음 다시 3번으로 옮기면 끝나는 간단한 문제입니다. 하지만 제약 사항을 지켜야 하므로 그렇게 간단히 끝나지는 않습니다.

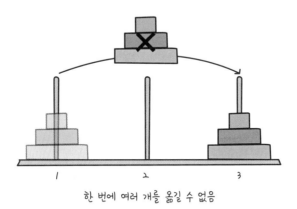

한 번에 여러 개를 옮길 수 없음

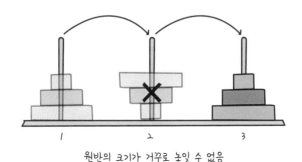

그림 5-3
하노이의 탑 규칙
제대로 이해하기

원반의 크기가 거꾸로 놓일 수 없음

규칙을 알았으므로 직접 하노이의 탑 놀이를 해 볼 차례입니다. 장난감으로 만들어진 예쁜 하노이의 탑 교재를 인터넷 쇼핑몰에서 살 수도 있지만, 단돈 661원만 있으면 하노이의 탑 교재를 간단히 만들어 실험할 수 있습니다.

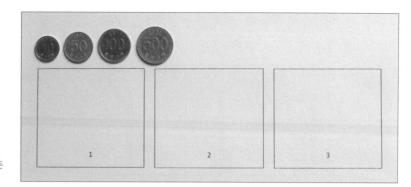

그림 5-4
661원 하노이의 탑
– 동전 네 개와 종이
한 장(1원?)으로 만든
하노이의 탑 교재

2 하노이의 탑 풀이

아무리 복잡한 문제라도 입력 크기가 작은 간단한 문제부터 차근차근 생각해 보
면 아이디어가 떠오르기 마련입니다. 가장 간단한 원반 한 개 문제부터 풀어 보
겠습니다. 동전을 한 개 꺼내서 직접 따라 해 보세요.

■ 원반이 한 개일 때

1번 기둥에 있는 원반을 3번 기둥으로 옮기면 끝납니다(1 → 3).

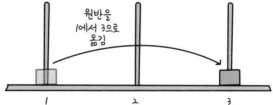

그림 5-5
원반을 1에서 3으로 옮김

단 한 번 만에 원하는 곳으로 원반을 옮겼습니다.

■ 원반이 두 개일 때

1 1번 기둥의 맨 위에 있는 원반을 2번 기둥으로 옮깁니다(1 → 2).

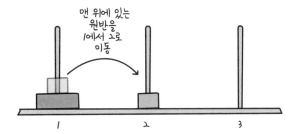

그림 5-6
맨 위의 원반을
1에서 2로 이동

2 1번 기둥에 남아 있는 큰 원반을 3번 기둥으로 옮깁니다(1 → 3).

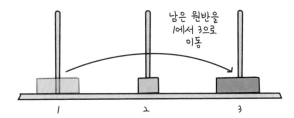

그림 5-7
남은 원반을
1에서 3으로 이동

3 2번 기둥에 남아 있는 원반을 3번 기둥으로 옮깁니다(2 → 3).

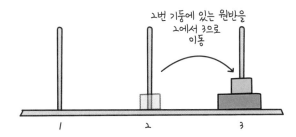

그림 5-8
2번 기둥의 원반을
2에서 3으로 이동

세 번 만에 원반 두 개를 원하는 곳으로 옮겼습니다.

▪ 원반이 세 개일 때

원반이 세 개일 때부터는 조금 더 생각을 해야 합니다. 원반이 세 개인 문제를 풀기 전에 원반이 두 개인 문제를 이미 풀었다는 사실을 꼭 기억해야 합니다. 즉, 우리는 특정 기둥에 있는 원반 두 개를 우리가 원하는 기둥으로 옮기는 방법을 이미 알고 있다는 것입니다.

❶ 1번 기둥에 있는 원반 세 개 중에 위에 있는 원반 두 개를 비어 있는 2번 기둥(보조 기둥)으로 옮깁니다. 하노이의 탑 규칙에 따르면 한 번에 원반을 두 개씩 옮길 수 없다고 했지만, 우리는 이미 원반이 두 개일 때 하노이의 탑을 푸는 방법을 알고 있으니 그 방법을 그대로 적용하면 됩니다. 3번 기둥을 보조 기둥으로 사용하여 1번 기둥에 있는 원반 두 개를 2번 기둥으로 옮기는 문제이므로 1 → 3, 1 → 2, 3 → 2 순서로 옮기면 됩니다(실제로 원반은 세 번 이동합니다).

그림 5-9
원반 두 개를
1에서 2로 이동(1 → 3,
1 → 2, 3 → 2)

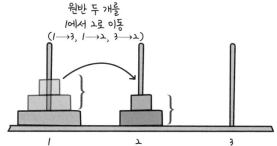

❷ 1번 기둥에 남아 있는 큰 원반을 3번 기둥으로 옮깁니다(1 → 3).

그림 5-10
남은 원반을
1에서 3으로 이동

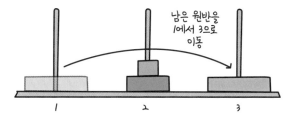

③ 이번에는 2번 기둥에 있는 원반 두 개를 3번 기둥으로 옮깁니다. 비어 있는 1번 기둥을 보조 기둥으로 활용하여 2번 기둥에 있는 원반 두 개를 3번 기둥으로 옮기는 문제입니다. 2 → 1, 2 → 3, 1 → 3 순서로 이동합니다(실제로 원반은 세 번 이동합니다).

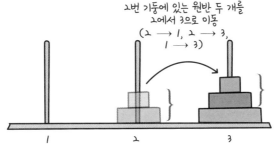

그림 5-11
2번 기둥의 원반 두 개를
3번으로 이동(2 → 1,
2 → 3, 1 → 3)

정리하면 원반을 한 개씩 전부 일곱 번 옮기면 문제가 해결됩니다(3 + 1 + 3 = 7).

이렇게 원반 세 개를 옮기는 과정을 살펴보고 나니 일반적인 경우에 대해서도 어느 정도 감이 생깁니다. 원반이 n개일 때 역시 다음과 같이 생각할 수 있습니다.

■ 원반이 n개일 때

① 1번 기둥에 있는 n-1개 원반을 2번 기둥으로 옮깁니다(n-1개짜리 하노이의 탑 문제 풀기).

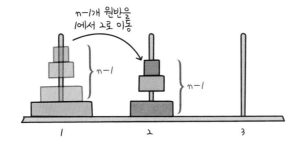

그림 5-12
n-1개 원반을
1에서 2로 이동

② 1번 기둥에 남아 있는 가장 큰 원반을 3번 기둥으로 옮깁니다(1 → 3).

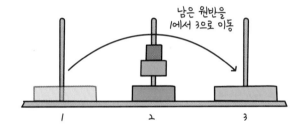

그림 5-13
남은 원반을
1에서 3으로 이동

③ 2번 기둥에 있는 n-1개 원반을 3번 기둥으로 옮깁니다(n-1개짜리 하노이의 탑 문제 풀기).

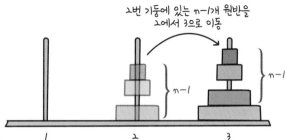

그림 5-14
2번 기둥의 n-1개
원반을 2에서 3으로 이동

하노이의 탑 알고리즘

자, 원반 n개를 옮기는 경우까지 모두 이해가 되나요? 하노이의 탑 옮기기 알고리즘을 자세히 적어 보면 다음과 같습니다.

1-Ⓐ | 원반이 한 개면 그냥 옮기면 끝입니다(종료 조건).

1-Ⓑ | 원반이 n개일 때

❶ 1번 기둥에 있는 n개 원반 중 n-1개를 2번 기둥으로 옮깁니다(3번 기둥을 보조 기둥으로 사용).

❷ 1번 기둥에 남아 있는 가장 큰 원반을 3번 기둥으로 옮깁니다.

❸ 2번 기둥에 있는 n-1개 원반을 다시 3번 기둥으로 옮깁니다(1번 기둥을 보조 기둥으로 사용).

원반이 한 개일 때가 바로 '종료 조건'에 해당합니다. 원반 n개 문제를 풀려면 n−1개 원반 문제를 풀어야 하는데, 이는 바로 '좀 더 작은 값으로 자기 자신을 호출'하는 과정입니다. 따라서 이 문제는 전형적인 재귀 호출 알고리즘에 해당합니다. 다음으로 프로그램 5−1을 볼까요?

하노이의 탑 알고리즘

프로그램 5−1

● **예제 소스** p05-1-hanoi.py

```python
# 하노이의 탑
# 입력: 옮기려는 원반의 개수 n
#       옮길 원반이 현재 있는 출발점 기둥 from_pos
#       원반을 옮길 도착점 기둥 to_pos
#       옮기는 과정에서 사용할 보조 기둥 aux_pos
# 출력: 원반을 옮기는 순서


def hanoi(n, from_pos, to_pos, aux_pos):
    if n == 1:    # 원반 한 개를 옮기는 문제면 그냥 옮기면 됨
        print(from_pos, "->", to_pos)
        return

    # 원반 n-1개를 aux_pos로 이동(to_pos를 보조 기둥으로)
    hanoi(n - 1, from_pos, aux_pos, to_pos)
    # 가장 큰 원반을 목적지로 이동
    print(from_pos, "->", to_pos)
    # aux_pos에 있는 원반 n-1개를 목적지로 이동(from_pos를 보조 기둥으로)
    hanoi(n - 1, aux_pos, to_pos, from_pos)

print("n = 1")
```

```
hanoi(1, 1, 3, 2)    # 원반 한 개를 1번 기둥에서 3번 기둥으로 이동(2번을 보조 기둥으로)
print("n = 2")
hanoi(2, 1, 3, 2)    # 원반 두 개를 1번 기둥에서 3번 기둥으로 이동(2번을 보조 기둥으로)
print("n = 3")
hanoi(3, 1, 3, 2)    # 원반 세 개를 1번 기둥에서 3번 기둥으로 이동(2번을 보조 기둥으로)
```

```
n = 1
1 -> 3
n = 2
1 -> 2
1 -> 3
2 -> 3
n = 3
1 -> 3
1 -> 2
3 -> 2
1 -> 3
2 -> 1
2 -> 3
1 -> 3
```

661원 하노이의 탑 교재를 꺼내 실행 결과에 출력된 대로 따라 하면서 정말 하노이의 탑이 규칙에 맞게 옮겨지는지 꼭 확인해 보세요.

4 알고리즘 분석

프로그램 실행 결과를 한 번 유심히 살펴봅시다.

- 1층짜리 하노이의 탑: 원반을 한 번 이동
- 2층짜리 하노이의 탑: 원반을 세 번 이동
- 3층짜리 하노이의 탑: 원반을 일곱 번 이동

입력 크기, 즉 탑의 층수가 높을수록 원반을 더 많이 움직여야 한다는 것을 알 수 있습니다. 호기심이 있는 독자라면 4층과 5층으로 n 값을 바꿔서 프로그램을 실행해 보았을 것입니다(4층이면 열다섯 번, 5층이면 서른한 번 이동하라는 출력이 나옵니다).

그렇다면 n층짜리 하노이의 탑을 옮기려면 원반을 몇 번 움직여야 할까요?

n층짜리 하노이의 탑을 옮기려면 원반을 모두 2^n-1번 옮겨야 합니다. 마찬가지로 n이 커지면 −1은 큰 의미가 없으므로 $O(2^n)$으로 표현할 수 있습니다. 이는 2를 n번 제곱한 값이므로 n이 커짐에 따라 값이 기하급수적으로 증가합니다.

얼마나 커지는지 궁금하다고요? 놀라지 마세요.

원반 하나를 옮기는 데 1초가 걸린다고 가정하고 잠시도 쉬지 않고 원반을 옮길 때, 20층짜리 하노이의 탑을 옮기려면 열이틀이 넘게 걸립니다. 30층짜리 하노이 탑을 옮기려면 무려 34년간 먹지도 쉬지도 않고 원반만 옮겨야 합니다.

잠깐만요

지금까지 살펴본 계산 복잡도

- $O(1)$: n과 무관하게 일정한 시간이 걸림
- $O(n)$: n과 비례하여 계산 시간이 증가함
- $O(n^2)$: n의 제곱에 비례하여 계산 시간이 증가함
- $O(2^n)$: 2의 n 제곱에 비례하여 계산 시간이 증가함

위에서 아래로 갈수록 계산 복잡도가 증가합니다. 참고로 Unit 10 끝에 있는 '잠깐만요'에서는 각 계산 복잡도를 한눈에 비교할 수 있도록 그래프로 정리해서 다시 설명합니다(300쪽 참고).

5-1 재귀 호출의 원리는 컴퓨터 그래픽에서도 많이 사용됩니다. 다음 그림은 모두 재귀 호출을 이용해서 만든 컴퓨터 그래픽입니다.

재귀 호출로 어떻게 이런 그림을 그릴 수 있을지 상상해 보고 부록 B에 있는 '재귀 호출을 이용한 그림 그리기' 부분을 읽어 보세요(371쪽).

순차 탐색

PYTHON & ALGORITHMS FOR EVERYONE

탐색

주어진 리스트에 특정한 값이 있는지 찾아 그 위치를 돌려주는 알고리즘을 만들어 보세요.
리스트에 찾는 값이 없다면 −1을 돌려줍니다.

이번 문제를 푸는 방법은 굉장히 간단합니다.
리스트에 있는 첫 번째 자료부터 하나씩 비교하면서 같은 값이 나오면 그 위치를 결과로 돌려주고, 리스트 끝까지 찾아도 같은 값이 나오지 않으면 −1을 돌려주면 됩니다.
이 방법은 '리스트 안에 있는 원소를 하나씩 순차적으로 비교하면서 탐색한다'고 하여 '순차 탐색(sequential search)*'이라고 부릅니다.

1 순차 탐색으로 특정 값의 위치 찾기

다음은 순차 탐색 알고리즘을 이용하여 주어진 리스트 [17, 92, 18, 33, 58, 5, 33, 42]에서 특정 값(18, 33, 900)을 찾아서 해당 위치 번호를 돌려주는 프로그램입니다.

순차 탐색 알고리즘   프로그램 6-1

● **예제 소스** p06-1-search.py

```
# 리스트에서 특정 숫자의 위치 찾기
# 입력: 리스트 a, 찾는 값 x
```

⊙

---

*   순차 탐색은 선형 탐색(linear search)이라고도 부릅니다.

```python
# 출력: 찾으면 그 값의 위치, 찾지 못하면 -1

def search_list(a, x):
    n = len(a)                # 입력 크기 n
    for i in range(0, n):     # 리스트 a의 모든 값을 차례로
        if x == a[i]:         # x 값과 비교하여
            return i          # 같으면 위치를 돌려줍니다.

    return -1                 # 끝까지 비교해도 없으면 -1을 돌려줍니다.

v = [17, 92, 18, 33, 58, 7, 33, 42]
print(search_list(v, 18))    # 2(순서상 세 번째지만, 위치 번호는 2)
print(search_list(v, 33))    # 3(33은 리스트에 두 번 나오지만 처음 나온 위치만 출력)
print(search_list(v, 900))   # -1(900은 리스트에 없음)
```

실행
결과

```
2
3
-1
```

알아
보기

주어진 리스트 v에서 18을 순차 탐색으로 어떻게 찾는지 그림 6-1을 볼까요?

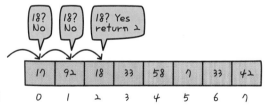

그림 6-1
리스트에서 18을
순차 탐색으로 찾는 과정

첫 번째 값(위치 번호는 0)인 17부터 차례로 비교하면서 18을 찾으면 해당 위치
번호인 2를 돌려줍니다(return i).

만약 900과 같이 리스트에 없는 자료를 입력으로 넣을 경우 어떻게 될까요? 그림 6-2와 같이 리스트의 끝까지 차례로 비교해도 900과 같은 값이 없으므로 −1을 돌려줍니다(return -1).

그림 6-2
리스트에서 900(없는 자료)을 순차 탐색으로 찾는 과정

2 알고리즘 분석

순차 탐색 알고리즘으로 원하는 값을 찾으려면 비교를 몇 번 해야 할까요? 이 질문은 답하기가 약간 모호합니다. 왜냐하면 경우에 따라 다르기 때문입니다. 찾는 값이 리스트의 맨 앞에 있다면 단 한 번만 비교해도 결과를 얻을 수 있습니다. 하지만 찾는 값이 리스트의 마지막에 있거나 아예 없다면 리스트의 끝까지 하나하나 비교해야 합니다.

이처럼 경우에 따라 계산 횟수가 다를 때는 최선의 경우, 평균적인 경우, 최악의 경우로 나누어 각각 계산 복잡도를 생각해 보기도 합니다. 물론 어느 경우든 나름대로 의미가 있지만, 최악의 경우를 분석하면 어떤 경우라도 그보다는 빨리 계산할 수 있을 것입니다. 따라서 보수적인 관점에서 이 알고리즘을 최악의 경우로 분석해 보면 비교가 최대 n번 필요하고 계산 복잡도는 $O(n)$입니다.

즉, 순차 탐색으로 스무 개의 자료 중에서 어떤 값을 찾으려면 비교를 최대 스무 번 해야 하고, 백 개의 자료라면 비교를 최대 백 번 해야 합니다. 십만 개의 자료 중에 특정 값을 찾아야 한다면 어떨까요? 얘기를 조금 바꿔 십만 단어가 수록된 국어사전에서 어떤 단어를 찾기 위해 사전의 첫 장부터 차례로 십만 번 단어를 비교해야 한다거나, 우리나라 국민 한 명을 주민등록번호로 찾기 위해 주민등록번호를 오천만 번 비교해야 한다면 어떨까요? 자료 한 개를 찾는 데 엄청난 횟수의 비교가 필요하다는 사실이 이제 감이 올 것입니다.

하지만 다행히도 우리는 사전의 첫 장부터 한 장씩 넘기면서 원하는 단어를 찾지 않습니다. 사전의 단어는 가나다순 혹은 알파벳순으로 '정렬'되어 있기 때문입니다. 다음 장에서는 정렬을 배워 보겠습니다.

6-1 프로그램 6-1은 리스트에 찾는 값이 여러 개 있더라도 첫 번째 위치만 결과로 돌려줍니다. 찾는 값이 나오는 모든 위치를 리스트로 돌려주는 탐색 알고리즘을 만들어 보세요. 찾는 값이 리스트에 없다면 빈 리스트인 []를 돌려줍니다.

6-2 연습 문제 6-1 프로그램의 계산 복잡도는 무엇일까요?

6-3 다음과 같이 학생 번호와 이름이 리스트로 주어졌을 때 학생 번호를 입력하면 학생 번호에 해당하는 이름을 순차 탐색으로 찾아 돌려주는 함수를 만들어 보세요. 해당하는 학생 번호가 없으면 물음표(?)를 돌려줍니다. 참고로 학생 번호가 39번이면 "Justin", 14번이면 "John"을 돌려줍니다.

```
stu_no = [39, 14, 67, 105]
stu_name = ["Justin", "John", "Mike", "Summer"]
```

선택 정렬

주어진 리스트 안의 자료를 작은 수부터 큰 수 순서로 배열하는 정렬 알고리즘을 만들어 보세요.

이번 문제는 알고리즘 공부의 꽃이라 할 수 있는 정렬(sort) 문제입니다. 자료를 크기 순서대로 맞춰 일렬로 나열하는 것입니다. 이미 언급했듯이 사전은 단어를 가나다순 혹은 알파벳순으로 나열한 정렬의 굉장히 좋은 예입니다.

리스트에 들어 있는 숫자를 크기순으로 나열하는 정렬 알고리즘의 입출력은 다음과 같이 정리할 수 있습니다.

- 문제: 리스트 안에 있는 자료를 순서대로 배열하기
- 입력: 정렬할 리스트(예: [35, 9, 2, 85, 17])
- 출력: 순서대로 정렬된 리스트(예: [2, 9, 17, 35, 85])

'그냥 적당히 순서대로 적으면 되지 않나?'라는 생각이 들 수도 있습니다. 하지만 정렬 문제를 푸는 방법과 분석만 모아도 두꺼운 책이 한 권 나올 정도로 실제로는 다양한 정렬 알고리즘이 있으며 알고리즘에 따라 계산 복잡도나 특징도 다릅니다.

이 책에서는 수많은 정렬 알고리즘 가운데 세 가지를 살펴보겠습니다. 선택 정렬을 시작으로 정렬 알고리즘 공부를 시작해 보겠습니다.

- 선택 정렬(Selection sort) → Unit 7
- 삽입 정렬(Insertion sort) → Unit 8
- 병합 정렬(Merge sort) → Unit 9

1 선택 정렬로 줄 세우기

자료를 정렬하는 컴퓨터 알고리즘을 살펴보기에 앞서, 운동장에 모인 학생을 키 순서에 맞춰 일렬로 줄 세우는 방법을 한 번 생각해 보겠습니다. 학교생활을 하면서 여러 번 경험해 봤을 법한 상황입니다. 머릿속으로 장면을 떠올려 보면서 다음 방법을 생각해 봅시다.

1│ 학생 열 명이 모여 있는 운동장에 선생님이 등장합니다.
2│ 선생님은 학생들을 둘러보며 키가 가장 작은 사람을 찾습니다. 키가 가장 작은 학생으로 '선택'된 민준이가 불려 나와 맨 앞에 섭니다. 민준이가 나갔으므로 이제 학생은 아홉 명 남았습니다.
3│ 이번에는 선생님이 학생 아홉 명 중 키가 가장 작은 성진이를 선택합니다. 선택된 성진이가 불려 나와 민준이 뒤로 줄을 섭니다.
4│ 이처럼 남아 있는 학생 중에서 키가 가장 작은 학생을 한 명씩 뽑아 줄에 세우는 과정을 반복하면 모든 학생이 키 순서에 맞춰 줄을 서게 됩니다.

그림 7-1
선택 정렬

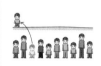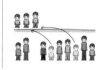

'키 순서로 줄 세우기'는 대표적인 정렬 문제의 예입니다. 왜냐하면, 이 문제는 '학생의 키라는 자료 값을 작은 것부터 큰 순서로 나열하라'는 문제와 같은 말이기 때문입니다.

이 책에서는 선택 정렬, 삽입 정렬 등 여러 가지 정렬을 설명하면서, 각 정렬의 동작 원리를 간단히 설명하는 데 중점을 둔 '쉽게 설명한 정렬' 프로그램을 먼저 수록하였습니다.

쉽게 설명한 정렬 프로그램은 한마디로 효율성을 크게 고려하지 않고 정렬 방식이 어떤지를 단순히 보여 주기 위해 만든 참고용 프로그램입니다. '쉽게 설명한 정렬 알고리즘' 프로그램으로 각 정렬의 원리를 완전히 이해하고 나서, 이어지는 '일반적인 정렬 알고리즘' 프로그램으로 각 정렬의 원리를 복습하기 바랍니다.

- 쉽게 설명한 정렬 알고리즘: 정렬 원리를 이해하기 위한 참고용 프로그램
- 일반적인 정렬 알고리즘: 정렬 알고리즘을 정식으로 구현한 프로그램

2 쉽게 설명한 선택 정렬 알고리즘

선택 정렬의 원리를 쉽게 이해할 수 있도록 단순화한 파이썬 프로그램을 먼저 살펴보겠습니다.

쉽게 설명한 선택 정렬 알고리즘 　　　　　　　프로그램 7-1

● 예제 소스 p07-1-ssort.py

```
# 쉽게 설명한 선택 정렬
# 입력: 리스트 a
# 출력: 정렬된 새 리스트
# 주어진 리스트에서 최솟값의 위치를 돌려주는 함수
```

```python
def find_min_idx(a):
    n = len(a)
    min_idx = 0
    for i in range(1, n):
        if a[i] < a[min_idx]:
            min_idx = i
    return min_idx


def sel_sort(a):
    result = []          # 새 리스트를 만들어 정렬된 값을 저장
    while a:             # 주어진 리스트에 값이 남아 있는 동안 계속
        min_idx = find_min_idx(a)    # 리스트에 남아 있는 값 중 최솟값의 위치
        value = a.pop(min_idx)       # 찾은 최솟값을 빼내어 value에 저장
        result.append(value)         # value를 결과 리스트 끝에 추가
    return result


d = [2, 4, 5, 1, 3]
print(sel_sort(d))
```

실행
결과

```
[1, 2, 3, 4, 5]
```

알아
보기

프로그램을 차근히 읽어 보면 앞에서 설명한 줄 서기 원리가 잘 녹아 있습니다.

1 | 리스트 a에 아직 자료가 남아 있다면 → while a:

2 | 남은 자료 중에서 최솟값의 위치를 찾습니다.

  → min_idx = find_min_idx(a)

3 │ 찾은 최솟값을 리스트 a에서 빼내어 value에 저장합니다.

    → value = a.pop(min_idx)

4 │ value를 result 리스트의 맨 끝에 추가합니다. → result.append(value)

5 │ 1번 과정으로 돌아가 자료가 없을 때까지 반복합니다.

이번에는 입력으로 주어진 리스트 [2, 4, 5, 1, 3]을 정렬하는 과정을 단계적으로 따져 보겠습니다. 종이와 연필을 준비하고 다음 과정을 직접 손으로 쓰면서 따라가 보세요. 알고리즘도 수학 문제처럼 직접 손으로 풀어 볼 때 제대로 이해되고 기억에 남습니다.

① 시작
a = [2 4 5 1 3] → 쉼표 생략
result = []

② a 리스트의 최솟값인 1을 a에서 빼내어 result에 추가합니다.
a = [2 4 5 3]
result = [1]

③ a에 남아 있는 값 중 최솟값인 2를 a에서 빼내어 result에 추가합니다.
a = [4 5 3]
result = [1 2]

④ a에 남아 있는 값 중 최솟값인 3을 같은 방법으로 옮깁니다.
a = [4 5]
result = [1 2 3]

⑤ a에 남아 있는 값 중 최솟값인 4를 같은 방법으로 옮깁니다.
a = [5]
result = [1 2 3 4]

⑥ a에 남아 있는 값 중 최솟값인 5를 같은 방법으로 옮깁니다.
a=[]
result = [1 2 3 4 5]

⑦ a가 비어 있으므로 종료합니다.

result = [1 2 3 4 5] → 최종 결과

3 일반적인 선택 정렬 알고리즘

앞의 과정이 잘 이해되었다면 선택 정렬의 원리를 좀 더 효율적으로 구현한 프로그램을 살펴봅시다. '일반적인 선택 정렬 알고리즘'은 입력으로 주어진 리스트 a 안에서 직접 자료의 위치를 바꾸면서 정렬시키는 프로그램입니다.

리스트 a에서 자료를 하나씩 빼낸 후 다시 result에 넣는 방식인 '쉽게 설명한 선택 정렬 알고리즘'보다 더 효율적으로 정렬할 수 있습니다. 구체적인 동작 과정은 연습 문제 8-1 풀이에서 설명하겠습니다.

일반적인 선택 정렬 알고리즘 프로그램 7-2

● 예제 소스 p07-2-ssort.py

```python
# 선택 정렬
# 입력: 리스트 a
# 출력: 없음(입력으로 주어진 a가 정렬됨)

def sel_sort(a):
    n = len(a)
    for i in range(0, n - 1):    # 0부터 n-2까지 반복
        # i번 위치부터 끝까지 자료 값 중 최솟값의 위치를 찾음
        min_idx = i
        for j in range(i + 1, n):
            if a[j] < a[min_idx]:
                min_idx = j
```

```
                    # 찾은 최솟값을 i번 위치로
         a[i], a[min_idx] = a[min_idx], a[i]

d = [2, 4, 5, 1, 3]
sel_sort(d)
print(d)
```

실행
결과

```
[1, 2, 3, 4, 5]
```

파이썬에서 두 자료 값 서로 바꾸기

리스트 안에서 두 자료 값의 위치를 서로 바꾸는 데 다음과 같은 문장이 사용되었습니다.

```
a[i], a[min_idx] = a[min_idx], a[i]
```

파이썬에서 두 변수의 값을 서로 바꾸려면 다음과 같이 쉼표를 이용해 변수를 뒤집어 표현하면
됩니다.
x, y = y, x

```
>>> x = 1
>>> y = 2
>>> x, y = y, x
>>> x
2
>>> y
1
```

4 알고리즘 분석

자료를 크기 순서로 정렬하려면 반드시 두 수의 크기를 비교해야 합니다. 따라서 정렬 알고리즘의 계산 복잡도는 보통 비교 횟수를 기준으로 따집니다.

선택 정렬의 비교 방법은 Unit 3의 동명이인 찾기에서 살펴본, 리스트 안의 자료를 한 번씩 비교하는 방법과 거의 같습니다. 따라서 이 알고리즘은 비교를 총 $\frac{n(n-1)}{2}$번 해야 하는 계산 복잡도가 $O(n^2)$인 알고리즘입니다.

선택 정렬 알고리즘은 이해하기 쉽고 간단하여 많이 이용됩니다. 하지만 비교 횟수가 입력 크기의 제곱에 비례하는 시간 복잡도가 $O(n^2)$인 알고리즘이므로 입력 크기가 커지면 커질수록 정렬하는 데 시간이 굉장히 오래 걸립니다.

7-1 일반적인 선택 정렬 알고리즘을 사용해서 리스트 [2, 4, 5, 1, 3]을 정렬하는 과정을 적어 보세요.

7-2 프로그램 7-1과 7-2의 정렬 알고리즘은 숫자를 작은 수에서 큰 수 순서로 나열하는 오름차순 정렬이었습니다. 이 알고리즘을 큰 수에서 작은 수 순서로 나열하는 내림차순 정렬로 바꾸려면 프로그램의 어느 부분을 바꿔야 할까요?

> **TIP**
> 오름차순과 내림차순 정렬 예
> - 오름차순 정렬의 예: 가나다순, 쇼핑몰에서 낮은 가격순으로 보기
> - 내림차순 정렬의 예: 시험 점수로 등수 구하기, 최신 뉴스부터 보기

삽입 정렬

리스트 안의 자료를 작은 수부터 큰 수 순서로 배열하는 정렬 알고리즘을 만들어 보세요.

이번 문제는 Unit 7의 문제와 같습니다. 하지만 이번에는 삽입 정렬(Insertion sort)이라는 조금 다른 방법으로 문제를 풀어 보겠습니다.

문제를 풀기 전에 줄 서기부터 시작해 봅시다.

삽입 정렬로 줄 세우기

1 학생이 열 명 모인 운동장에 선생님이 등장합니다.

2 선생님은 열 명 중 제일 앞에 있던 승규에게 나와서 줄을 서라고 합니다. 승규가 나갔으니 이제 학생이 아홉 명 남았습니다.

3 이번에는 선생님이 준호에게 키를 맞춰 줄을 서라고 합니다. 준호는 이미 줄을 선 승규보다 자신이 키가 작은 것을 확인하고 승규 앞에 섭니다.

4 남은 여덟 명 중 이번에는 민성이가 뽑혀 줄을 섭니다. 민성이는 준호보다 크고 승규보다는 작습니다. 그래서 준호와 승규 사이에 공간을 만들어 줄을 섭니다(삽입).

5 마찬가지로 남은 학생을 한 명씩 뽑아 이미 줄을 선 학생 사이사이에 키를 맞춰 끼워 넣는 일을 반복합니다. 마지막 남은 학생까지 뽑아서 줄을 세우면 모든 학생이 제자리에 줄을 서게 됩니다.

그림 8-1
삽입 정렬

2 쉽게 설명한 삽입 정렬 알고리즘

삽입 정렬로 줄 세우는 방법을 떠올려 보면서 프로그램을 만들어 봅니다.

쉽게 설명한 삽입 정렬 알고리즘

프로그램 8-1

● 예제 소스 p08-1-isort.py

```python
# 쉽게 설명한 삽입 정렬
# 입력: 리스트 a
# 출력: 정렬된 새 리스트

# 리스트 r에서 v가 들어가야 할 위치를 돌려주는 함수
def find_ins_idx(r, v):
    # 이미 정렬된 리스트 r의 자료를 앞에서부터 차례로 확인하여
    for i in range(0, len(r)):
        # v 값보다 i번 위치에 있는 자료 값이 크면
        # v가 그 값 바로 앞에 놓여야 정렬 순서가 유지됨
        if v < r[i]:
            return i
    # 적절한 위치를 못 찾았을 때는
    # v가 r의 모든 자료보다 크다는 뜻이므로 맨 뒤에 삽입
    return len(r)
```

```
def ins_sort(a):
    result = []    # 새 리스트를 만들어 정렬된 값을 저장
    while a:        # 기존 리스트에 값이 남아 있는 동안 반복
        value = a.pop(0) # 기존 리스트에서 한 개를 꺼냄
        ins_idx = find_ins_idx(result, value) #꺼낸 값이 들어갈 적당한 위치 찾기
        result.insert(ins_idx, value) #찾은 위치에 값 삽입(이후 값은 한 칸씩 밀려남)
    return result


d = [2, 4, 5, 1, 3]
print(ins_sort(d))
```

실행
결과

[1, 2, 3, 4, 5]

알아
보기

프로그램이 동작하는 원리를 살펴보겠습니다.

1 │ 리스트 a에 아직 자료가 남아 있다면 → while a:

2 │ 남은 자료 중에 맨 앞의 값을 뽑아냅니다. → value = a.pop(0)

3 │ 그 값이 result의 어느 위치에 들어가면 적당할지 알아냅니다.

　　→ ins_idx = find_ins_idx(result, value)

4 │ 3번 과정에서 찾아낸 위치에 뽑아낸 값을 삽입합니다.

　　→ result.insert(ins_idx, value)

5 │ 1번 과정으로 돌아가 자료가 없을 때까지 반복합니다.

이번에는 입력으로 주어진 리스트 [2, 4, 5, 1, 3]이 정렬되는 과정을 단계적으로 확인해 보겠습니다. 마찬가지로 종이와 연필을 준비하고 손으로 직접 쓰면서 따라가 보면 이해하는 데 도움이 될 것입니다.

① 시작
a = [2 4 5 1 3]
result = []

② a에서 2를 빼서 현재 비어 있는 result에 넣습니다.
a = [4 5 1 3]
result = [2]

③ a에서 4를 빼서 result의 2 뒤에 넣습니다(2 < 4).
a = [5 1 3]
result = [2 4]

④ a에서 5를 빼서 result의 맨 뒤에 넣습니다(4 < 5).
a = [1 3]
result = [2 4 5]

⑤ a에서 1을 빼서 result의 맨 앞에 넣습니다(1 < 2).
a = [3]
result = [1 2 4 5]

⑥ a에서 마지막 값인 3을 빼서 result의 2와 4 사이에 넣습니다(2 < 3 < 4).
a = []
result = [1 2 3 4 5]

⑦ a가 비어 있으므로 종료합니다.
result = [1 2 3 4 5] → 최종 결과

프로그램 중간에 print 문을 적절히 추가하면 알고리즘이 진행되는 과정을 확인할 수 있어 알고리즘의 동작 원리를 파악하는 데 큰 도움이 됩니다.

예를 들어 ins_sort() 함수의 result.insert(ins_idx, value) 바로 다음 줄에 print(a, result)를 추가하면 다음과 같은 결과를 얻을 수 있습니다.

```
[4, 5, 1, 3] [2]
[5, 1, 3] [2, 4]
[1, 3] [2, 4, 5]
[3] [1, 2, 4, 5]
[] [1, 2, 3, 4, 5]
```

3 일반적인 삽입 정렬 알고리즘

이번에는 입력 리스트 안에서 직접 위치를 바꿔 정렬하는 삽입 정렬 프로그램을 살펴보겠습니다. 구체적인 동작 과정은 연습 문제 8-1 풀이에서 설명하겠습니다.

일반적인 삽입 정렬 알고리즘 프로그램 8-2

◉ 예제 소스 p08-2-isort.py

```python
# 삽입 정렬
# 입력: 리스트 a
# 출력: 없음(입력으로 주어진 a가 정렬됨)

def ins_sort(a):
    n = len(a)
    for i in range(1, n):    # 1부터 n-1까지
        key = a[i]    # i번 위치에 있는 값을 key에 저장
```

```
        # j를 i 바로 왼쪽 위치로 저장
        j = i - 1
        # 리스트의 j번 위치에 있는 값과 key를 비교해 key가 삽입될 적절한 위치를 찾음
        while j >= 0 and a[j] > key:
            a[j + 1] = a[j]    # 삽입할 공간이 생기도록 값을 오른쪽으로 한 칸 이동
            j -= 1
        a[j + 1] = key   # 찾은 삽입 위치에 key를 저장

d = [2, 4, 5, 1, 3]
ins_sort(d)
print(d)
```

```
[1, 2, 3, 4, 5]
```

4 알고리즘 분석

삽입 정렬 알고리즘의 계산 복잡도는 조금 생각해 볼만 한 점이 있습니다. 최선의 경우에 조금 독특한 결과가 나타나기 때문입니다. 삽입 정렬 알고리즘의 입력으로 이미 정렬이 끝난 리스트, 예를 들어 [1, 2, 3, 4, 5]와 같은 리스트를 넣어 주면 O(n)의 계산 복잡도로 정렬을 마칠 수 있습니다. 하지만 이런 경우는 특별한 경우입니다.

일반적인 입력일 때 삽입 정렬의 계산 복잡도는 선택 정렬과 같은 $O(n^2)$입니다. 따라서 선택 정렬과 마찬가지로 정렬할 입력 크기가 크면 정렬하는 데 시간이 굉장히 오래 걸립니다.

삽입 정렬에 이어 Unit 9에서는 병합 정렬을 살펴보겠습니다. 병합 정렬은 재귀 호출을 이용하여 선택 정렬이나 삽입 정렬보다 더 빠르게 정렬할 수 있는 효과적인

알고리즘입니다. 하지만 원리를 한 번에 이해하기에는 약간 어려울 수 있습니다. 따라서 선택 정렬과 삽입 정렬을 공부하면서 어렵다고 느낀 사람은 290쪽 '잠깐만요'를 읽은 후 바로 'Unit 10 이분 탐색(293쪽)'으로 넘어가도 괜찮습니다.

8-1 일반적인 삽입 정렬 알고리즘을 사용해서 리스트 [2, 4, 5, 1, 3]을 정렬하는 과정을 적어 보세요.

8-2 Unit 8에서 설명한 정렬 알고리즘은 숫자를 작은 수에서 큰 수 순서로 나열하는 오름차순 정렬이었습니다. 이를 큰 수에서 작은 수 순서로 나열하는 내림차순 정렬로 바꾸려면 프로그램의 어느 부분을 바꿔야 할까요?

UNIT 09 병합 정렬

PYTHON & ALGORITHMS FOR EVERYONE

리스트 안의 자료를 작은 수부터 큰 수 순서로 배열하는 정렬 알고리즘을 만들어 보세요.

재귀 호출이 처음에는 혼란스럽지만 알고리즘 문제 풀이에 굉장히 중요한 역할을 한다고 했던 것을 기억하나요? 드디어 재귀 호출을 사용해 정렬 문제를 더 빠르게 풀어 볼 차례입니다.

줄 세우기를 통해 병합 정렬(Merge sort) 과정을 생각해 보겠습니다.

 병합 정렬로 줄 세우기

1 │ 학생들에게 일일이 지시하는 것이 귀찮아진 선생님은 학생들이 알아서 줄을 설 수 있는 방법이 없을지 고민입니다. 열 명이나 되는 학생들에게 동시에 알아서 줄을 서라고 하면 너무 소란스러울 것 같아서, 다섯 명씩 두 조로 나누어 그 안에서 키 순서로 줄을 서라고 시켰습니다.

2 │ 이제 선생님 앞에는 키 순서대로 정렬된 두 줄(중간 결과 줄)이 있습니다.

3 │ 선생님은 각 줄의 맨 앞에 있는 두 학생 중에 키가 더 작은 민수를 뽑아 최종 결과 줄에 세웁니다. 그리고 다시 각 중간 결과 줄의 맨 앞에 있는 두 학생을 비교해 더 작은 학생을 최종 결과 줄의 민수 뒤에 세웁니다.

4 │ 이 과정을 반복하다가 중간 결과 줄 하나가 사라지면 나머지 중간 결과 줄에 있는 사람을 전부 최종 결과 줄에 세웁니다.

그림 9-1
병합 정렬

2 쉽게 설명한 병합 정렬 알고리즘

병합 정렬로 줄 세우는 방법을 떠올려 보면서 프로그램을 만들어 봅니다.

쉽게 설명한 병합 정렬 알고리즘

프로그램 9-1

◉ 예제 소스 p09-1-msort.py

```python
# 쉽게 설명한 병합 정렬
# 입력: 리스트 a
# 출력: 정렬된 새 리스트

def merge_sort(a):
    n = len(a)
    # 종료 조건: 정렬할 리스트의 자료 개수가 한 개 이하이면 정렬할 필요 없음
    if n <= 1:
        return a
    # 그룹을 나누어 각각 병합 정렬을 호출하는 과정
    mid = n // 2                    # 중간을 기준으로 두 그룹으로 나눔
    g1 = merge_sort(a[:mid])  # 재귀 호출로 첫 번째 그룹을 정렬
    g2 = merge_sort(a[mid:])  # 재귀 호출로 두 번째 그룹을 정렬
```

```
# 두 그룹을 하나로 병합
result = []                      # 두 그룹을 합쳐 만들 최종 결과
while g1 and g2:                 # 두 그룹에 모두 자료가 남아 있는 동안 반복
    if g1[0] < g2[0]:           # 두 그룹의 맨 앞 자료 값을 비교
        # g1 값이 더 작으면 그 값을 빼내어 결과로 추가
        result.append(g1.pop(0))
    else:
        # g2 값이 더 작으면 그 값을 빼내어 결과로 추가
        result.append(g2.pop(0))
# 아직 남아 있는 자료들을 결과에 추가
# g1과 g2 중 이미 빈 것은 while을 바로 지나감
while g1:
    result.append(g1.pop(0))
while g2:
    result.append(g2.pop(0))
return result

d = [6, 8, 3, 9, 10, 1, 2, 4, 7, 5]
print(merge_sort(d))
```

실행 결과

```
[1, 2, 3, 4, 5, 6, 7, 8, 9, 10]
```

알아 보기

병합 정렬 함수의 첫 부분이 바로 종료 조건입니다.

```
n = len(a)
if n <= 1:
    return a
```

입력으로 주어진 리스트 a의 크기가 1 이하이면, 즉 자료가 한 개뿐이거나 아예 비어 있다면 정렬할 필요가 없으므로 입력 리스트를 그대로 돌려주면서 재귀 호출을 끝냅니다.

다음은 전체 리스트를 절반으로 나눠 각각 재귀 호출로 병합 정렬하는 부분입니다.

```
mid = n // 2              # 두 그룹으로 나누기 위한 중간 값
g1 = merge_sort(a[:mid])  # 재귀 호출로 첫 번째 그룹을 정렬
g2 = merge_sort(a[mid:])  # 재귀 호출로 두 번째 그룹을 정렬
```

리스트의 자료 개수가 홀수일 때는 어떻게 절반으로 나눌까요?

n // 2는 리스트의 길이 n을 2로 나눈 몫이므로 n이 5와 같은 홀수라면 n // 2는 2가 됩니다. 즉, 자료가 두 개인 그룹과 세 개인 그룹으로 나눕니다. 참고로 a[:mid]는 리스트 a의 0번 위치부터 mid 위치 직전까지의 자료를 복사해서 새 리스트를 만드는 문장입니다. 또한, a[mid:]는 리스트 a의 mid 위치부터 끝까지의 자료를 복사해서 새 리스트를 만드는 문장입니다.

다음 예제를 보면 이해하는 데 도움이 될 것입니다.

```
>>> a = [1, 2, 3, 4, 5]
>>> mid = len(a) // 2
>>> mid
2
>>> a[:mid]
[1, 2]
>>> a[mid:]
[3, 4, 5]
```

어떤가요? 병합 정렬은 앞에서 배운 선택 정렬과 삽입 정렬보다 이해하기 어렵습니다. 정신을 바짝 차리고 리스트 [6, 8, 3, 9, 10, 1, 2, 4, 7, 5]를 병합 정렬하는 과정을 종이에 적으며 이해해 보세요.

① 숫자 열 개를 두 그룹(g1, g2)으로 나눕니다.

g1: [6 8 3 9 10]

g2: [1 2 4 7 5]

② 두 그룹을 각각 정렬합니다(재귀 호출 부분이므로 이 부분은 뒤에서 설명합니다. 일단 각 그룹을 정렬해 봅니다).

g1: [3 6 8 9 10]

g2: [1 2 4 5 7]

③ 이제 두 그룹을 합쳐 다시 한 그룹으로 만들겠습니다(병합).
두 그룹의 첫 번째 값을 비교하여 작은 값을 빼내 결과 리스트에 넣습니다. g1의 첫 번째 값은 3, g2의 첫 번째 값은 1이므로 1을 빼내 결과 리스트(result)에 넣습니다.

g1: [3 6 8 9 10]

g2: [2 4 5 7]

result: [1]

④ 두 그룹의 첫 번째 값을 비교하여 작은 값을 빼내 결과 리스트에 넣는 과정을 반복합니다. 이번에는 g2의 2가 뽑혀 정렬됩니다.

g1: [3 6 8 9 10]

g2: [4 5 7]

result: [1 2]

⑤ 이번에는 g1의 3이 뽑혀 정렬됩니다.

g1: [6 8 9 10]

g2: [4 5 7]

result: [1 2 3]

⑥ 이 과정을 반복하면 다음과 같이 한 그룹의 자료가 다 빠져나가 비어 있게 됩니다.

g1: [8 9 10]

g2: []

result: [1 2 3 4 5 6 7]

⑦ g2에는 자료가 없으므로 비교할 필요 없이 g1에 남아 있는 값을 전부 result로 옮기면 정렬이 끝납니다.

g1: []
g2: []
result: [1 2 3 4 5 6 7 8 9 10]

이 방법을 병합 정렬이라 부르는 이유는 이미 정렬된 두 그룹을 맨 앞에서부터 비교하면서 하나로 합치는 '병합(merge)' 과정이 정렬 알고리즘의 핵심이기 때문입니다(③~⑦번 과정).

3 병합 정렬에서의 재귀 호출

병합 정렬에서 ②번 과정을 보면 두 그룹으로 나눈 자료를 각각 정렬합니다. 그렇다면 나누어진 그룹은 어떤 정렬 알고리즘으로 정렬하는 걸까요?
바로 병합 정렬입니다. 병합 정렬을 하는 과정에서 나누어진 리스트를 다시 두 번의 병합 정렬로 정렬하는 것입니다.
이는 Unit 5에서 살펴본, 원반이 n개인 하노이의 탑 문제를 풀기 위해 원반이 n-1개인 하노이의 탑 문제를 재귀 호출하는 것과 비슷합니다. 이렇게 어떤 문제를 푸는 과정 안에서 다시 그 문제를 푸는 것이 바로 재귀 호출의 묘미입니다.
여기서 재귀 호출의 세 가지 요건을 다시 떠올려 봅시다.

1 │ 함수 안에서 자기 자신을 다시 호출합니다.
2 │ 재귀 호출할 때 인자로 주어지는 입력 크기가 작아집니다.
3 │ 특정 종료 조건이 만족되면 재귀 호출을 종료합니다.

병합 정렬은 자료 열 개를 정렬하기 위해 자료를 다섯 개씩 두 그룹으로 나누어 병합 정렬 함수를 재귀 호출합니다. 즉, 요건 1, 2는 쉽게 확인할 수 있습니다. 그렇다면 종료 조건은 어떨까요? 병합 정렬의 입력 리스트에 자료가 한 개뿐이거나 아예 자료가 없을 때는 정렬할 필요가 없으므로 입력 리스트를 그대로 돌려주면서 재귀 호출을 끝내면 됩니다.

4 일반적인 병합 정렬 알고리즘

병합 정렬의 원리를 이해했다면 프로그램 9-2 일반적인 병합 정렬 알고리즘을 살펴보면서 복습해 보세요.

프로그램 9-1과 정렬 원리는 같지만, return 값이 없고 입력 리스트 안의 자료 순서를 직접 바꾼다는 차이가 있습니다.

일반적인 병합 정렬 알고리즘

프로그램 9-2

● 예제 소스 p09-2-msort.py

```
# 병합 정렬
# 입력: 리스트 a
# 출력: 없음(입력으로 주어진 a가 정렬됨)

def merge_sort(a):
    n = len(a)
    # 종료 조건: 정렬할 리스트의 자료 개수가 한 개 이하이면 정렬할 필요가 없음
    if n <= 1:
        return
    # 그룹을 나누어 각각 병합 정렬을 호출하는 과정
    mid = n // 2       # 중간을 기준으로 두 그룹으로 나눔
    g1 = a[:mid]
    g2 = a[mid:]
    merge_sort(g1)     # 재귀 호출로 첫 번째 그룹을 정렬
    merge_sort(g2)     # 재귀 호출로 두 번째 그룹을 정렬
    # 두 그룹을 하나로 병합
    i1 = 0
    i2 = 0
```

```
            ia = 0
        while i1 < len(g1) and i2 < len(g2):
            if g1[i1] < g2[i2]:
                a[ia] = g1[i1]
                i1 += 1
                ia += 1
            else:
                a[ia] = g2[i2]
                i2 += 1
                ia += 1
        # 아직 남아 있는 자료들을 결과에 추가
        while i1 < len(g1):
            a[ia] = g1[i1]
            i1 += 1
            ia += 1
        while i2 < len(g2):
            a[ia] = g2[i2]
            i2 += 1
            ia += 1


d = [6, 8, 3, 9, 10, 1, 2, 4, 7, 5]
merge_sort(d)
print(d)
```

실행
결과

```
[1, 2, 3, 4, 5, 6, 7, 8, 9, 10]
```

5 알고리즘 분석

병합 정렬은 주어진 문제를 절반으로 나눈 다음 각각을 재귀 호출로 풀어 가는 방식입니다. 이처럼 큰 문제를 작은 문제로 나눠서(분할하여) 푸는(정복하는) 방법을 알고리즘 설계 기법에서는 '분할 정복(divide and conquer)'이라고 부릅니다. 입력 크기가 커서 풀기 어려웠던 문제도 반복해서 잘게 나누다 보면 굉장히 쉬운 문제(종료 조건)가 되는 원리를 이용한 것입니다. 분할 정복은 잘 활용하면 계산 복잡도가 더 낮은 효율적인 알고리즘을 만드는 데 도움이 됩니다.

분할 정복을 이용한 병합 정렬의 계산 복잡도는 $O(n \cdot \log n)$으로 선택 정렬이나 삽입 정렬의 계산 복잡도 $O(n^2)$보다 낮습니다. 따라서 정렬해야 할 자료의 개수가 많을수록 병합 정렬이 선택 정렬이나 삽입 정렬보다 훨씬 더 빠른 정렬 성능을 발휘합니다.

예를 들어 대한민국 국민 오천만 명을 생년월일 순서로 정렬한다고 생각해 봅시다. 입력 크기가 n=50,000,000일 때 n^2은 2,500조이고 $n \cdot \log n$은 약 13억입니다. 워낙 큰 숫자라 감이 잘 오지 않는다고요? 2,500조는 13억보다 무려 200만 배 정도 큰 숫자입니다. 이 사실을 알면 $O(n^2)$ 정렬 알고리즘과 $O(n \cdot \log n)$ 정렬 알고리즘의 계산 시간이 얼마나 많이 차이 나는지 짐작할 수 있을 것입니다.

9-1 프로그램 9–2에서 다룬 정렬 알고리즘은 숫자를 작은 수에서 큰 수 순서로 나열하는 오름차순 정렬이었습니다. 오름차순 정렬을 큰 수에서 작은 수 순서로 나열하는 내림차순 정렬로 바꾸려면 프로그램의 어느 부분을 바꿔야 할까요?

로그

로그(log)를 이해하려면 먼저 지수(exponent)를 알아야 합니다.

$2^5 = 32$

위 식에서 2를 밑(base), 5를 지수(exponent)라고 합니다. 이 수는 2를 다섯 번 곱한 값이 32라는 뜻입니다.

$2 \times 2 \times 2 \times 2 \times 2 = 2^5 = 32$

이와 반대로 로그는 2를 몇 번 제곱해야 32가 되는지를 구하는 것입니다. 2를 다섯 번 곱하면 32가 되므로 이를 로그 식으로 표현하면 다음과 같습니다.

$\log_2 32 = 5$

마찬가지로 2의 10 제곱을 지수와 로그로 표현하면 다음과 같습니다.

$2^{10} = 1024 \quad \leftrightarrow \quad \log_2 1024 = 10$

로그를 표현할 때는 밑을 생략할 수도 있습니다. 컴퓨터 과학에서는 밑이 2일 때 2를 생략하거나 log를 줄여서 lg로 표현하기도 합니다.

$\log_2 1024 = \log 1024 = \lg 1024 = 10$

잠깐만요

한눈에 보는 정렬 알고리즘

1 선택 정렬

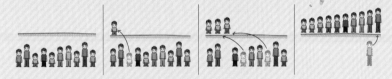

- 동작 원리: 남은 자료 중에 최솟값을 뽑아 차례로 배치
- 계산 복잡도: $O(n^2)$

2 삽입 정렬

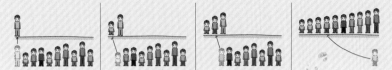

- 동작 원리: 자료를 하나씩 적절한 위치에 삽입
- 계산 복잡도: 보통의 경우 $O(n^2)$

3 병합 정렬

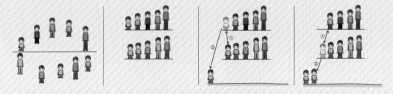

- 동작 원리: 그룹 나누기 → 그룹별로 각각 정렬(재귀 호출) → 병합
- 계산 복잡도: $O(n \cdot \log n)$

파이썬의 정렬

어렵게 정렬 알고리즘의 원리를 공부한 후에 들으면 다소 허무한 이야기지만, 파이썬, 자바, C#
과 같은 최신 컴퓨터 프로그래밍 언어는 대부분 정렬 기능을 내장하고 있습니다. 파이썬에서는
sort() 혹은 sorted() 함수를 이용하면 리스트를 쉽게 정렬할 수 있습니다. 사용 방법은 다음 실
행 결과를 참고하세요.

```
>>> sorted([5, 2, 3, 1, 4])
[1, 2, 3, 4, 5]


>>> a = [5, 2, 3, 1, 4]
>>> a.sort()
>>> a
[1, 2, 3, 4, 5]
```

sorted() 함수는 인자로 리스트를 주면 그 리스트를 정렬한 리스트를 새로 만들어 돌려줍니다.
반면에 sort() 함수는 새 리스트를 따로 만들지 않고 정렬 대상이 되는 리스트 자체의 순서를 바
꿔 줍니다. 기능은 같지만 약간 다르지요?

그렇다면 파이썬은 실제로 어떤 정렬 알고리즘으로 정렬을 하는 걸까요?

표준 파이썬 언어는 팀 피터스(Tim Peters)라는 사람이 만든 팀소트(Timsort)라는 알고리즘을 이
용해 정렬을 합니다. 팀소트는 우리가 이미 배운 병합 정렬과 삽입 정렬의 아이디어를 적절하게
섞어 만든 새로운 정렬 알고리즘으로 평균 계산 복잡도는 O(n · logn)입니다.

UNIT 10 이분 탐색

PYTHON & ALGORITHMS FOR EVERYONE

자료가 크기 순서대로 정렬된 리스트에서 특정한 값이 있는지 찾아 그 위치를 돌려주는 알고리즘을 만들어 보세요. 리스트에 찾는 값이 없으면 −1을 돌려줍니다.

이번 문제는 숫자가 여러 개 들어 있는 리스트에서 특정한 값이 있는 위치를 돌려주고, 리스트에 그 값이 없으면 −1을 결괏값으로 돌려주는 Unit 6의 문제와 똑같습니다. 다만 이번에는 리스트의 자료가 순서대로 정렬되어 있으므로 훨씬 더 빠르게 탐색할 수 있습니다.

이분 탐색(Binary search)*의 이분(二分)은 '둘로 나눈다'는 뜻입니다. 탐색할 자료를 둘로 나누어 찾는 값이 있을 법한 곳만 탐색하기 때문에 자료를 하나하나 찾아야 하는 순차 탐색보다 원하는 자료를 훨씬 빨리 찾을 수 있습니다.

이분 탐색에 대해 자세히 알아보기 전에 일상생활에서 경험할 수 있는 탐색 문제를 몇 가지 생각해 보겠습니다.

1 일상생활 속의 탐색 문제

사람들은 일상생활 속에서 알게 모르게 굉장히 많은 탐색 문제를 풀면서 살아갑니다.

첫 번째 예로 두꺼운 책을 한 권 앞에 두고 특정한 쪽 수(예를 들어 618쪽)를 찾는 과정을 떠올려 봅시다.

---

* 이분 탐색은 이진 탐색이라고도 부릅니다.

1 | 우선 책의 중간쯤을 펼쳐 쪽 수를 보니 520쪽입니다.

2 | 찾고자 하는 쪽 수가 펼친 쪽 수보다 크므로(618 〉 520) 펼친 곳의 앞쪽은 더 이상 찾을 필요가 없습니다.

3 | 현재 펼친 곳에서 뒤쪽으로 적당해 보이는 곳을 다시 펼치니 710쪽입니다.

4 | 찾고자 하는 쪽 수가 펼친 쪽 수보다 작으므로(618 〈 710) 펼친 곳의 뒤쪽은 더 이상 찾을 필요가 없습니다.

5 | 이번에는 다시 앞쪽으로 책을 펼쳤더니 613쪽이 나옵니다.

6 | 찾으려는 쪽 수와 가까운 쪽까지 왔으니 이제 쪽을 한 장 한 장 뒤로 넘깁니다.

7 | 원하는 618쪽이 나오면 탐색을 멈춥니다.

그림 10-1
책에서 원하는 쪽을
찾는 과정

어떤가요? 실제로 우리가 이런 방식으로 책에서 원하는 쪽을 찾는다는 것에 공감이 되나요?

1~5번 과정, 즉 책을 적당히 펼쳐 쪽을 비교한 다음에 찾고자 하는 쪽이 있을 방향 (앞인지 뒤인지)으로만 다시 탐색하는 과정이 바로 이분 탐색에 해당합니다. 한편, 찾으려는 쪽이 몇 쪽 남지 않았을 때 한 장씩 넘기면서 찾는 과정은 이미 Unit 6에서 배운 적이 있는 순차 탐색과 비슷합니다. 신기하게 우리는 이미 이분 탐색과 순차 탐색 알고리즘을 동시에 응용하면서 원하는 쪽을 찾고 있었던 것입니다.

여기서 한 가지 놓치면 안 되는 사실이 있습니다. 책에서 특정한 쪽을 찾을 때 우리가 이분 탐색을 할 수 있었던 이유는 무엇일까요? 그것은 모든 책의 쪽 수가 1부터 빠짐없이 차례로 커지고 있었기 때문입니다. 즉, 책의 쪽 번호가 이미 정렬되어 있으므로 특정 쪽의 앞쪽을 찾아봐야 할지 뒤쪽을 찾아봐야 할지 바로 알 수 있는 것입니다.

일상생활 속에서 찾을 수 있는 이분 탐색의 또 다른 예를 볼까요?

굉장히 큰 호텔에서 원하는 방의 호수를 찾는 것 역시 탐색 문제입니다. 원하는 층에 도착해 엘리베이터에서 내리면 우리는 무의식적으로 찾는 방이 어느 쪽에 있는지 알려 주는 방 번호 안내 표지판부터 찾습니다.

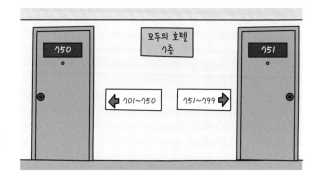

그림 10-2
호텔 엘리베이터에서
내리면 볼 수 있는
방 번호 표지판

예를 들어 743호를 찾으려면 엘리베이터로 7층까지 올라간 다음 그림 10-2와 같은 표지판을 보고 오른쪽에 있는 방(751~799호)은 무시하고 왼쪽 복도로 걸어 갑니다. 이것이 바로 이분 탐색의 원리를 이용하여 탐색할 범위를 절반으로 줄인 예입니다. 왼쪽 복도로 걸어가면서 방문에 붙은 방 번호를 743과 하나하나 비교 하는 과정은 순차 탐색에 해당합니다.

건축가가 건물을 지을 때 방 번호를 중구난방으로 정하지 않고 한 방향으로 정렬 하여 일관되게 붙이는 이유는 사람들이 효율적으로 탐색할 수 있도록 도와주기 위해서입니다.

2 이분 탐색 알고리즘

다시 문제로 돌아와서 정렬된 리스트에서 특정 값을 찾으려면 어떻게 해야 할까요?
다음 예를 통해 이분 탐색의 원리를 배워 봅시다.

리스트: [1, 4, 9, 16, 25, 36, 49, 64, 81]
찾는 값: 36

1│ 먼저 전체 리스트의 중간 위치를 찾습니다. 위치 번호 4가 리스트의 중간 위치이고, 중간 위치 값은 25입니다.

2│ 찾는 값 36과 중간 위치 값을 비교합니다. 36 〉25이므로 36이 리스트 안에 있다면 반드시 25의 오른쪽에 있어야 합니다. 즉, 리스트에서 25보다 오른쪽에 있는 값만 대상으로 생각하면 됩니다.

3│ 이제 [36, 49, 64, 81] 리스트에서 중간 위치를 찾습니다. 이 경우 49와 64의 한가운데가 중간 위치가 되는데, 두 자료 중 앞에 있는 값인 49를 중간 위치 값으로 뽑습니다.

4│ 찾는 값 36과 중간 위치 값 49를 비교합니다. 36 〈 49이므로 찾는 값 36은 처음에 비교한 값인 25보다는 오른쪽에 있고 49보다는 왼쪽에 있습니다.

5│ '25보다 오른쪽에 있고 49보다 왼쪽에 있는 값'은 한 개뿐이므로 위치 번호 5의 36이 중간 위치 값입니다.

6│ 찾는 값 36이 중간 위치 값과 같으므로 위치 번호 5를 결괏값으로 돌려주고 종료합니다.

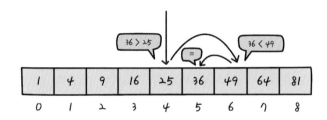

그림 10-3
이분 탐색으로 36을
찾는 과정

이분 탐색의 원리를 일반적으로 정리하면 다음과 같습니다.

1 │ 중간 위치를 찾습니다.

2 │ 찾는 값과 중간 위치 값을 비교합니다.

3 │ 같다면 원하는 값을 찾은 것이므로 위치 번호를 결괏값으로 돌려줍니다.

4 │ 찾는 값이 중간 위치 값보다 크다면 중간 위치의 오른쪽을 대상으로 다시 탐
색합니다(1번 과정부터 반복).

5 │ 찾는 값이 중간 위치 값보다 작다면 중간 위치의 왼쪽을 대상으로 다시 탐색
합니다(1번 과정부터 반복).

자료의 중간부터 시작해 찾을 값이 더 크면 오른쪽으로, 작으면 왼쪽으로 점프하
며 자료를 찾습니다. 점프할 때마다 점프 거리는 절반씩 줄어듭니다.

그림 10-4
이분 탐색의 과정

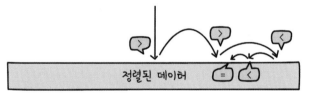

이분 탐색 알고리즘

프로그램 10-1

● **예제 소스** p10-1-bsearch.py

```
# 리스트에서 특정 숫자 위치 찾기(이분 탐색)

# 입력: 리스트 a, 찾는 값 x

# 출력: 찾으면 그 값의 위치, 찾지 못하면 -1


def binary_search(a, x):
    # 탐색할 범위를 저장하는 변수 start, end
    # 리스트 전체를 범위로 탐색 시작(0 ~ len(a)-1)
```

```python
        start = 0
        end = len(a) - 1

        while start <= end:          # 탐색할 범위가 남아 있는 동안 반복
            mid = (start + end) // 2  # 탐색 범위의 중간 위치
            if x == a[mid]:          # 발견!
                return mid
            elif x > a[mid]:         # 찾는 값이 더 크면 오른쪽으로 범위를 좁혀 계속 탐색
                start = mid + 1
            else:                    # 찾는 값이 더 작으면 왼쪽으로 범위를 좁혀 계속 탐색
                end = mid - 1

        return -1                    # 찾지 못했을 때

d = [1, 4, 9, 16, 25, 36, 49, 64, 81]
print(binary_search(d, 36))
print(binary_search(d, 50))
```

실행
결과

```
5
-1
```

3 알고리즘 분석

이분 탐색은 값을 비교할 때마다 찾는 값이 있을 범위를 절반씩 좁히면서 탐색하는 효율적인 탐색 알고리즘입니다. 예를 들어 자료가 천 개 있을 때 원하는 자료를 찾는다고 생각해 보겠습니다. 순차 탐색은 최악의 경우에 자료 천 개와 모두 비교해야 하지만, 이분 탐색은 최악의 경우에도 자료 열 개와 비교하면 탐색을 마칠 수 있습니다($\log_2 1{,}000 \cong 9.966$).

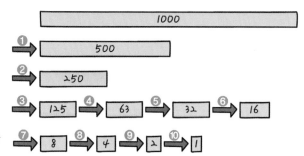

그림 10-5
이분 탐색으로 탐색
범위를 1까지 좁혀 가는
과정

이분 탐색의 계산 복잡도는 O(logn)으로, 순차 탐색의 계산 복잡도인 O(n)보다 훨씬 더 효율적입니다.

대한민국 전 국민 오천만 명 중에서 주민등록번호로 한 명을 찾는다고 해 볼까요? 순차 탐색으로는 최악의 경우 주민등록번호가 같은지 오천만 번 비교해야 하지만(찾는 사람이 자료의 맨 마지막에 있을 때), 이분 탐색으로는 최악의 경우라도 26명의 주민등록번호와 같은지 혹은 큰지를 비교하면 원하는 사람을 찾을 수 있습니다($\log_2 50,000,000 \cong 25.575$).

물론 이분 탐색을 가능하게 하려면 자료를 미리 정렬해 둬야 해서 번거로울 수 있습니다. 하지만 필요한 값을 여러 번 찾아야 한다면 시간이 조금 걸리더라도 자료를 한 번 정렬한 다음에 이분 탐색을 계속 이용하는 방법이 훨씬 효율적입니다.

연습
문제

10-1 다음 과정을 참고하여 재귀 호출을 사용한 이분 탐색 알고리즘을 만들어 보세요.

① 주어진 탐색 대상이 비어 있다면 탐색할 필요가 없습니다(종료 조건).

② 찾는 값과 주어진 탐색 대상의 중간 위치 값을 비교합니다.

③ 찾는 값과 중간 위치 값이 같다면 결괏값으로 중간 위치 값을 돌려줍니다.

④ 찾는 값이 중간 위치 값보다 크다면 중간 위치의 오른쪽을 대상으로 이분 탐색 함수를 재귀 호출합니다.

⑤ 찾는 값이 중간 위치 값보다 작다면 중간 위치의 왼쪽을 대상으로 이분 탐색 함수를 재귀 호출합니다.

계산 복잡도 비교

앞에서 살펴본 계산 복잡도를 표현하는 대문자 O 표기법을 계산이 간단한 것에서 복잡한 것 순
으로 정리해 보겠습니다.

① O(1): 입력 크기 n과 계산 복잡도가 무관할 때

  예) 계산 공식 n(n+1)/2를 이용한 1부터 n까지의 합(Unit 1)

② O(logn): 입력 크기 n의 로그 값에 비례하여 계산 복잡도가 증가할 때

  예) 이분 탐색(Unit 10)

③ O(n): 입력 크기 n에 비례하여 계산 복잡도가 증가할 때

  예) 최댓값 찾기(Unit 2), 순차 탐색(Unit 6)

④ O(n · logn): 입력 크기 n과 로그 n 값의 곱에 비례하여 계산 복잡도가 증가할 때

  예) 병합 정렬(Unit 9)

⑤ O(n²): 입력 크기 n의 제곱에 비례하여 계산 복잡도가 증가할 때

  예) 선택 정렬(Unit 7), 삽입 정렬(Unit 8)

⑥ O(2ⁿ): 입력 크기가 n일 때 2의 n 제곱 값에 비례하여 계산 복잡도가 증가할 때

  예) 하노이의 탑(Unit 5)

	O(1)	O(logn)	O(n)	O(n · logn)	O(n²)	O(2ⁿ)
그래프						
n = 10	1	3.3	10	32.2	100	1024
n = 100	1	6.6	100	664.4	10000	1267650… (31자리 숫자)
n = 10000	1	13.3	10000	132877.1	100000000	1995063… (3011자리 숫자)

UNIT 11 회문 찾기 [큐와 스택]

PYTHON & ALGORITHMS FOR EVERYONE

문자열이 회문(回文)인지 아닌지 판단하여 회문이면 *True*, 아니면 *False*를 결과로 알려 주는 알고리즘을 만들어 보세요.

이번에 풀어 볼 문제는 회문(回文, palindrome) 찾기 문제입니다.

회문은 조금 생소한 단어인데 '순서대로 읽어도 거꾸로 읽어도 그 내용이 같은 낱 말이나 문장'을 뜻합니다. 낱말 사이에 있는 공백이나 문장 기호 등은 무시하므 로 다음 낱말과 문장은 모두 회문입니다.

회문의 예(한글)	회문의 예(영어)
역삼역	mom
기러기	wow
일요일	noon
사진사	level
복불복	radar
다가가다	kayak
기특한 특기	racecar
다했나? 했다!	God's dog
다시 합창 합시다	Madam, I'm Adam.

어떤 문장이 주어졌을 때 이 문장이 회문인지 아닌지 판단하려면 어떻게 해야 할까요?

여러 가지 방법이 있지만, 여기서는 가장 기본적인 자료 구조인 큐와 스택을 알아 본 다음, 큐와 스택의 특징을 이용해서 회문을 판단하는 방법을 살펴보겠습니다.

1 큐와 스택

이번에 살펴볼 큐와 스택은 컴퓨터 과학에서 다루는 여러 가지 자료 구조 중에서도 가장 기본적인 것입니다. 두 자료 구조는 '자료를 넣는 동작'과 '자료를 빼는 동작'을 할 수 있으며, 들어간 자료가 일렬로 보관된다는 공통점이 있습니다. 하지만 자료를 넣고 뺄 때 동작하는 방식이 서로 다릅니다.

구체적인 예를 들어 설명해 보겠습니다.

■ 큐

큐(queue)는 '줄 서기'에 비유할 수 있습니다. 택시를 타기 위해서 줄을 서는 과정을 떠올려 봅시다. 새로 택시 정류장에 도착한 사람은 맨 뒤로 가서 줄을 서고, 택시가 도착하면 그 줄의 맨 앞에 선 사람이 줄을 빠져나가 택시를 탑니다. 가장 먼저 줄을 선 사람이 가장 먼저 택시를 타게 됩니다(First In First Out).

그림 11-1
큐: 택시 정류장에서
줄 서서 택시 타기

큐에 자료를 한 개 집어넣는 동작을 '인큐(enqueue)', 큐 안에 있는 자료를 한 개 꺼내는 동작을 '디큐(dequeue)'라고 표현합니다.

■ 스택

스택(stack)은 '접시 쌓기'에 비유할 수 있습니다. 식당에서 접시를 차곡차곡 쌓았다가 하나씩 꺼내 설거지하는 과정을 생각해 봅시다. 다 먹은 접시를 쌓을 때는 쌓은 접시 맨 위에 올려놓습니다. 설거지하려고 접시를 꺼낼 때도 맨 위에 있는 접시부터 꺼냅니다. 바꿔 말하면 가장 마지막에 들어간 자료를 가장 먼저 꺼내는 것을 의미합니다(Last In First Out).

맨 아래에 있는 접시를 꺼내려면 맨 위에 있는 접시부터 하나하나 꺼내야 한다는 것도 쉽게 이해할 수 있습니다.

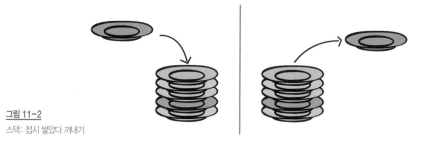

그림 11-2
스택: 접시 쌓았다 꺼내기

스택에 자료를 하나 집어넣는 동작을 '푸시(push)', 스택 안에 있는 자료를 하나 꺼내는 동작을 '팝(pop)'이라고 표현합니다.

그림 11-3을 보면 큐와 스택에는 둘 다 1, 2, 3, 4라는 자료가 보관되어 있습니다. 큐와 스택에서 각각 자료를 차례로 빼내면 어떻게 될까요?

그림 11-3
큐와 스택에 자료를 넣고 빼는 동작

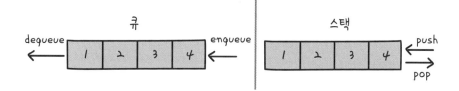

큐에서 자료를 꺼내면(dequeue) 들어간 순서 그대로, 즉 1, 2, 3, 4 순서로 자료가 나옵니다. 하지만 스택은 자료를 꺼내면(pop) 들어간 순서와 정반대인 4, 3, 2, 1 순서로 자료가 나옵니다.

■ 리스트로 큐와 스택 사용하기

큐와 스택은 자료를 일렬로 보관하는 특징이 있습니다. 따라서 파이썬의 리스트를 이용해서 쉽게 만들어 볼 수 있습니다. 이 책에서는 표 11-1과 같은 방식으로 리스트를 사용해서 큐와 스택을 만들어 보겠습니다.

표 11-1

리스트로 큐와 스택
만들기

자료 구조	동작	코드	설명
큐	초기화	qu = []	빈 리스트를 만듦
	자료 넣기(enqueue)	qu.append(x)	리스트의 맨 뒤에 자료를 추가
	자료 꺼내기(dequeue)	x = qu.pop(0)	리스트의 맨 앞(0번 위치)에서 자료를 꺼냄
스택	초기화	st = []	빈 리스트를 만듦
	자료 넣기(push)	st.append(x)	리스트의 맨 뒤에 자료를 추가
	자료 꺼내기(pop)	x = st.pop()	리스트의 맨 뒤에서 자료를 꺼냄

2 회문 찾기 알고리즘

앞에서 자료 값 1, 2, 3, 4가 들어 있는 큐와 스택에서 차례로 자료를 빼내면 각각 1, 2, 3, 4 와 4, 3, 2, 1 순서로 자료가 나온다고 배웠습니다. 이것이 바로 회문을 판단하는 데 필요한 큐와 스택의 특징입니다.

주어진 문장의 문자들을 하나하나 큐와 스택에 넣은 다음 큐와 스택에서 하나씩 자료를 꺼낸다고 생각해 봅시다. 큐는 들어간 순서 그대로, 스택은 들어간 순서와 정반대로 문자들이 뽑혀 나옵니다.

회문은 거꾸로 읽어도 같은 글자가 나와야 합니다. 따라서 큐에서 꺼낸 문자들(원래 순서)이 스택에서 꺼낸 문자들(역순)과 모두 같다면 그 문장은 회문입니다.

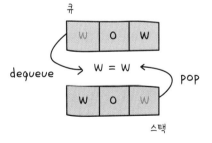

그림 11-4

큐와 스택에서 차례로
꺼낸 값이 모두 같으면
회문

● **예제 소스** p11-1-palindrome.py

```python
# 주어진 문장이 회문인지 아닌지 찾기(큐와 스택의 특징을 이용)
# 입력: 문자열 s
# 출력: 회문이면 True, 아니면 False

def palindrome(s):
    # 큐와 스택을 리스트로 정의
    qu = []
    st = []
    # 1단계: 문자열의 알파벳 문자를 각각 큐와 스택에 넣음
    for x in s:
        # 해당 문자가 알파벳이면(공백, 숫자, 특수문자가 아니면)
        # 큐와 스택에 각각 그 문자를 추가
        if x.isalpha():
            qu.append(x.lower())
            st.append(x.lower())
    # 2단계: 큐와 스택에 들어 있는 문자를 꺼내면서 비교
    while qu:   # 큐에 문자가 남아 있는 동안 반복
        if qu.pop(0) != st.pop():   # 큐와 스택에서 꺼낸 문자가 다르면 회문이 아님
            return False

    return True

print(palindrome("Wow"))
print(palindrome("Madam, I'm Adam."))
print(palindrome("Madam, I am Adam."))
```

True

True

False

알아
보기

프로그램 11-1에서 isalpha( ) 함수는 주어진 문자가 알파벳 문자에 해당하는 지 확인하는 기능을 합니다. 공백, 숫자, 특수문자는 isalpha( ) 함수로 걸러 냅니다. lower( ) 함수는 주어진 알파벳을 소문자로 바꾸는 기능을 합니다. 문자를 모두 소문자로 바꿔 큐와 스택에 추가하므로 대문자와 소문자를 구분하지 않고 회문인지 아닌지 판단할 수 있습니다.

연습
문제

11-1 큐와 스택을 이용하지 않고 회문인지 아닌지 판단할 수 있는 방법이 있습니다. 문장의 앞뒤를 차례로 비교하면서 각 문자가 같은지 확인하는 방법입니다. 이 방법으로 회문인지 아닌지 판단하는 알고리즘을 만들어 보세요.

잠깐만요

리스트를 이용한 큐와 스택 구현

리스트로 큐와 스택의 동작을 구현하면 다른 모듈을 사용하지 않고도 간단히 큐와 스택을 사용할 수 있다는 장점이 있습니다. 하지만 엄밀하게 말하면 이 방법은 효율적이지 않습니다(큐가 비효율적입니다).

효율성이 중요한 프로그램이라면 파이썬의 collections 모듈에 있는 deque(double-ended queue)를 이용하여 다음과 같은 방식으로 큐를 만들어 사용할 수 있습니다.

```
>>> from collections import deque
>>> qu = deque()
>>> qu.append(1)      # 1을 큐에 추가(enqueue)
>>> qu.append(2)      # 2를 큐에 추가(enqueue)
>>> qu.popleft()      # 큐에서 1을 꺼냄(dequeue)
1
>>> qu
deque([2])            # 1을 꺼냈으므로 2가 남아 있습니다.
```

참고로 큐와 스택을 리스트로 만들면 왜 큐가 더 비효율적일까요?

앞에서 살펴본 택시 정류장에서 줄 서기를 생각하면 감을 잡을 수 있습니다. 큐에서 맨 앞사람이 빠져나가면 줄의 맨 앞이 비게 됩니다. 따라서 줄에 남은 모든 사람이 '귀찮게도' 한 발씩 앞으로 움직여야 합니다.

하지만 줄의 맨 뒷사람이 택시를 기다리다 포기하고 줄을 떠난다면 어떨까요? 줄에 남은 사람들은 아무 상관이 없겠지요?

① 리스트로 만든 큐에서 자료 꺼내기(dequeue)

qu.pop(0) → 리스트의 0번 위치에서 자료를 빼내면 0번 위치가 비므로 남은 자료를 전부 한 칸씩 당겨 주는 처리가 필요

② 리스트로 만든 스택에서 자료 꺼내기(pop)

st.pop() → 리스트의 맨 뒤에서 자료를 빼내면 남은 자료의 위치는 변화가 없음

파이썬에서 큐와 스택과 같은 자료 구조를 활용하는 방법을 더 자세히 알고 싶다면 파이썬 공식 문서를 참고하면 도움이 될 것입니다.

• 파이썬 공식 문서: https://docs.python.org/3/tutorial/datastructures.html 영어

동명이인 찾기 ② 딕셔너리

n명의 사람 이름 중에 같은 이름을 찾아 집합으로 만들어 돌려주는 알고리즘을 만들어 보세요.

Unit 3에서 살펴본 동명이인 찾기 문제를 다시 풀어 보겠습니다. 동명이인 찾기 문제는 사람들의 이름이 나열된 리스트 안에 같은 이름이 있는지 확인해서 중복된 이름들을 집합으로 돌려주는 문제였습니다. 예를 들어 ["Tom", "Jerry", "Mike", "Tom"]이 입력으로 주어지면 "Tom"이 중복되므로 이를 집합에 넣은 {"Tom"}을 결과로 돌려주면 됩니다.

이번에는 파이썬의 딕셔너리(dictionary, 사전)라는 자료 구조를 이용해서 동명이인 문제를 풀어 보겠습니다. 먼저 딕셔너리가 무엇인지 살펴봅시다.

1 딕셔너리

파이썬의 딕셔너리는 정보를 찾는 기준이 되는 키(key)와 그 키에 연결된 값(value)의 대응 관계를 저장하는 자료 구조입니다. 예를 들어 여러 사람이 있을 때 각 사람의 이름(키)과 나이(값)를 대응시켜 딕셔너리로 쉽게 표현할 수 있습니다.

```
>>> d = {"Justin": 13, "John": 10, "Mike": 9}
>>> d["Justin"]
13
>>> d["John"]
10
>>> d["Summer"]
```

```
Traceback (most recent call last):
  File "<stdin>", line 1, in <module>
KeyError: 'Summer'
>>> d["Summer"] = 1
>>> d["Summer"]
1
>>> d["Summer"] = 2
>>> d
{'Justin': 13, 'John': 10, 'Mike': 9, 'Summer': 2}
```

지금부터 실행 예를 한 줄씩 살펴보면서 딕셔너리에 대해 알아보겠습니다.
딕셔너리는 중괄호를 이용해 만듭니다. { } 안에 키에 대응되는 값을 콜론(:)으로
연결해 주면 딕셔너리가 만들어집니다. 다음과 같이 하면 키 "Justin"에 값 13,
키 "John"에 값 10, 키 "Mike"에 값 9가 대응된 딕셔너리가 새로 만들어집니다.

```
d = {"Justin": 13, "John": 10, "Mike": 9}
```

정보가 아무것도 들어 있지 않은 빈 딕셔너리를 만들려면 값이 들어 있지 않은
빈 중괄호 또는 dict( )를 이용하면 됩니다.

```
d = {}
d = dict()
```

딕셔너리에서 키로 원하는 값을 찾으려면 리스트와 마찬가지로 대괄호 안에 키를
적어 주면 됩니다(단, 리스트에서는 대괄호 안에 원하는 위치 번호를 넣습니다).

```
>>> d["Justin"]
13
>>> d["John"]
10
```

딕셔너리에 없는 키를 대괄호 안에 넣으면 에러가 발생합니다.

```
>>> d["Summer"]
Traceback (most recent call last):
  File "<stdin>", line 1, in <module>
KeyError: 'Summer'
```

딕셔너리에 새 값을 추가하려면 다음과 같이 값을 대입하면 됩니다.

```
>>> d["Summer"] = 1
```

이제 "Summer"라는 키에 1이라는 값이 저장되었습니다.

```
>>> d["Summer"]
1
```

한 가지 주의할 것은 딕셔너리에는 키가 중복되지 않는다는 점입니다. 이미 존재하는 키에 새 값을 넣으면 기존 값은 지워지고 새 값으로 덮어써집니다.

```
>>> d["Summer"] = 2      # 기존 값인 1은 지워지고 2로 바뀜
>>> d["Summer"]
2
```

이해를 돕기 위해 딕셔너리 활용을 하나 더 살펴보겠습니다.

딕셔너리를 사용해서 학생 번호와 학생 이름이 대응된 학생 명부를 만들어 볼까요?
예를 들어 어떤 반에 학생 번호 1번 김민준, 2번 이유진, 3번 박승규 학생이 있을
때, 이 반의 학생 명부는 학생 번호를 키로 하고 학생 이름을 값으로 하는 다음과
같은 딕셔너리로 표현할 수 있습니다.

```
s_info = {
    1: "김민준",
    2: "이유진",
    3: "박승규"
}
```

- 응용 1: 학생 번호 2번에 해당하는 학생 이름을 알고 싶다면 s_info[2]
  를 이용합니다.
- 응용 2: 새 학생을 학생 명부에 추가하려면 s_info[4] = "최재원"과 같
  이 학생 번호를 키, 학생 이름을 값으로 대입합니다.
- 응용 3: 학생 번호가 3번인 학생(박승규)을 학생 명부에서 삭제하려면 del
  s_info[3]과 같이 del 명령어를 이용합니다.

표 12-1은 자주 사용하는 파이썬의 딕셔너리 기능을 정리한 것입니다.

표 12-1
자주 사용하는
딕셔너리 기능

함수	설명	사용 예
len(a)	딕셔너리 길이(자료 개수)를 구합니다.	d = {"Justin": 13, "John": 10, "Mike": 9} len(d)　　　　# 3
d[key]	딕셔너리에서 키(key)에 해당하는 값을 읽습니다.	d = {"Justin": 13, "John": 10, "Mike": 9} d["Mike"]　　　# 9 # 없는 키의 값을 읽으려고 하면 키 에러 (KeyError)가 발생합니다.
d[key] = value	키(key)에 값(value)을 저장합니다. 없다면 새로 만들고 이미 있다면 value 값을 덮어씁니다.	d["Summer"] = 1 d["Summer"] = 2 # d["Summer"]에는 2가 저장됩니다.
del d[key]	키(key)에 해당하는 값을 지웁니다.	del d["Summer"] d["Summer"] # "Summer"가 지워졌으므로 키 에러가 발생합니다.
clear()	딕셔너리에 담긴 모든 자료를 지웁니다.	d.clear() # d = {} 즉, 빈 딕셔너리가 됩니다.
key in d	키(key)가 딕셔너리 d 안에 있는지 확인합니다(key not in d는 반대 결과).	d = {"Justin": 13, "John": 10, "Mike": 9} "John" in d　　　# True "Alex" in d　　　# False "Alex" not in d　# True

잠깐만요

집합과 딕셔너리

파이썬의 집합과 딕셔너리는 서로 다른 자료 구조지만, 둘 다 중괄호로 자료를 표현하다 보니 처음에는 혼란스러울 수 있습니다. 중괄호 안에 단순히 자료만 나열되어 있으면 집합이고, 키와 값이 콜론(:)으로 연결되어 나열되어 있으면 딕셔너리이니 헷갈리지 않도록 합니다.

```
s = {1, 2, 3}      # 1, 2, 3이 포함된 집합
d = {1: 2, 3: 4}   # 키 1에 값 2, 키 3에 값 4가 대응된 딕셔너리
```

참고로 빈 집합이나 빈 딕셔너리는 다음과 같은 방법으로 만듭니다.

```
s = set()       # 빈 집합 s
d = dict()      # 빈 딕셔너리 d, d = {}도 같음
```

딕셔너리를 이용한 동명이인 찾기 알고리즘

딕셔너리는 정보를 찾는 기준이 되는 키(key)와 그 키에 해당하는 값(value)이 나열된 것이라고 배웠습니다. 그렇다면 동명이인 문제에 딕셔너리를 어떻게 활용할 수 있을까요?

각 이름을 키(key)로, 그 이름이 리스트에 등장한 횟수를 값(value)으로 보면 문제를 풀 수 있는 힌트가 보일 것입니다.

```
딕셔너리 =
{
    "이름 1": 이름 1이 등장한 횟수,
    "이름 2": 이름 2가 등장한 횟수,
    "이름 3": 이름 3이 등장한 횟수
}
```

Unit 12의 문제를 처음 봤을 때 예로 든 ["Tom", "Jerry", "Mike", "Tom"]을 다음과 같이 처리하는 것입니다.

```
name_dict =
{
    "Tom": 2,
    "Jerry": 1,
    "Mike": 1
}
```

name_dict라는 딕셔너리를 만들고 이 중에서 값(value)이 2 이상인 키(key)를 골라내면 동명이인으로 구성된 집합을 쉽게 얻을 수 있습니다.

이 과정을 알고리즘으로 적으면 다음과 같습니다.

1 각 이름이 등장하는 횟수를 저장할 빈 딕셔너리(name_dict)를 만듭니다.

2 입력으로 주어진 리스트에서 각 이름을 꺼내면서 반복합니다.

3 주어진 이름이 name_dict에 있는지 확인합니다.

4 이미 있다면 등장 횟수를 1 증가시킵니다.

5 아직 없다면 그 이름을 키(key)로 하는 항목을 새로 만들어 1을 저장합니다.

6 1~5번 과정을 거치면 name_dict에는 리스트에 등장하는 모든 이름과 각각의 등장 횟수가 저장됩니다.

7 만들어진 딕셔너리에서 등장 횟수가 2 이상인 이름을 찾아 결과 집합에 넣은 다음 출력으로 돌려줍니다.

이제 이 알고리즘을 프로그램으로 구현해 볼 차례입니다.

딕셔너리를 이용해 동명이인을 찾는 알고리즘

프로그램 12-1

● **예제 소스** p12-1-samename.py

```python
# 두 번 이상 나온 이름 찾기
# 입력: 이름이 n개 들어 있는 리스트
# 출력: n개의 이름 중 반복되는 이름의 집합

def find_same_name(a):
    # 1단계: 각 이름이 등장한 횟수를 딕셔너리로 만듦
    name_dict = {}
    for name in a:                    # 리스트 a에 있는 자료들을 차례로 반복
        if name in name_dict:         # 이름이 name_dict에 있으면
            name_dict[name] += 1      # 등장 횟수를 1 증가
```

```
            else:                        # 새 이름이면
                name_dict[name] = 1      # 등장 횟수를 1로 저장
        # 2단계: 만들어진 딕셔너리에서 등장 횟수가 2 이상인 것을 결과에 추가
        result = set()                   # 결괏값을 저장할 빈 집합
        for name in name_dict:           # 딕셔너리 name_dict에 있는 자료들을 차례로 반복
            if name_dict[name] >= 2:
                result.add(name)


        return result


name = ["Tom", "Jerry", "Mike", "Tom"]  # 대소문자 유의, 파이썬은 대소문자를 구분함
print(find_same_name(name))


name2 = ["Tom", "Jerry", "Mike", "Tom", "Mike"]
print(find_same_name(name2))
```

실행
결과

```
{'Tom'}
{'Mike', 'Tom'}
```

3 알고리즘 분석

Unit 3에서 살펴본 동명이인을 찾는 알고리즘(프로그램 3-1)은 리스트 안에 들어 있는 모든 사람을 서로 한 번씩 비교하여 같은 이름이 있는지 찾아내는 방식이었습니다. 즉, 사람 수가 n일 때 계산 복잡도는 $O(n^2)$이었습니다.

반면 딕셔너리를 이용해 동명이인을 찾는 알고리즘(프로그램 12-1)은 1단계로 리스트 정보를 한 번 읽어서 각 이름과 등장 횟수를 딕셔너리에 넣는 동작(n번

처리)을 하고, 2단계로 딕셔너리 안에 저장된 서로 다른 이름을 확인하여 등장 횟수가 2 이상인 자료를 찾습니다(n번 이하 처리). 이는 for 반복문을 겹쳐서 사용하지 않고 따로따로 두 번 반복하는 과정이므로 대문자 O 표기법으로 표현하면 $O(n)$에 해당합니다.

프로그램에서 for 반복문이 여러 번 나올 때는 서로 겹치느냐 겹치지 않느냐에 따라 계산 복잡도가 많이 달라집니다.

표 12-2
for 반복문 중첩 여부에
따른 계산 복잡도 차이

위치	for 반복문이 겹친 예	for 반복문이 겹치지 않은 예

코드	for i in range(0, n - 1):
	    for j in range(i + 1, n):
	        # 중첩된 반복 부분
		for i in range(0, n):
		    # 반복 1: 이 부분은 n번 실행
		for i in range(0, n):
		    # 반복 2: 이 부분은 n번 실행

실행 횟수	$n(n-1)/2$	$2n$
계산 복잡도	$O(n^2)$	$O(n)$

잠깐만요

계산 복잡도: 시간 복잡도와 공간 복잡도 ②
계산 복잡도에는 계산을 얼마나 빨리 할 수 있는지 따져 보는 '시간 복잡도'와 계산에 얼마나 많은 저장 공간이 필요한지 따져 보는 '공간 복잡도'가 있습니다. 앞에서는 주로 시간 복잡도만 생각해 볼 것이라고 했습니다(223쪽).

딕셔너리를 이용해 동명이인을 찾는 문제는 모든 사람을 서로 비교하는 방법보다 더 나은 시간 복잡도를 가집니다. 하지만 딕셔너리를 만들어 그 안에 모든 이름과 등장 횟수를 저장해야 하므로 더 많은 저장 공간을 사용합니다. 이것은 공간 복잡도를 희생하여 시간 복잡도를 개선한 것이라고 생각할 수 있습니다.

알고리즘 분석을 정확하게 하려면 시간 복잡도뿐만 아니라 공간 복잡도도 함께 고려해야 합니다. 하지만 현대 컴퓨터는 대체로 저장 공간(메모리, 하드디스크)이 매우 크기 때문에 상대적으로 공간 복잡도에 덜 민감한 편입니다.

연습 문제

12-1 연습 문제 6-3에서 풀어 본 학생 번호로 학생 이름을 찾는 문제를 딕셔너리를 이용해 풀어 보세요.

다음과 같이 학생 번호와 이름이 주어졌을 때 학생 번호를 입력하면 그 학생 번호에 해당하는 이름을 돌려주고, 해당하는 학생 번호가 없으면 물음표를 돌려줘야 합니다.

```
39: Justin
14: John
67: Mike
105: Summer
```

 잠깐만요

해시 테이블

파이썬의 딕셔너리와 같이 키(key)와 값(value)을 대응시켜 자료를 보관하는 자료 구조를 컴퓨터 과학 용어로는 '해시 테이블(hash table)'이라고 부릅니다. 해시 테이블은 프로그래밍 언어마다 다른 이름으로 부르기도 합니다. 예를 들어 C++에서는 언오더드맵(unordered_map)이라고 부르고 자바에서는 해시맵(hashmap)이라고 부릅니다.

파이썬이나 C#에서는 딕셔너리(dictionary, 사전)라는 용어를 사용합니다. 우리가 평소에 사용하는 사전에 어떤 구조로 단어가 기록되어 있는지 떠올려 보면 왜 딕셔너리라고 부르는지 이해가 될 것입니다.

```
korean_dict =
{
    "선생": "학생을 가르치는 사람",
    "학생": "학교에 다니면서 공부하는 사람",
    ...
    "찾는 단어": "단어의 뜻"
}
```

해시 테이블은 키(key)와 값(value)을 대응시켜 여러 개의 자료를 보관하는 효율성이 높은 자료 구조입니다.

친구의 친구 찾기 그래프

PYTHON & ALGORITHMS FOR EVERYONE

친구 관계를 이용하여 어떤 한 사람이 직접 또는 간접으로 아는 모든 친구를 출력하는 알고리즘을 만들어 보세요.

한때 큰 인기를 끌었던 싸이월드라는 SNS에는 '일촌 맺기', '친척', '촌수'라는 개념이 있었습니다. A와 B가 일촌 관계이고 B와 C가 일촌 관계이면 A와 C는 직접 아는 사이가 아니더라도 서로 이촌 관계가 되는 식입니다.

친구가 서너 명 정도라면 종이에 사람들의 관계를 적어 보는 것만으로도 촌수를 쉽게 계산할 수 있습니다. 하지만 회원 수가 천만 명이 넘는 웹사이트에서 각 회원이 수십, 수백 명씩 일촌을 맺고 있다면 뭔가 체계적인 알고리즘이 필요할 것입니다. 싸이월드 외에도 페이스북 같은 대부분의 SNS에는 친구 관계가 있으며 친구의 친구를 찾아주는 '친구 추천' 기능이 있습니다. 이러한 기능 역시 이번 문제에서 배울 '친구의 친구 찾기'와 비슷한 알고리즘을 사용한 것입니다.

1 용어 정리

이 문제를 제대로 이해하려면 용어를 정리할 필요가 있습니다. 싸이월드를 예로 들었던 일촌, 친척, 촌수 개념을 좀 더 일반적인 친구 관계로 정리해 보겠습니다.

- 친구(일촌): 어떤 두 사람이 직접 아는 사이일 때, 즉 서로 친구 요청을 수락한 경우 친구라고 합니다.

  (예) A가 B의 친구이면 B도 A의 친구입니다.

- 모든 친구(친척): 어떤 사람이 직접 아는 친구들과 그 친구들의 친구들, 즉 직간접으로 아는 모든 사람을 말합니다(자기 자신도 포함).

(예) A와 B가 친구이고 B와 C가 친구이고 C와 D가 친구이면(A-B-C-D), A에게는 A, B, C, D 전부가 '모든 친구'입니다.

- 친밀도(촌수): 어떤 사람 두 명이 서로 직간접으로 아는 사이일 때 두 명이 서로 몇 단계를 거쳐 아는지 나타내는 숫자입니다(자기 자신의 친밀도는 0).
  (예) A와 B가 친구이고 B와 C가 친구이고 C와 D가 친구이면(A-B-C-D), A와 B의 친밀도는 1, A와 C의 친밀도는 2, A와 D의 친밀도는 3입니다.

용어 정의를 이용해서 우리가 풀어야 할 문제를 다시 적어 보면 다음과 같습니다.

친구 관계를 이용하여 어떤 한 사람의 '모든 친구'를 출력하는 알고리즘을 만들어 보세요.

이제 이 문제를 푸는 데 꼭 필요한 자료 구조인 '그래프(graph)'를 알아볼 차례입니다.

2 그래프

아마도 여러분은 수학 시간에 x축과 y축 위에 함수를 표현한 함수의 그래프를 많이 그려 보았을 것입니다.

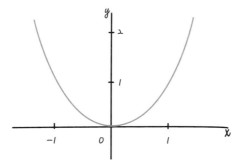

그림 13-1
y=x²의 그래프

안타깝게도 우리가 필요한 그래프는 그림 13-1과 같은 함수의 그래프가 아닙니다. 친구 관계 문제를 푸는 데 필요한 그래프는 꼭짓점들과 그 꼭짓점 사이를 연결한 선의 집합을 의미합니다. 글로는 감이 잘 오지 않으니 그래프의 예를 하나 더 봅시다.

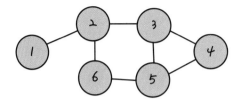

그림 13-2
그래프의 예

그림 13-2와 같이 꼭짓점(동그라미로 표현) 여러 개와 각 꼭짓점 사이의 연결 관계를 선으로 표현한 것을 그래프라고 합니다. 그림 13-2는 1부터 6까지 이름이 붙여진 꼭짓점(vertex)이 여섯 개 있고, 그 꼭짓점 사이를 연결하는 선(edge)이 일곱 개 있습니다.

이 그래프를 본 순간 '각 사람을 꼭짓점으로 표현하고 사람들의 친구 관계를 선으로 표현할 수 있겠다'는 생각이 떠올랐다면 알고리즘에 대한 감이 생긴 것입니다.

3 그래프로 친구 관계 표현하기

예를 들어 사람이 여덟 명 있고, 친구 관계가 다음과 같을 때 이 친구 관계를 그래프로 어떻게 표현할 수 있을까요?

- Summer와 John은 서로 친구입니다.
- Summer와 Justin은 서로 친구입니다.
- Summer와 Mike는 서로 친구입니다.
- Justin과 May는 서로 친구입니다.
- May와 Kim은 서로 친구입니다.
- John과 Justin은 서로 친구입니다.
- Justin과 Mike는 서로 친구입니다.
- Tom과 Jerry는 서로 친구입니다.

사람 여덟 명을 각각 꼭짓점 여덟 개로 생각하고 친구들의 관계를 선으로 표현하면 그림 13-3과 같은 그래프로 그릴 수 있습니다.

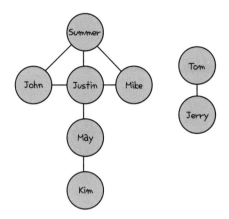

그림 13-3
친구 관계 그래프

문장으로 설명한 친구 관계를 그래프를 사용하여 수학적인 관계로 표현하였습니다. 이제 이 그래프를 파이썬 프로그램으로 만들어 볼 차례입니다.

 ## 4 파이썬으로 그래프 표현하기

파이썬에서 그래프를 자료 구조로 만들어 저장하는 방법에는 여러 가지가 있지만, 여기서는 우리가 이미 알고 있는 리스트와 딕셔너리를 이용해서 그래프를 표현하는 방법을 살펴보겠습니다.

일단 그래프를 표현하려면 각 꼭짓점의 정보부터 저장해야 합니다. 그래프를 표현할 fr_info 딕셔너리를 만들고 키(key)로 각 꼭짓점을 지정합니다.

여기까지를 파이썬 프로그램으로 표현하면 다음과 같습니다.

```
fr_info = {
    'Summer':
    'John':
    'Justin':
    'Mike':
```

```
        'May':
        'Kim':
        'Tom':
        'Jerry':
    }
```

안타깝지만 이 프로그램은 실행되지 않습니다. 딕셔너리에는 키와 키에 대응하는 값(value)이 필요하기 때문입니다. 그래프를 표현하려면 어떤 값을 키로 연결해야 할까요?

바로 꼭짓점과 더불어 그래프에서 없어서는 안 되는 필수 요소인 '선'입니다. 각 꼭짓점에 직접 연결된 다른 꼭짓점들의 리스트를 만들어서 fr_info의 키에 대응하는 값으로 적어 주면 우리가 만들고 싶은 그래프가 파이썬 프로그램으로 완성됩니다.

예를 들어 ['John', 'Justin', 'Mike']와 같이 자료 세 개로 만들어진 리스트를 다음과 같이 키 'Summer'의 값으로 대응시킵니다.

```
    'Summer': ['John', 'Justin', 'Mike'],
```

완성된 친구 정보 그래프 프로그램은 다음과 같습니다.

```
fr_info = {
    'Summer': ['John', 'Justin', 'Mike'],
    'John': ['Summer', 'Justin'],
    'Justin': ['John', 'Summer', 'Mike', 'May'],
    'Mike': ['Summer', 'Justin'],
    'May': ['Justin', 'Kim'],
    'Kim': ['May'],
    'Tom': ['Jerry'],
```

```
        'Jerry': ['Tom']
    }
```

참고로 A가 B의 친구면 B는 자동으로 A의 친구입니다. 따라서 Summer에 대응하는 리스트에 John이 있으면 John에 대응하는 리스트에도 자연히 Summer가 있는 것입니다.

5 모든 친구 찾기 알고리즘

주어진 친구 관계 그래프에서 Tom의 모든 친구를 출력하는 것은 매우 간단합니다. 일단 Tom 자신을 출력합니다. 그리고 fr_info 딕셔너리의 키 Tom의 값에 Jerry가 있으므로 Jerry를 출력합니다. 다시 Jerry의 친구를 찾아보니 Tom 한 명뿐입니다. Tom은 이미 자기 자신을 출력했으므로 알고리즘을 종료합니다.

그렇다면 Summer의 모든 친구를 출력하는 것은 어떨까요? 일단 Summer 자신을 출력합니다. 다음으로 Summer의 친구들을 찾아보니 세 명이 있습니다. 세 명의 이름을 출력하고 다시 이 세 명의 친구들을 따라가 봐야 합니다. 이처럼 친구가 여러 명이고 그 친구들의 친구가 또 여러 명일 때는 기억력만으로는 모든 친구를 따라가기에는 무리가 있습니다. 기억력만 가지고 뭔가를 하기 어렵다면 메모를 하면 좋겠지요?

잘 생각해 보면 이 문제를 풀기 위해 두 가지 메모가 필요합니다.

첫째, 앞으로 처리해야 할 사람들입니다. 꼬리에 꼬리를 무는 친구의 친구들을 한 명도 빠뜨리지 않고 처리하려면 친구의 이름이 나올 때마다 메모지에 적어 두었다가 한 명씩 처리하면서 메모지에서 지워야 합니다.

둘째, 이미 추가된 사람들입니다. 친구 추적 과정에서 한 명이 여러 번 나오거나 추적이 무한 반복되지 않게 하려면 이미 처리 대상으로 올린 사람은 중복되지 않도록 메모지에 적어 두어야 합니다.

앞에서 살펴본 Tom과 Jerry에서 두 번째 과정을 하지 않는다면 어떻게 될까요?
Tom은 Jerry를 친구로 출력하고, Jerry는 다시 Tom을 친구로 출력하고, 다시
Tom은 Jerry를 친구로 출력하는 과정이 영원히 반복될 위험성이 있습니다.

우리가 만들 알고리즘에서는 '앞으로 처리해야 할 사람을 넣어 두었다가 하나씩
꺼내기 위한 기억 장소'로 큐(변수 이름: qu)를 이용합니다. 또한 '이미 처리 대상
으로 추가한 사람들을 적어 둘 기억 장소'로 집합(변수 이름: done)을 이용해 보
겠습니다.

다음 알고리즘을 봅시다.

1 | 앞으로 처리할 사람을 저장할 큐(qu)를 만듭니다.

2 | 이미 큐에 추가한 사람을 저장할 집합(done)을 만듭니다.

3 | 검색의 출발점이 될 사람을 큐(qu)와 집합(done)에 추가합니다.

4 | 큐에 사람이 남아 있다면 큐에서 처리할 사람을 꺼냅니다.

5 | 꺼낸 사람을 출력합니다.

6 | 꺼낸 사람의 친구들 중 아직 큐(qu)에 추가된 적이 없는 사람을 골라 큐(qu)
와 집합(done)에 추가합니다.

7 | 큐에 처리할 사람이 남아 있다면 4번 과정부터 다시 반복합니다.

모든 친구를 찾는 알고리즘

프로그램 13-1

◉ **예제 소스** p13-1-friend.py

```
# 친구 리스트에서 자신의 모든 친구를 찾는 알고리즘
# 입력: 친구 관계 그래프 g, 모든 친구를 찾을 자신 start
# 출력: 모든 친구의 이름

def print_all_friends(g, start):
```

```python
    qu = []           # 기억 장소 1: 앞으로 처리해야 할 사람들을 큐에 저장
    done = set()      # 기억 장소 2: 이미 큐에 추가한 사람들을 집합에 기록(중복 방지)


    qu.append(start)  # 자신을 큐에 넣고 시작
    done.add(start)   # 집합에도 추가


    while qu:         # 큐에 처리할 사람이 남아 있는 동안
        p = qu.pop(0)  # 큐에서 처리 대상을 한 명 꺼내
        print(p)       # 이름을 출력하고
        for x in g[p]:  # 그의 친구들 중에
            if x not in done:  # 아직 큐에 추가된 적이 없는 사람을
                qu.append(x)    # 큐에 추가하고
                done.add(x)     # 집합에도 추가

# 친구 관계 리스트
# A와 B가 친구이면
# A의 친구 리스트에도 B가 나오고, B의 친구 리스트에도 A가 나옴
fr_info = {
    'Summer': ['John', 'Justin', 'Mike'],
    'John': ['Summer', 'Justin'],
    'Justin': ['John', 'Summer', 'Mike', 'May'],
    'Mike': ['Summer', 'Justin'],
    'May': ['Justin', 'Kim'],
    'Kim': ['May'],
    'Tom': ['Jerry'],
    'Jerry': ['Tom']
}


print_all_friends(fr_info, 'Summer')
print()
print_all_friends(fr_info, 'Jerry')
```

Summer

John

Justin

Mike

May

Kim

Jerry

Tom

프로그램 13-1은 그래프에서 연결된 모든 꼭짓점을 탐색하는 알고리즘이므로 '그래프 탐색 알고리즘'이라고도 불립니다. 싸이월드에서는 이와 같은 그래프 탐색 알고리즘을 사용해 모든 회원의 친척을 뽑아내고 촌수 관계까지 계산하는 것입니다. 이제 이 알고리즘에 친밀도(촌수) 계산 기능까지 넣어 보겠습니다.

6 친밀도 계산 알고리즘

예를 들어 A와 B가 친구이고 B와 C가 친구라고 가정해 봅시다(A-B-C).
A를 기준으로 B의 친밀도는 1, B를 기준으로 C의 친밀도는 1입니다. 한편, A와 C는 B를 통해 친구의 친구가 되었으므로 A를 기준으로 C의 친밀도는 2라는 것을 쉽게 알 수 있습니다. 일반적으로 A라는 사람과 X라는 사람의 친밀도가 n이면 X의 친구 Y는 A와 친밀도가 $n+1$이 됩니다.

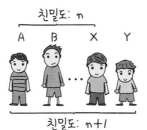

그림 13-4
친밀도 관계

이 성질을 이용하여 어떤 사람의 친구들을 큐에 넣을 때 친밀도를 1씩 증가시키면 됩니다.

● **예제 소스** p13-2-friend.py

```python
# 친구 리스트에서 자신의 모든 친구를 찾고 친구들의 친밀도를 계산하는 알고리즘
# 입력: 친구 관계 그래프 g, 모든 친구를 찾을 자신 start
# 출력: 모든 친구의 이름과 자신과의 친밀도

def print_all_friends(g, start):
    qu = []          # 기억 장소 1: 앞으로 처리해야 할 (사람 이름, 친밀도) 튜플을 큐에 저장
    done = set()     # 기억 장소 2: 이미 큐에 추가한 사람을 집합에 기록(중복 방지)

    qu.append((start, 0))  # (사람 이름, 친밀도) 정보를 하나의 튜플로 묶어 처리
                           # 자기 자신의 친밀도: 0
    done.add(start)        # 집합에도 추가

    while qu:                      # 큐에 처리할 사람이 남아 있는 동안
        (p, d) = qu.pop(0)         # 큐에서 (사람 이름, 친밀도) 정보를 p와 d로 각각 꺼냄
        print(p, d)                # 사람 이름과 친밀도를 출력
        for x in g[p]:             # 친구들 중에
            if x not in done:             # 아직 큐에 추가된 적이 없는 사람을
                qu.append((x, d + 1))     # 친밀도를 1 증가시켜 큐에 추가하고
                done.add(x)               # 집합에도 추가

fr_info = {
    'Summer': ['John', 'Justin', 'Mike'],
    'John': ['Summer', 'Justin'],
```

```
        'Justin': ['John', 'Summer', 'Mike', 'May'],

        'Mike': ['Summer', 'Justin'],

        'May': ['Justin', 'Kim'],

        'Kim': ['May'],

        'Tom': ['Jerry'],

        'Jerry': ['Tom']
}

print_all_friends(fr_info, 'Summer')
print()
print_all_friends(fr_info, 'Jerry')
```

실행
결과

```
Summer 0

John 1

Justin 1

Mike 1

May 2

Kim 3


Jerry 0

Tom 1
```

잠깐만요

파이썬의 튜플

프로그램 13-2에서는 처리해야 할 사람 이름과 친밀도를 같이 묶어서 큐에 보관하기 위해 파이썬의 튜플(tuple) 기능을 활용하였습니다. 튜플은 여러 개의 정보를 묶어서 하나의 정보처럼 사용하기 위한 기능으로 수학에서 x 좌표와 y 좌표를 묶어서 순서쌍 (x, y)로 표현하는 것과 비슷한 개념입니다.

튜플로 묶어서 보관하고자 하는 정보가 있다면 소괄호 안에 쉼표(,)를 찍어 나열하면 됩니다. 손쉽게 활용할 수 있겠죠?

```
>>> t = (3, 7)    # 3과 7을 하나로 묶어 튜플 t에 저장합니다.
>>> t
(3, 7)
>>> t[0]          # 튜플 t의 첫 번째 정보 값
3
>>> t[1]          # 튜플 t의 두 번째 정보 값
7
>>> (x, y) = t    # 튜플 t 안의 값들을 변수 x와 y에 각각 저장합니다.
>>> x
3
>>> y
7
```

프로그램 13-2를 예로 들어 볼까요? qu.append((start, 0))에서 소괄호가 두 번 사용된 이유는 append() 함수의 인자로 start와 0을 묶어 만든 튜플 (start, 0)을 전달했기 때문입니다.

또한 (p, d) = qu.pop(0)은 이렇게 저장된 튜플을 꺼내서 사람 이름과 친밀도 정보를 각각 p와 d에 나누어서 저장한다는 뜻입니다.

13-1 Unit 13에서 배운 그래프 탐색 알고리즘을 이용하여 다음 그래프를 탐색하는 프로그램을 만들어 보세요(시작 꼭짓점: 1).

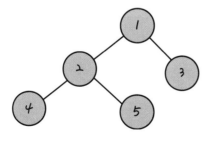

13-2 연습 문제 13-1에서 만든 프로그램이 그래프를 탐색해 가는 과정을 단계별로 적어 보세요.

UNIT 14

미로 찾기 알고리즘

PYTHON & ALGORITHMS FOR EVERYONE

다음 그림과 같이 미로의 형태와 출발점과 도착점이 주어졌을 때 출발점에서 도착점까지 가기 위한 최단 경로를 찾는 알고리즘을 만들어 보세요.

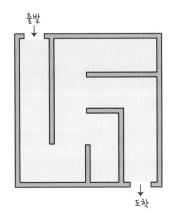

1 문제 분석과 모델링

주어진 미로는 연필을 들자마자 풀어 버릴 만큼 간단한 문제입니다.

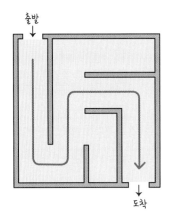

그림 14-1
연필을 들면 바로
해결할 수 있음

하지만 이 문제를 컴퓨터에게 풀어 보라고 하려면 어떻게 해야 할까요? 사람에게는 정말 쉬운 문제지만 컴퓨터에게 이 문제를 이해하고 풀게 할 아이디어는 선뜻 떠오르지 않습니다.

이때 필요한 것이 바로 '모델링(모형화)'입니다. 모델링이란 주어진 현실의 문제를 정형화하거나 단순화하여 수학이나 컴퓨터 프로그램으로 쉽게 설명할 수 있도록 다시 표현하는 것을 말합니다. 즉, 모델링은 자연이나 사회현상을 사람의 언어로 표현한 문제를 컴퓨터가 쉽게 이해할 수 있도록 수학식이나 프로그래밍 언어로 번역하는 절차를 말합니다.

말로 하면 무슨 말인가 싶지만 예를 보면 쉽게 이해할 수 있습니다. Unit 13에서 배운 그래프를 이용해 미로 찾기 문제를 단계별로 모델링해 보겠습니다.

일단 미로를 풀려면 미로 안의 공간을 정형화해야 합니다. 그림 14-1의 퍼즐은 4×4로 구성된 간단한 미로입니다. 먼저 이동 가능한 위치를 각각의 구역으로 나누고, 구역마다 알파벳으로 이름을 붙이면 그림 14-2와 같습니다.

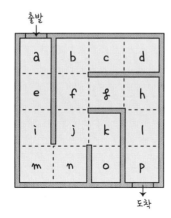

그림 14-2
미로 안의 공간을
정형화한 결과

이 모델(모형)을 이용해서 미로 찾기 문제와 정답을 다시 적어 보면 다음과 같이 표현할 수 있습니다.

출발점 a에서 시작하여 벽으로 막히지 않은 위치로 차례로 이동하여 도착점 p에 이르는 가장 짧은 경로를 구하고, 그 과정에서 지나간 위치의 이름을 출력해 보세요.

정답: *aeimnjfghlp*

어떤가요? 뭔가 조금 더 기계가 이해하기 쉬운 문제로 바뀐 것 같나요?

이제 다음 단계로 넘어갈 차례입니다. 최종 결과를 얻으려면 각 위치 사이의 관계를 컴퓨터에게 알려 줘야 하고 실제로 미로를 푸는 알고리즘도 만들어야 합니다. 여전히 어려워 보이지만 사실 이 문제는 Unit 14에서 풀었던 그래프 탐색 문제와 같습니다.

위치 열여섯 개를 각각 꼭짓점으로 만들고, 각 위치에서 벽으로 막히지 않아 이동할 수 있는 이웃한 위치를 모두 선으로 연결하면 그림 14-3과 같이 미로 정보가 그래프로 만들어집니다.

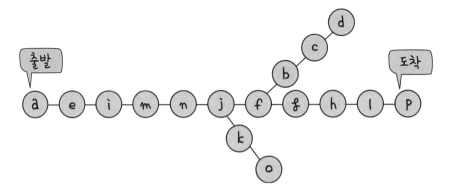

그림 14-3
주어진 미로를
그래프로 표현

마지막으로 이 그래프를 딕셔너리로 바꾸면 다음과 같습니다.

```
# 미로 정보
# 미로의 각 위치에 알파벳으로 이름을 지정
# 각 위치에서 한 번에 이동할 수 있는 모든 위치를 선으로 연결하여 그래프로 표현
maze = {
    'a': ['e'],
    'b': ['c', 'f'],
    'c': ['b', 'd'],
    'd': ['c'],
    'e': ['a', 'i'],
    'f': ['b', 'g', 'j'],
    'g': ['f', 'h'],
```

```
    'h': ['g', 'l'],
    'i': ['e', 'm'],
    'j': ['f', 'k', 'n'],
    'k': ['j', 'o'],
    'l': ['h', 'p'],
    'm': ['i', 'n'],
    'n': ['m', 'j'],
    'o': ['k'],
    'p': ['l']
}
```

2 미로 찾기 알고리즘

처음에 그림으로 주어졌던 미로 찾기 문제가 모델링을 통해 그래프가 되고, 그 그래프가 파이썬 언어가 이해할 수 있는 딕셔너리로 표현되었습니다. 이제 남은 일은 그래프 탐색 알고리즘을 적용하여 출발점부터 도착점까지 탐색하는 프로그램을 만드는 것뿐입니다.

미로 찾기 알고리즘  프로그램 14-1

◎ **예제 소스** p14-1-maze.py

```
# 미로 찾기 프로그램(그래프 탐색)
# 입력: 미로 정보 g, 출발점 start, 도착점 end
# 출력: 미로를 나가기 위한 이동 경로는 문자열, 나갈 수 없는 미로면 물음표("?")
```

```python
def solve_maze(g, start, end):
    qu = []              # 기억 장소 1: 앞으로 처리해야 할 이동 경로를 큐에 저장
    done = set()         # 기억 장소 2: 이미 큐에 추가한 꼭짓점들을 집합에 기록(중복 방지)

    qu.append(start)     # 출발점을 큐에 넣고 시작
    done.add(start)      # 집합에도 추가

    while qu:                    # 큐에 처리할 경로가 남아 있으면
        p = qu.pop(0)            # 큐에서 처리 대상을 꺼냄
        v = p[-1]                # 큐에 저장된 이동 경로의 마지막 문자가 현재 처리해야 할 꼭짓점
        if v == end:             # 처리해야 할 꼭짓점이 도착점이면(목적지 도착!)
            return p             # 지금까지의 전체 이동 경로를 돌려주고 종료
        for x in g[v]:           # 대상 꼭짓점에 연결된 꼭짓점들 중에
            if x not in done:        # 아직 큐에 추가된 적이 없는 꼭짓점을
                qu.append(p + x)     # 이동 경로에 새 꼭짓점으로 추가하여 큐에 저장하고
                done.add(x)          # 집합에도 추가

    # 탐색을 마칠 때까지 도착점이 나오지 않으면 나갈 수 없는 미로임
    return "?"

# 미로 정보
# 미로의 각 위치에 알파벳으로 이름을 지정
# 각 위치에서 한 번에 이동할 수 있는 모든 위치를 선으로 연결하여 그래프로 표현
maze = {
    'a': ['e'],
    'b': ['c', 'f'],
    'c': ['b', 'd'],
    'd': ['c'],
    'e': ['a', 'i'],
    'f': ['b', 'g', 'j'],
    'g': ['f', 'h'],
    'h': ['g', 'l'],
```

```
        'i': ['e', 'm'],
        'j': ['f', 'k', 'n'],
        'k': ['j', 'o'],
        'l': ['h', 'p'],
        'm': ['i', 'n'],
        'n': ['m', 'j'],
        'o': ['k'],
        'p': ['l']
    }
print(solve_maze(maze, 'a', 'p'))
```

```
aeimnjfghlp
```

이 알고리즘을 어디서 본 것 같지 않나요? 그래프 탐색 과정에서 지금까지 지나온 경로를 문자열로 만들어 큐에 추가한 것과 탐색 중 목적지에 도착하면 탐색을 멈추도록 한 것을 제외하면 Unit 14의 그래프 탐색 알고리즘과 완전히 같은 알고리즘입니다.

프로그램 실행 결과로 얻은 경로 aeimnjfghlp를 미로 위에 그리면 그림 14-4와 같은 최종 결과를 얻을 수 있습니다.

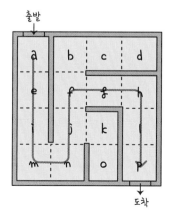

그림 14-4
최종 결과

3 응용문제 풀이 과정

현실 세계의 문제를 컴퓨터로 풀려면 문제를 분석하여 효과적인 모델(모형)을 만드는 것이 가장 중요한 첫걸음입니다.

먼저 문제를 잘 모델링하고, 그 모델에 여러 가지 알고리즘을 적용하여 문제를 푼 다음 그 결과를 다시 실제 세계에 적용하는 것입니다. 이는 실생활의 문제를 컴퓨터를 사용해서 푸는 일반적인 과정이기도 합니다.

최대 수익 알고리즘

PYTHON & ALGORITHMS FOR EVERYONE

어떤 주식에 대해 특정 기간 동안의 가격 변화가 주어졌을 때, 그 주식 한 주를 한 번 사고 팔아 얻을 수 있는 최대 수익을 계산하는 알고리즘을 만들어 보세요.

이번 문제는 주식을 거래해서 얻을 수 있는 최대 수익(이익)을 구하는 문제입니다. 최대 수익을 계산하는 단순한 상황이므로 주식을 잘 모르는 사람도 어렵지 않게 이해할 수 있을 것입니다.

어떤 주식의 가격이 표 15-1과 같이 매일 변했다고 합니다.

표 15-1
날짜별 주식 가격

날짜	주가(원)	날짜	주가(원)
6/1	10,300	6/8	8,300
6/2	9,600	6/9	9,500
6/3	9,800	6/10	9,800
6/4	8,200	6/11	10,200
6/5	7,800	6/12	9,500

이 주식 한 주를 한 번 사고팔아 얻을 수 있는 최대 수익은 얼마일까요? 단, 손해가 나면 주식을 사고팔지 않아도 됩니다. 따라서 최대 수익은 항상 0 이상의 값입니다.

1 문제 분석과 모델링

주식 거래로 수익을 내는 가장 좋은 방법은 '가장 쌀 때 사서 가장 비쌀 때 파는 것'입니다. 얼핏 생각하면 주가(주식의 가격)의 최댓값에서 주가의 최솟값을 뺀 것으로 착각하기 쉽습니다. 표 18-1을 예로 들면, 6월 1일의 주가 10,300원이 최댓값이고 6월 5일의 주가 7,800원이 최솟값입니다. 하지만 아직 사지도 않은 주식을 6월 1일에 먼저 팔고 6월 5일에 주식을 살 수는 없으므로 단순히 최댓값과 최솟값을 구하는 것만으로는 올바른 답을 얻을 수 없습니다.[*]

그렇다면 이 문제를 어떻게 풀어야 할까요? 마찬가지로 주어진 자료를 모델링하여 파이썬 프로그램으로 만들어야 합니다. 우리에게 주어진 정보는 날짜와 주가 정보인데, 가만히 생각해 보면 이 문제는 얻을 수 있는 최대 수익만 물어보았으므로 정확한 날짜 정보는 없어도 상관없습니다. 따라서 정보를 단순화하여 각 날의 주식 가격만 뽑아 stock이라는 리스트로 만듭니다.

```
stock = [10300, 9600, 9800, 8200, 7800, 8300, 9500, 9800, 10200, 9500]
```

이제 이 리스트 값을 이용해서 얻을 수 있는 최대 수익을 계산해 봅시다!

---

[*] 주식을 빌려서 먼저 팔고 나중에 갚는 공매도 제도가 있는 주식 시장도 있지만, 이 문제에서는 생각하지 않겠습니다.

2 방법 ①: 가능한 모든 경우를 비교하기

일단 생각할 수 있는 가장 간단한 방법은 주식을 살 수 있는 모든 날과 팔 수 있는 모든 날의 주가를 비교해서 가장 큰 수익을 찾는 것입니다.

예를 들어 첫째 날 10,300원에 주식을 샀다면 둘째 날부터의 주식 가격인 9,600원, 9,800원 … 9,500원 중 하나로 주식을 팔 기회가 생깁니다. 마찬가지로 둘째 날 9,600원에 주식을 샀다면 셋째 날부터의 주식 가격인 9,800원, 8,200원 … 9,500원 중 하나로 주식을 팔 기회가 생깁니다.

이런 식으로 모든 경우를 비교해서 가장 큰 이익을 내는 경우를 찾으면 원하는 최대 수익을 계산할 수 있습니다. 기억력이 좋은 사람이라면 Unit 3 동명이인 찾기에서 가능한 모든 사람을 비교하던 방식과 똑같다는 것을 눈치챘을 것입니다. 프로그램 3-1의 다음 부분이 기억나나요?

```python
# 리스트 안에 있는 n개 자료를 빠짐없이 한 번씩 비교하는 방법
for i in range(0, n - 1):
    for j in range(i + 1,  n):
        # i와 j로 필요한 비교
```

이 경우 비교 횟수는 $\frac{n(n-1)}{2}$번이고 계산 복잡도는 $O(n^2)$이었습니다.

최대 수익을 구하는 알고리즘 ①

프로그램 15-1

● **예제 소스** p15-1-maxprofit.py

```python
# 주어진 주식 가격을 보고 얻을 수 있는 최대 수익을 구하는 알고리즘
# 입력: 주식 가격의 변화 값(리스트: prices)
# 출력: 한 주를 한 번 사고팔아 얻을 수 있는 최대 수익 값
```

```
def max_profit(prices):
    n = len(prices)
    max_profit = 0    # 최대 수익은 항상 0 이상의 값

    for i in range(0, n - 1):
        for j in range(i + 1, n):
            # i날에 사서 j날에 팔았을 때 얻을 수 있는 수익
            profit = prices[j] - prices[i]
            # 이 수익이 지금까지 최대 수익보다 크면 값을 고침
            if profit > max_profit:
                max_profit = profit

    return max_profit

stock = [10300, 9600, 9800, 8200, 7800, 8300, 9500, 9800, 10200, 9500]
print(max_profit(stock))
```

```
2400
```

3 방법 ②: 한 번 반복으로 최대 수익 찾기

모든 경우를 비교하는 방법인 프로그램 15-1은 간단하고 직관적이지만, 불필요
한 비교를 너무 많이 합니다. 생각을 조금 바꿔 보면 훨씬 효율적인 방법을 떠올
릴 수 있습니다.

프로그램 15-1이 사는 날을 중심으로 생각한 것이라면 이번에는 파는 날을 중심
으로 생각을 바꿔보겠습니다. 예를 들어 6월 10일에 9,800원을 받고 주식을 팔았
다고 가정해 봅시다. 이때 얻을 수 있는 최고 수익은 6월 10일 이전에 가장 주가가

낮았던 날인 6월 5일에 7,800원에 산 경우이므로 2,000원입니다. 만약 6월 11일에 10,200원에 팔았다면, 6월 5일 7,800원과의 차이인 2,400원이 최대 수익입니다. 즉, 파는 날을 기준으로 이전 날들의 주가 중 최솟값만 알면 최대 수익을 쉽게 계산할 수 있습니다. 이 아이디어를 조금 더 체계적으로 적어 보면 다음과 같습니다.

1 │ 최대 수익을 저장하는 변수를 만들고 0을 저장합니다.
2 │ 지금까지의 최저 주가를 저장하는 변수를 만들고 첫째 날의 주가를 기록합니다.
3 │ 둘째 날의 주가부터 마지막 날의 주가까지 반복합니다.
4 │ 반복하는 동안 그날의 주가에서 최저 주가를 뺀 값이 현재 최대 수익보다 크면 최대 수익 값을 그 값으로 고칩니다.
5 │ 그날의 주가가 최저 주가보다 낮으면 최저 주가 값을 그날의 주가로 고칩니다.
6 │ 처리할 날이 남았으면 4번 과정으로 돌아가 반복하고, 다 마쳤으면 최대 수익에 저장된 값을 결괏값으로 돌려주고 종료합니다.

최대 수익을 구하는 알고리즘 ②

프로그램 15-2

● 예제 소스 p15-2-maxprofit.py

```
# 주어진 주식 가격을 보고 얻을 수 있는 최대 수익을 구하는 알고리즘
# 입력: 주식 가격의 변화 값(리스트: prices)
# 출력: 한 주를 한 번 사고팔아 얻을 수 있는 최대 수익 값


def max_profit(prices):
    n = len(prices)
    max_profit = 0           # 최대 수익은 항상 0 이상의 값
    min_price = prices[0]    # 첫째 날의 주가를 주가의 최솟값으로 기억
    for i in range(1, n):    # 1부터 n-1까지 반복
```

```
                        # 지금까지의 최솟값에 주식을 사서 i날에 팔 때의 수익
        profit = prices[i] - min_price
        if profit > max_profit:      # 이 수익이 지금까지 최대 수익보다 크면 값을 고침
            max_profit = profit
        if prices[i] < min_price:    # i날 주가가 최솟값보다 작으면 값을 고침
            min_price = prices[i]

    return max_profit


stock = [10300, 9600, 9800, 8200, 7800, 8300, 9500, 9800, 10200, 9500]
print(max_profit(stock))
```

실행
결과

```
2400
```

4 알고리즘 분석

잠깐만 봐도 첫 번째 알고리즘보다 두 번째 알고리즘이 더 효율적이라는 것을
알 수 있습니다. 그러면 각각의 계산 복잡도는 어떻게 될까요?

모든 경우를 비교한 첫 번째 알고리즘(프로그램 15-1)은 Unit 3에서 배운 동명
이인 찾기와 비슷한 구조입니다. 모든 이름을 일일이 비교하면서 찾는 방식으로
계산 복잡도는 $O(n^2)$입니다.

반면, 리스트를 한 번 탐색하면서 최대 수익을 계산한 두 번째 알고리즘(프로그
램 15-2)은 Unit 2 최댓값 찾기와 비슷한 구조로 계산 복잡도는 $O(n)$입니다.

입력 크기가 커질수록, 즉 더 많은 날의 주가가 입력으로 주어질수록 두 번째 알
고리즘이 첫 번째 알고리즘보다 결과를 훨씬 빨리 낼 거라고 충분히 예상할 수
있습니다.

그런데 실제로는 얼마나 차이가 날까요? 궁금한 독자들을 위해 최대 수익 문제를 두 가지 다른 방법으로 풀 때 걸리는 시간을 비교하는 프로그램을 만들어 보았습니다.

> **TIP**
> 컴퓨터 환경에 따라 입력 크기가 작을 때 알고리즘의 수행 시간이 너무 짧아 0초로 측정될 수 있습니다. 따라서 이런 예외 상황에는 두 알고리즘의 시간 차이 배수를 0으로 출력하게 하였습니다.

최대 수익을 구하는 두 알고리즘의 계산 속도를 비교하기

프로그램 15-3

● 예제 소스 p15-3-compare.py

```
# 최대 수익 문제를 푸는 두 알고리즘의 계산 속도 비교하기
# 최대 수익 문제를 O(n*n)과 O(n)으로 푸는 알고리즘을 각각 수행하여
# 걸린 시간을 출력/비교함

import time      # 시간 측정을 위한 time 모듈
import random    # 테스트 주가 생성을 위한 random 모듈


# 최대 수익: 느린 O(n*n) 알고리즘
def max_profit_slow(prices):
    n = len(prices)
    max_profit = 0

    for i in range(0, n - 1):
        for j in range(i + 1, n):
            profit = prices[j] - prices[i]
            if profit > max_profit:
                max_profit = profit
    return max_profit
```

```python
# 최대 수익: 빠른 O(n) 알고리즘
def max_profit_fast(prices):
    n = len(prices)
    max_profit = 0
    min_price = prices[0]

    for i in range(1, n):
        profit = prices[i] - min_price
        if profit > max_profit:
            max_profit = profit
        if prices[i] < min_price:
            min_price = prices[i]

    return max_profit


def test(n):
    # 테스트 자료 만들기(5000부터 20000까지의 난수를 주가로 사용)
    a = []
    for i in range(0, n):
        a.append(random.randint(5000, 20000))
    # 느린 O(n*n) 알고리즘 테스트
    start = time.time()          # 계산 시작 직전 시각을 기억
    mps = max_profit_slow(a)     # 계산 수행
    end = time.time()            # 계산 시작 직후 시각을 기억
    time_slow = end - start      # 직후 시각에서 직전 시각을 빼면 계산에 걸린 시간
    # 빠른 O(n) 알고리즘 테스트
    start = time.time()          # 계산 시작 직전 시각을 기억
    mpf = max_profit_fast(a)     # 계산 수행
    end = time.time()            # 계산 시작 직후 시각을 기억
    time_fast = end - start      # 직후 시각에서 직전 시각을 빼면 계산에 걸린 시간
    # 결과 출력: 계산 결과
    print(n, mps, mpf)   # 입력 크기, 각각 알고리즘이 계산한 최대 수익 값(같아야 함)
```

```python
# 결과 출력: 계산 시간 비교
m = 0   # 느린 알고리즘과 빠른 알고리즘의 수행 시간 비율을 저장할 변수
if time_fast > 0:   # 컴퓨터 환경에 따라 빠른 알고리즘 시간이 0으로 측정될 수 있음
                    # 이럴 때는 0을 출력
    m = time_slow / time_fast   # 느린 알고리즘 시간 / 빠른 알고리즘 시간
# 입력 크기, 느린 알고리즘 수행 시간, 빠른 알고리즘 수행 시간, 계산 시간 차이
# %d는 정수 출력, %.5f는 소수점 다섯 자리까지 출력을 의미
print("%d %.5f %.5f %.2f" % (n, time_slow, time_fast, m))


test(100)
test(10000)
# test(100000)   # 수행 시간이 오래 걸리므로 일단 주석 처리
```

실행
결과

프로그램 15-3을 필자의 컴퓨터에서 실행해 본 결과는 표 15-2와 같습니다.

입력 크기 n	최대 수익	느린 알고리즘 수행 시간	빠른 알고리즘 수행 시간	느린 알고리즘 시간 / 빠른 알고리즘 시간
100	14658	0.00061초	0.00002초	40.87
10000	14996	6.09124초	0.00167초	3653.97
100000	15000	819.66065초	0.01953초	41969.70

표 15-2
입력 크기에 따른 프로그램
18-3의 실행 결과

※ Intel i7 2.7Ghz, macOS 10.12.3, Python 3.6.0 환경에서 테스트한 결과

알아
보기

실행 결과를 보면 입력 크기를 100으로 입력했을 때는 빠른 알고리즘과 느린 알고리즘의 계산 시간 차이가 40배 정도 납니다. 그러다 입력 크기를 10,000과 100,000으로 입력했더니 차이가 3,700배와 42,000배로 급격히 벌어지는 것을 확인할 수 있습니다. 입력 크기가 더 커진다면 두 알고리즘으로 답을 찾는 데 걸리는 시간의 격차는 훨씬 더 벌어질 것입니다.

컴퓨터와 스마트폰과 인터넷이 나날이 발전하고 빅데이터가 보편된 요즈음, 컴퓨터가 처리해야 할 데이터의 양, 즉 알고리즘에 주어지는 입력 크기는 기하급수적으로 늘어나고 있습니다. 이것이 바로 조금이라도 더 효율적인 알고리즘을 개발하려는 노력이 중요해지는 이유입니다.

마치는 글

"알고리즘이란 무엇인가?"라는 질문에서 시작한 알고리즘 여행은 지금까지 풀어 본 열다섯 개의 문제를 끝으로 마무리 짓겠습니다.

우리가 풀어 본 문제들은 알고리즘의 기초를 설명하기 위해 고른 대체로 쉬운 문제였습니다. 하지만 현대 컴퓨터 과학이 풀고 있는 수많은 알고리즘 난제들도 주어진 문제를 풀어 입력에 대해 최적의 답을 찾아가는 과정이라는 점에서 우리가 배운 문제와 일맥상통합니다.

예를 들어, 2016년에 이세돌 9단과 바둑 대결을 하여 뜨거운 화제를 모았던 인공지능 바둑 프로그램 알파고의 알고리즘도 (많이) 단순화하면 다음과 같이 설명할 수 있습니다.

- 문제: 바둑 게임에서 이길 확률을 가장 높일 수 있는 바둑 수 찾기
- 입력: 현재까지 바둑 게임의 상태(바둑판에 놓인 돌의 상태, 바둑돌이 놓인 순서)
- 출력: 다음 바둑돌을 놓을 위치 (x, y)

결국 알파고는 이 알고리즘을 계속 수행하면서 바둑 게임에서 이길 확률을 가장 높일 수 있는 바둑 수를 출력하는 컴퓨터 프로그램인 것입니다(알고리즘의 출력 값을 확인하고 실제로 이세돌 9단 앞에서 바둑돌을 놓는 건 아자 황이라는 '사람' 이었습니다).

한편, 인공지능 바둑 알고리즘이 인간 챔피언을 이기는 것이 체스보다 19년이나 늦어진 이유는 바둑 알고리즘의 계산 복잡도가 체스 알고리즘의 계산 복잡도보다 훨씬 더 높기 때문입니다.

체스가 8 × 8 = 64칸 보드 위에서 펼쳐지는 게임이라면, 바둑은 19 × 19, 무려 361칸 보드 위에서 펼쳐지는 게임이라는 것만 생각해도 바둑의 계산 복잡도가 훨씬 더 높을 거라 짐작할 수 있습니다. 실제로 바둑은 계산 복잡도가 엄청나게 높은 문제입니다. 지금까지 아무리 빠른 컴퓨터로도 바둑 게임의 제한 시간 안에 제대로 된 출력을 낼 수 없었습니다. 제한 시간 안에 겨우 답을 내는 알고리즘이 있다 해도 그 결괏값의 품질이 프로 기사의 바둑 실력을 이기기에는 역부족이었습니다.

알파고의 승리는 매 대결을 통해 얻은 경험으로 자신을 스스로 발전시키는 '기계 학습 알고리즘', 수천 개의 컴퓨터 프로세서를 동시에 사용해서 빠른 계산을 하는 '병렬 처리 알고리즘' 등 수많은 첨단 알고리즘이 고성능 최신 컴퓨터 시스템의 도움을 받아 얻어낸 결과입니다.

알고리즘의 발전은 쇼핑몰에 직접 가지 않아도 집에서 필요한 물건을 살 수 있도록 돕고, 지구 반대편에 있는 친구와 얼굴을 보며 대화하게 해 주었습니다. 머지 않은 미래에는 사람이 아닌 컴퓨터가 자동차를 운전하고, 인공지능으로 동작하는 인명 구조 로봇이 활약하는 것을 보게 될 것입니다.

이렇게 컴퓨터와 알고리즘이 발전하면 발전할수록 우리는 그동안 관심 갖지 못했던 세상의 수많은 문제들을 컴퓨터 알고리즘을 이용해서 풀려고 노력할 것입니다. 더 많은 알고리즘 문제가 생겨나고 더 많은 해답이 생겨날 것입니다. 물론 이미 답을 얻은 문제들의 계산 복잡도를 개선하려는 노력 또한 계속될 것입니다.

컴퓨터 알고리즘의 세계는 여러분의 도전을 기다리고 있습니다.

부록 A

연습 문제 풀이

PYTHON & ALGORITHMS FOR EVERYONE

UNIT 1

1부터 n까지의 합 구하기

■ 1-1 1부터 n까지 제곱의 합을 구하는 프로그램

● **예제 소스** e01-1-sumsq.py

```
# 연속한 숫자의 제곱의 합을 구하는 알고리즘
# 입력: n
# 출력: 1부터 n까지 연속한 숫자의 제곱을 더한 값

def sum_sq(n):
    s = 0
    for i in range(1, n + 1):
        s = s + i * i
    return s

print(sum_sq(10))      # 1부터 10까지 제곱의 합(입력: 10, 출력: 385)
print(sum_sq(100))     # 1부터 100까지 제곱의 합(입력: 100, 출력: 338350)
```

● **실행 결과**

```
385
338350
```

■ 1-2 계산 복잡도

O(n)입니다. 곱셈 n번, 덧셈 n번으로 사칙연산이 총 2n번 필요하지만, O(n)으로 표현합니다.

■ 1-3 계산 복잡도(공식 이용)

O(1)입니다. 덧셈 두 번, 곱셈 세 번, 나눗셈 한 번으로 사칙연산이 총 여섯 번 필요하지만, 이 값은 n의 크기와 상관없이 일정한 값이므로 O(1)로 표현합니다.

◉ **예제 소스** e01-3-sumsq.py

```python
# 연속한 숫자의 제곱의 합을 구하는 알고리즘
# 입력: n
# 출력: 1부터 n까지 연속한 숫자의 제곱을 더한 값

def sum_sq(n):
    return n * (n + 1) * (2 * n + 1) // 6

print(sum_sq(10))      # 1부터 10까지 제곱의 합(입력: 10, 출력: 385)
print(sum_sq(100))     # 1부터 100까지 제곱의 합(입력: 100, 출력: 338350)
```

◉ **실행 결과**

```
385
338350
```

최댓값 찾기

2-1 최솟값 구하기 프로그램

● 예제 소스 e02-1-findmin.py

```python
# 최솟값 구하기
# 입력: 숫자가 n개 들어 있는 리스트
# 출력: 숫자 n개 중 최솟값

def find_min(a):
    n = len(a)          # 입력 크기 n
    min_v = a[0]        # 리스트 중 첫 번째 값을 일단 최솟값으로 기억
    for i in range(1, n):   # 1부터 n-1까지 반복
        if a[i] < min_v:    # 이번 값이 현재까지 기억된 최솟값보다 작으면
            min_v = a[i]    # 최솟값을 변경
    return min_v

v = [17, 92, 18, 33, 58, 7, 33, 42]
print(find_min(v))
```

● 실행 결과

```
7
```

UNIT 3 동명이인 찾기 ①

■ 3-1 두 명을 뽑아 짝으로 만드는 프로그램

사람이 총 n명일 때 두 명을 뽑아 짝으로 만드는 방법은 동명이인 찾기 문제에서
비교 부분을 출력 문장으로 고치면 쉽게 풀 수 있습니다.

◉ 예제 소스 e03-1-pairing.py

```python
# n명에서 두 명을 뽑아 짝으로 만드는 모든 경우를 찾는 알고리즘
# 입력: n명의 이름이 들어 있는 리스트
# 출력: 두 명을 뽑아 만들 수 있는 모든 짝

def print_pairs(a):
    n = len(a)                      # 리스트의 자료 개수를 n에 저장
    for i in range(0, n - 1):       # 0부터 n-2까지 반복
        for j in range(i + 1, n):   # i+1부터 n-1까지 반복
            print(a[i], "-", a[j])

name = ["Tom", "Jerry", "Mike"]
print_pairs(name)
print()
name2 = ["Tom", "Jerry", "Mike", "John"]
print_pairs(name2)
```

◉ 실행 결과

```
Tom - Jerry
Tom - Mike
Jerry - Mike


Tom - Jerry
```

```
Tom - Mike

Tom - John

Jerry - Mike

Jerry - John

Mike - John
```

참고로 n명에서 두 명을 뽑아 짝으로 만들면 짝 조합이 $\dfrac{n(n-1)}{2}$ 가지 출력됩니다. 이 경우의 수를 $_nC_2$라고도 표현합니다.

■ 3-2 대문자 O 표기법

A $65536 \;\to\; O(1)$

65536은 n 값의 변화와 관계가 없습니다.

B $n-1 \;\to\; O(n)$

n이 굉장히 커지면 −1은 거의 영향이 없어집니다.

C $\dfrac{2n^2}{3} + 10000n \;\to\; O(n^2)$

n이 굉장히 커지면 $\dfrac{2n^2}{3}$과 비교했을 때 10000n의 영향은 작아집니다. 제곱에 비례한다는 관계가 핵심이므로 계수 $\dfrac{2}{3}$도 생략됩니다.

D $3n^4 - 4n^3 + 5n^2 - 6n + 7 \;\to\; O(n^4)$

n의 변화에 따라 가장 크게 변하는 항을 계수를 생략하여 표현합니다.

대문자 O 표기법의 정확한 수학적 정의에 따르면, 한 식에 대한 대문자 O 표기법은 딱 하나만 정답이 아닙니다. 하지만 O 뒤에 붙은 소괄호 안에 담긴 값을 최대한 간단히 적는 것이 가장 일반적인 방식입니다. 대문자 O 표기법의 정의가 궁금하다면 다음 링크를 참고하기 바랍니다.

• https://ko.wikipedia.org/wiki/점근_표기법

UNIT 4 팩토리얼 구하기

■ 4-1 재귀 호출을 이용해 1부터 n까지의 합 구하기

종료 조건: n = 0 → 결괏값 0

재귀 호출 조건: n까지의 합 = n−1까지의 합 + n

◉ 예제 소스 e04-1-sum.py

```python
# 연속한 숫자의 합을 구하는 알고리즘
# 입력: n
# 출력: 1부터 n까지 연속한 숫자를 더한 값

def sum_n(n):
    if n == 0:
        return 0
    return sum_n(n - 1) + n

print(sum_n(10))     # 1부터 10까지의 합(입력: 10, 출력: 55)
print(sum_n(100))    # 1부터 100까지의 합(입력: 100, 출력: 5050)
```

◉ 실행 결과

```
55
5050
```

■ 4-2 재귀 호출을 이용한 최댓값 찾기

- 종료 조건: 자료 값이 한 개면(n = 1) 그 값이 최댓값
- 재귀 호출 조건: n개 자료 중 최댓값 → n-1개 자료 중 최댓값과 n-1번 위치 값 중 더 큰 값

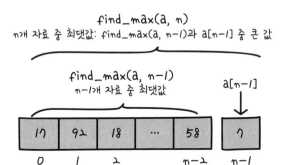

● **예제 소스** e04-2-findmax.py

```python
# 최댓값 구하기
# 입력: 숫자가 n개 들어 있는 리스트
# 출력: 숫자 n개 중 최댓값

def find_max(a, n):  # 리스트 a의 앞부분 n개 중 최댓값을 구하는 재귀 함수
    if n == 1:
        return a[0]
    max_n_1 = find_max(a, n - 1)  # n-1개 중 최댓값을 구함
    if max_n_1 > a[n - 1]:        # n-1개 중 최댓값과 n-1번 위치 값을 비교
        return max_n_1
    else:
        return a[n - 1]

v = [17, 92, 18, 33, 58, 7, 33, 42]
print(find_max(v, len(v)))  # 함수에 리스트의 자료 개수를 인자로 추가하여 호출
```

> 92

■ 4-3 재귀 호출을 이용한 피보나치 수열 구하기

- 종료 조건: n = 0 → 결괏값 0, n = 1 → 결괏값 1
- 재귀 호출 조건: n번 피보나치 수 = n−2번 피보나치 수 + n−1번 피보나치 수

● 예제 소스 e04-3-fibonacci.py

```python
# n번째 피보나치 수열 찾기
# 입력: n 값(0부터 시작)
# 출력: n번째 피보나치 수열 값

def fibo(n):
    if n <= 1:
        return n   # n = 0 -> 0 | n = 1 -> 1
    return fibo(n - 2) + fibo(n - 1)


print(fibo(7))
print(fibo(10))
```

● 실행 결과

> 13
> 55

UNIT 5 하노이의 탑 옮기기

■ 5-1 재귀 호출을 이용한 그림 그리기

부록 B를 참고하세요.

UNIT 6 순차 탐색

■ 6-1 리스트에서 특정 숫자의 위치를 전부 찾기

◉ 예제 소스 e06-1-searchall.py

```python
# 리스트에서 특정 숫자의 위치를 전부 찾기
# 입력: 리스트 a, 찾는 값 x
# 출력: 찾는 값의 위치 번호가 담긴 리스트, 찾는 값이 없으면 빈 리스트 []

def search_list(a, x):
    n = len(a)       # 입력 크기 n
    result = []      # 새 리스트를 만들어 결괏값을 저장
    for i in range(0, n):       # 리스트 a의 모든 값을 차례로
        if x == a[i]:           # x 값과 비교하여
            result.append(i)    # 같으면 위치 번호를 결과 리스트에 추가

    return result    # 만들어진 결과 리스트를 돌려줌

v = [17, 92, 18, 33, 58, 7, 33, 42]
print(search_list(v, 18))    # [2]    (순서상 세 번째지만, 위치 번호는 2)
print(search_list(v, 33))    # [3, 6] (33은 리스트에 두 번 나옴)
print(search_list(v, 900))   # []     (900은 리스트에 없음)
```

```
[2]
[3, 6]
[]
```

■ 6-2 프로그램 6-1의 계산 복잡도

O(n)입니다. 연습 문제 6-1 프로그램은 찾는 값이 탐색 중간에 나오더라도 탐색을 멈추지 않고 혹시 더 있을 자료 값을 찾기 위해 끝까지 탐색을 해야 합니다. 따라서 어떤 경우에도 비교가 n번 필요합니다.

■ 6-3 학생 번호에 해당하는 학생 이름 찾기

◉ 예제 소스 e06-3-getname.py

```python
# 학생 번호에 해당하는 학생 이름 찾기
# 입력: 학생 번호 리스트 s_no, 학생 이름 리스트 s_name, 찾는 학생 번호 find_no
# 출력: 해당하는 학생 이름, 해당하는 학생 이름이 없으면 물음표 "?"

def get_name(s_no, s_name, find_no):
    n = len(s_no)                   # 입력 크기 n
    for i in range(0, n):
        if find_no == s_no[i]:  # 학생 번호가 찾는 학생 번호와 같으면
            return s_name[i]     # 해당하는 학생 이름을 결과로 반환

    return "?"                      # 자료를 다 뒤져서 못 찾았으면 물음표 반환

sample_no = [39, 14, 67, 105]
sample_name = ["Justin", "John", "Mike", "Summer"]
```

◯

```
print(get_name(sample_no, sample_name, 105))
print(get_name(sample_no, sample_name, 777))
```

● 실행 결과

```
Summer
?
```

선택 정렬

■ 7-1 선택 정렬 과정

일반적인 선택 정렬은 처리할 대상 범위에서 최솟값을 찾아 그 값과 범위의 맨 앞에 있는 값을 서로 바꾸는 과정을 반복합니다. 이 과정이 한 번 끝날 때마다 범위 안의 맨 앞에 있는 값은 정렬이 끝난 것이므로 정렬 대상 범위에서 제외합니다.

이해를 돕기 위해 이미 정렬이 끝난 부분과 앞으로 처리될 대상 범위 사이에 세로 선(|)을 넣어 구분하였습니다.

| **2 4 5 1 3** ← 시작, 전체 리스트인 2, 4, 5, 1, 3을 대상으로 최솟값을 찾습니다.

| **1 4 5 2 3** ← 최솟값 1을 대상의 가장 왼쪽 값인 2와 바꿉니다.

1 | **4 5 2 3** ← 1을 대상에서 제외하고 4, 5, 2, 3에서 최솟값을 찾습니다.

1 | **2 5 4 3** ← 4, 5, 2, 3 중 최솟값인 2를 4와 바꿉니다.

1 2 | **5 4 3** ← 2를 대상에서 제외하고 5, 4, 3에서 최솟값을 찾습니다.

1 2 | **3 4 5** ← 5, 4, 3 중 최솟값인 3을 5와 바꿉니다.

1 2 3 | **4 5** ← 3을 대상에서 제외하고 4, 5에서 최솟값을 찾습니다.

1 2 3 | **4 5** ← 최솟값 4를 4와 바꿉니다(변화 없음).

1 2 3 4 | 5 ← 4를 대상에서 제외합니다. 자료가 5 하나만 남았으므로 종료합니다.

1 2 3 4 5 | ← 최종 결과

정렬 중간 결과 출력하기

다음과 같이 함수 반복 부분에 print(a)를 추가하면 정렬 과정의 중간 결과를 화면에서 쉽게 확인할 수 있습니다.

```python
def sel_sort(a):
    n = len(a)
    for i in range(0, n - 1):
        min_idx = i
        for j in range(i + 1, n):
            if a[j] < a[min_idx]:
                min_idx = j
        a[i], a[min_idx] = a[min_idx], a[i]
        print(a)        # 정렬 과정 출력하기


d = [2, 4, 5, 1, 3]
sel_sort(d)
print(d)
```

■ 7-2 내림차순 선택 정렬

오름차순 선택 정렬에서 최솟값 대신 최댓값을 선택하면 내림차순 정렬(큰 수에서 작은 수로 나열)이 됩니다.

다음과 같이 비교 부등호 방향을 작다(<)에서 크다(>)로 바꾸기만 해도 내림차순 정렬 프로그램이 됩니다. 여기서는 변수 이름의 의미를 맞추려고 변수 min_idx를 max_idx로 바꾸었습니다.

◉ 예제 소스 e07-2-ssort.py

```python
# 내림차순 선택 정렬
# 입력: 리스트 a
# 출력: 없음(입력으로 주어진 a가 정렬됨)
```

```
def sel_sort(a):
    n = len(a)
    for i in range(0, n - 1):
        max_idx = i    # 최솟값(min) 대신 최댓값(max)을 찾아야 함
        for j in range(i + 1, n):
            if a[j] > a[max_idx]:    # 부등호 방향 뒤집기
                max_idx = j
        a[i], a[max_idx] = a[max_idx], a[i]

d = [2, 4, 5, 1, 3]
sel_sort(d)
print(d)
```

● 실행 결과

```
[5, 4, 3, 2, 1]
```

삽입 정렬

■ 8-1 삽입 정렬 과정

일반적인 삽입 정렬은 처리할 대상 범위에 있는 맨 앞 값을 적절한 위치에 넣는 과정을 반복합니다. 이 과정이 한 번 끝날 때마다 대상 범위에 있는 맨 앞의 값이 제 위치를 찾아 가므로 정렬 대상 범위는 하나씩 줄어듭니다.

이해를 돕기 위해 이미 정렬이 끝난 부분과 앞으로 처리될 대상 범위 사이에 세로 선(|)을 넣어 구분하였습니다.

| 2 4 5 1 3 ← 시작

2 | 4 5 1 3 ← 맨 앞에 있는 2는 옮기지 않아도 됩니다.

2 | 4 5 1 3 ← 4의 위치를 맞춥니다. 2 바로 다음이므로 위치가 변하지 않습니다.

2 4 | 5 1 3 ← 대상 범위를 하나 줄입니다.

2 4 | 5 1 3 ← 5의 위치를 맞춥니다. 4 바로 다음이므로 이번에도 위치가 그대로입니다.

2 4 5 | 1 3 ← 대상 범위를 하나 줄입니다.

1 2 4 | 5 3 ← 1의 위치를 맞춥니다. 1은 2, 4, 5보다 작으므로 이 값들을 한 칸씩 오른쪽으로 옮긴 다음
　　　　　　　 비어 있는 공간에 1을 넣습니다.

1 2 4 5 | 3 ← 대상 범위를 하나 줄입니다.

1 2 3 4 | 5 ← 마지막으로 3의 위치를 맞춥니다. 3은 4, 5보다 작으므로 4와 5를 한 칸씩 오른쪽으로 옮
　　　　　　　 긴 다음 비어 있는 공간에 3을 넣습니다.

1 2 3 4 5 | ← 대상 범위를 하나 줄입니다. 더는 자료가 없으므로 종료합니다(최종 결과).

■ 8-2 내림차순 삽입 정렬

오름차순 정렬에서 키(key)를 비교하는 부분(a[j] > key)의 부등호를 반대로 하
면 내림차순 정렬 프로그램이 됩니다.

● **예제 소스** e08-2-isort.py

```python
# 내림차순 삽입 정렬
# 입력: 리스트 a
# 출력: 없음(입력으로 주어진 a가 정렬됨)

def ins_sort(a):
    n = len(a)
    for i in range(1, n):
        key = a[i]
        j = i - 1
        while j >= 0 and a[j] < key:   # 부등호 방향 뒤집기
            a[j + 1] = a[j]
            j -= 1
        a[j + 1] = key

d = [2, 4, 5, 1, 3]
ins_sort(d)
print(d)
```

[5, 4, 3, 2, 1]

병합 정렬

UNIT
9

■ 9-1 내림차순 병합 정렬

오름차순 정렬에서 값을 비교하는 부분(g1[i1] < g2[i2])의 부등호 방향을 반대로 하면 내림차순 정렬 프로그램이 됩니다.

◉ 예제 소스 e09-1-msort.py

```python
# 내림차순 병합 정렬
# 입력: 리스트 a
# 출력: 없음(입력으로 주어진 a가 정렬됨)

def merge_sort(a):
    n = len(a)
    # 종료 조건: 정렬할 리스트의 자료 개수가 한 개 이하이면 정렬할 필요가 없음
    if n <= 1:
        return
    # 그룹을 나누어 각각 병합 정렬을 호출하는 과정
    mid = n // 2
    g1 = a[:mid]
    g2 = a[mid:]
    merge_sort(g1)
    merge_sort(g2)
    # 두 그룹을 합치는 과정(병합)
    i1 = 0
    i2 = 0
```

```
        ia = 0
        while i1 < len(g1) and i2 < len(g2):
            if g1[i1] > g2[i2]:    # 부등호 방향 뒤집기
                a[ia] = g1[i1]
                i1 += 1
                ia += 1
            else:
                a[ia] = g2[i2]
                i2 += 1
                ia += 1
        while i1 < len(g1):
            a[ia] = g1[i1]
            i1 += 1
            ia += 1
        while i2 < len(g2):
            a[ia] = g2[i2]
            i2 += 1
            ia += 1

d = [6, 8, 3, 9, 10, 1, 2, 4, 7, 5]
merge_sort(d)
print(d)
```

● 실행 결과

```
[10, 9, 8, 7, 6, 5, 4, 3, 2, 1]
```

UNIT 10 이분 탐색

■ 10-1 재귀 호출을 이용한 이분 탐색

● 예제 소스 e10-1-bsearch.py

```python
# 리스트에서 특정 숫자 위치 찾기(이분 탐색과 재귀 호출)
# 입력: 리스트 a, 찾는 값 x
# 출력: 특정 숫자를 찾으면 그 값의 위치, 찾지 못하면 -1

# 리스트 a의 어디부터(start) 어디까지(end)가 탐색 범위인지 지정하여
# 그 범위 안에서 x를 찾는 재귀 함수
def binary_search_sub(a, x, start, end):
    # 종료 조건: 남은 탐색 범위가 비었으면 종료
    if start > end:
        return -1

    mid = (start + end) // 2    # 탐색 범위의 중간 위치
    if x == a[mid]:        # 발견!
        return mid
    elif x > a[mid]:    # 찾는 값이 더 크면 중간을 기준으로 오른쪽 값을 대상으로 재귀 호출
        return binary_search_sub(a, x, mid + 1, end)
    else:               # 찾는 값이 더 작으면 중간을 기준으로 왼쪽 값을 대상으로 재귀 호출
        return binary_search_sub(a, x, start, mid - 1)

    return -1           # 찾지 못했을 때

# 리스트 전체(0 ~ len(a)-1)를 대상으로 재귀 호출 함수 호출
def binary_search(a, x):
    return binary_search_sub(a, x, 0, len(a) - 1)
```

```
d = [1, 4, 9, 16, 25, 36, 49, 64, 81]
print(binary_search(d, 36))
print(binary_search(d, 50))
```

◉ 실행 결과

```
5
−1
```

UNIT 11 회문 찾기 [큐와 스택]

■ 11-1 문자열 앞뒤를 서로 비교하여 회문인지 확인

◉ 예제 소스 e11-1-palindrome.py

```python
# 주어진 문장이 회문인지 확인(문자열의 앞뒤를 서로 비교)
# 입력: 문자열 s
# 출력: 회문이면 True, 아니면 False

def palindrome(s):
    i = 0              # 문자열의 앞에서 비교할 위치
    j = len(s) - 1 # 문자열의 뒤에서 비교할 위치
    while i < j:     # 중간까지만 검사하면 됨
        # i 위치에 있는 문자가 알파벳 문자가 아니면 뒤로 이동
        if s[i].isalpha() == False:
            i += 1
        # j 위치에 있는 문자가 알파벳 문자가 아니면 앞으로 이동
        elif s[j].isalpha() == False:
            j -= 1
```

◉

```
    # i와 j 위치에 둘 다 알파벳 문자가 있으면 두 문자를 비교하고 다르면 회문이 아님
    elif s[i].lower() != s[j].lower():
        return False
    # i와 j 위치에 두 문자를 비교하고 같으면 다음 비교 대상으로 넘어감
    else:
        i += 1
        j -= 1


    return True


print(palindrome("Wow"))
print(palindrome("Madam, I'm Adam."))
print(palindrome("Madam, I am Adam."))
```

● 실행 결과

```
True
True
False
```

UNIT 12 동명이인 찾기 ② [딕셔너리]

■ 12-1 딕셔너리로 학생 번호에 해당하는 학생 이름 찾기

● 예제 소스 e12-1-getname.py

```
# 학생 번호에 해당하는 학생 이름 찾기(dict 이용)
# 입력: 학생 명부 딕셔너리 s_info, 찾는 학생 번호 find_no
# 출력: 해당하는 학생 이름, 해당하는 학생 번호가 없으면 물음표 "?"
```

```
def get_name(s_info, find_no):
    if find_no in s_info:
        return s_info[find_no]
    else:
        return "?"    # 해당하는 번호가 없으면 물음표


sample_info = {
    39: "Justin",
    14: "John",
    67: "Mike",
    105: "Summer"
}


print(get_name(sample_info, 105))
print(get_name(sample_info, 777))
```

◉ 실행 결과

```
Summer
?
```

UNIT 13 친구의 친구 찾기 [그래프]

■ 13-1 그래프 탐색

Unit 13에서 배운 처리해야 할 꼭짓점을 큐에서 하나씩 꺼내 처리하고, 그 꼭짓점에 연결된 꼭짓점들을 다시 큐에 추가하면서 그래프를 탐색하는 방법을 알고리즘 용어로 '너비 우선 탐색(Breadth First Search)'이라고 합니다.

```python
# 그래프 탐색: 너비 우선 탐색
# 입력: 그래프 g, 탐색 시작점 start
# 출력: start에서 출발해 연결된 꼭짓점들을 출력


def bfs(g, start):
    qu = []                  # 기억 장소 1: 앞으로 처리해야 할 꼭짓점을 큐에 저장
    done = set()             # 기억 장소 2: 이미 큐에 추가한 꼭짓점들을 집합에 기록(중복 방지)


    qu.append(start)  # 시작점을 큐에 넣고 시작
    done.add(start)   # 집합에도 추가


    while qu:                 # 큐에 처리할 꼭짓점이 남아 있으면
        p = qu.pop(0)         # 큐에서 처리 대상을 꺼내어
        print(p)              # 꼭짓점 이름을 출력하고
        for x in g[p]:        # 대상 꼭짓점에 연결된 꼭짓점들 중에
            if x not in done: # 아직 큐에 추가된 적이 없는 꼭짓점들을
                qu.append(x)  # 큐에 추가하고
                done.add(x)   # 집합에도 추가


# 그래프 정보
g = {
    1: [2, 3],
    2: [1, 4, 5],
    3: [1],
    4: [2],
    5: [2]
}


bfs(g, 1)
```

```
1
2
3
4
5
```

■ 13-2 그래프 탐색 과정

이해를 돕기 위해 큐와 집합의 상태 변화를 함께 표시하였습니다. 종이에 그래프를 그린 다음 큐와 집합도 함께 적으면서 따라가 보세요.

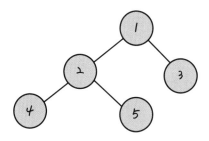

① 시작 꼭짓점을 qu와 done에 각각 추가하고 시작합니다. → qu = [1], done = {1}

② qu에서 1을 꺼내 출력합니다. → qu = [], done = {1}

③ 1에 연결된 2, 3을 qu와 done에 추가합니다. → qu = [2, 3], done = {1, 2, 3}

④ qu에서 2를 꺼내 출력합니다. → qu = [3], done = {1, 2, 3}

⑤ 2에 연결된 1, 4, 5 중에서 1은 이미 done에 있으므로 중복되지 않도록 제외하고 4, 5를 qu와 done에 추가합니다. → qu = [3, 4, 5], done = {1, 2, 3, 4, 5}

⑥ qu에서 3을 꺼내 출력합니다. → qu = [4, 5], done = {1, 2, 3, 4, 5}

⑦ 3에 연결된 1은 이미 done에 있으므로 추가하지 않습니다.

⑧ qu에서 4를 꺼내 출력합니다. → qu = [5], done = {1, 2, 3, 4, 5}

⑨ 4에 연결된 2는 이미 done에 있으므로 추가하지 않습니다.

⑩ qu에서 5를 꺼내 출력합니다. → qu = [], done = {1, 2, 3, 4, 5}

⑪ 5에 연결된 2는 이미 done에 있으므로 추가하지 않습니다.

⑫ qu가 비었으므로 종료합니다.

⑬ 이 과정으로 출력된 꼭짓점 순서는 1→2→3→4→5입니다.

재귀 호출을 이용한 그림 그리기

PYTHON & ALGORITHMS FOR EVERYONE

여기서는 재귀 호출을 이용해서 독특한 그림을 그리는 프로그램을 살펴보겠습니다. 연습 문제 5-1의 해답이기도 한 이 내용은 약간 어렵게 느껴질 수도 있습니다. 하지만 재귀 호출이 컴퓨터 그래픽에서 유용하게 사용된다는 사실을 잘 보여주는 예제이며, 짧은 프로그램으로도 흥미로운 결과를 얻을 수 있다는 것을 알수 있게 하는 내용이므로 부록 B에 따로 추가하였습니다.

잠깐만요

거북이 그래픽
부록 B의 프로그램은 파이썬의 '거북이 그래픽' 기능을 이용해서 그림을 그리는 프로그램입니다. 거북이 그래픽은 화면 위에 펜 역할을 하는 거북이를 올린 후, 그 거북이가 움직이도록 명령을 내려 그림을 그리도록 하는 독특한 방식의 그래픽 시스템입니다. 거북이 그래픽과 관련된 자세한 기능은 파이썬 공식 문서나 인터넷에 공개된 여러 자료를 참고하기 바랍니다.

• 파이썬 공식 문서: https://docs.python.org/3/library/turtle.html 영어

재귀 호출을 이용하여 알고리즘 문제를 풀 때, 재귀 함수는 조금 더 작은 입력 값으로 자신을 다시 호출하는 것을 반복하다가 입력이 일정 크기 이하로 작아지면 (종료 조건이 되면) 반복 호출을 멈춘다고 배웠습니다.

재귀 호출을 이용해 그림을 그릴 때도 이와 같은 구조를 사용합니다. 어떤 그림 안에 자기 자신과 똑같이 닮았지만, 크기가 조금 더 작은 그림을 반복하여 그립니다(자기 복제 과정).

이 과정을 반복하다가 그려야 할 그림의 크기가 어느 정도로 작아지면 재귀 호출을 멈춥니다(종료 조건).

지금부터 자기 복제 과정과 종료 조건을 염두에 두고 다음 프로그램들을 살펴봅시다. 복잡한 재귀 호출 과정이 완전히 이해되지 않더라도, 재귀 호출이 그리는 신기한 그림을 감상하면서 즐겨 보세요.

사각 나선을 그리는 프로그램

프로그램 B-1

● 예제 소스 e05-1-spiral.py

```python
# 재귀 호출을 이용한 사각 나선 그리기
import turtle as t

def spiral(sp_len):
    if sp_len <= 5:
        return
    t.forward(sp_len)
    t.right(90)
    spiral(sp_len - 5)

t.speed(0)
spiral(200)
t.hideturtle()
t.done()
```

그림 B-1
사각 나선

시에르핀스키의 삼각형을 그리는 프로그램

프로그램 B-2

● **예제 소스** e05-2-triangle.py

```python
# 재귀 호출을 이용한 시에르핀스키(sierpinski)의 삼각형 그리기
import turtle as t

def tri(tri_len):
    if tri_len <= 10:
        for i in range(0, 3):
            t.forward(tri_len)
            t.left(120)
        return
    new_len = tri_len / 2
    tri(new_len)
    t.forward(new_len)
    tri(new_len)
```

```
        t.backward(new_len)

        t.left(60)

        t.forward(new_len)

        t.right(60)

        tri(new_len)

        t.left(60)

        t.backward(new_len)

        t.right(60)


t.speed(0)

tri(160)

t.hideturtle()

t.done()
```

그림 B-2
시에르핀스키의 삼각형

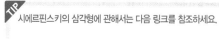
TIP

시에르핀스키의 삼각형에 관해서는 다음 링크를 참조하세요.

• https://ko.wikipedia.org/wiki/시에르핀스키_삼각형

◉ **예제 소스** e05-3-tree.py

```python
# 재귀 호출을 이용한 나무 모형 그리기
import turtle as t

def tree(br_len):
    if br_len <= 5:
        return
    new_len = br_len * 0.7
    t.forward(br_len)
    t.right(20)
    tree(new_len)
    t.left(40)
    tree(new_len)
    t.right(20)
    t.backward(br_len)

t.speed(0)
t.left(90)
tree(70)
t.hideturtle()
t.done()
```

<u>그림 B-3</u>
나무

눈꽃을 그리는 프로그램

◉ **예제 소스** e05-4-snow.py

```python
# 재귀 호출을 이용한 눈꽃 그리기
import turtle as t

def snow_line(snow_len):
    if snow_len <= 10:
        t.forward(snow_len)
        return
    new_len = snow_len / 3
    snow_line(new_len)
    t.left(60)
    snow_line(new_len)
    t.right(120)
    snow_line(new_len)
```

```
        t.left(60)
        snow_line(new_len)

t.speed(0)
snow_line(150)
t.right(120)
snow_line(150)
t.right(120)
snow_line(150)
t.hideturtle()
t.done()
```

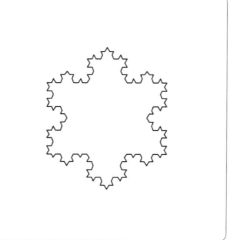

그림 B-4
눈꽃